Victor Scheitlin **Checklistenhandbuch für den Verkauf**

Victor Scheitlin

Checklistenhandbuch für den Verkauf

Handbuch mit 3920 Anregungen

√ Verhandlungskunst

√ Verkaufsorganisation

√ Verkaufsführung

Umschlag: A. Zollinger, Zürich
Druck und Einband: Freiburger Graphische Betriebe, Freiburg i. Br.
Printed in Germany
ISBN 3 280 02321 1

Inhaltsverzeichnis des dreiteiligen Checklisten-Handbuches

2. Checklisten für Verkaufsführung, Motivation und Kontrolle

3. Checklisten für Verhandlungskunst und Serviceleistungen

Geleitwort von Prof. Dr. Heinz Weinhold-Stünzi

Ordinarius an der Hochschule St.Gallen, Direktor des Forschungsinstitutes für Absatz und Handel

Checklisten sind äusserst nützliche Arbeitshilfen. Überall dort, wo es wichtige Aufgaben zu lösen gilt, sind sie unerlässlich. Kein Pilot fliegt ab, ohne das Flugzeug und dessen Funktionstüchtigkeit gründlich durchgecheckt zu haben.

Auch bei der Unternehmensführung und im Verkauf bilden Checklisten nicht nur eine wichtige Hilfe, sondern stellen auch Elemente der Sicherung und der Qualitätsgarantie dar. Die Parallelen zur Luftfahrt können weit gezogen werden. Verkaufen ist ja wie «Fliegen». Auch hier stürzt ab, wer Unzulänglichkeiten toleriert. Zwar sind die Folgen des Absturzes nicht so ohne weiteres erkennbar. Meist geht es auch nicht um Kopf und Kragen. Aber die Folgen eines Absturzes im Verkauf sind für die Unternehmung ebenfalls Schadenereignisse. Der Schaden beschränkt sich nicht nur auf die konkret vermasselten Geschäfte, sondern erstreckt sich auch auf die Störung des Beziehungsnetzes zu den Kunden. Daraus resultieren Imageschädigungen, welche schleichende Marktgefahren bewirken und dadurch an den Existenzgrundlagen der ganzen Unternehmung rütteln.

Checklisten sind aber keineswegs nur als Instrumente der Schadenverhütung zu betrachten. In erster Linie dienen sie der Leistungsverbesserung. Checklisten erfüllen dazu folgende Funktionen:

▷ Know-how-Systematisierung
▷ Know-how-Übertragung
▷ Prozess-Strukturierung
▷ Ablauf-Beschleunigung
▷ Rationalisierung
▷ Kontrolle.

Zu jedem dieser Punkte ist im einzelnen Falle zu prüfen, wo der Schwerpunkt bei der Anwendung liegt.

Die vorliegenden Checklisten wurden von einem versierten Verkaufsspezialisten ausgearbeitet und in jahrelanger Anwendung verfeinert und ausgetestet. Victor Scheitlin legt ein Werk vor, das nicht nur «nützlich» ist. Es ist unentbehrlich für den Verkauf, sei es bei Konsumgütern, bei Investitionsgütern oder beim Verkauf im Handel und von Dienstleistungen. Dass Scheitlin seinen grossen Schatz an Wissen und Erfahrung mit diesem Buch der Wirtschaftspraxis darbietet, kann ihm hoch genug gar nicht angerechnet werden.

Prof. Dr. H. Weinhold
Ordinarius an der Hochschule St.Gallen
Direktor des Forschungsinstitutes
für Absatz und Handel

Vorstellung des Autors

Victor Scheitlin

In Zürich geboren, eidg. dipl. Kaufmann, Wirtschaftspädagoge und Unternehmensberater

14 Jahre Verkaufserfahrung als Prokurist im Aussendienst und als Verkaufsleiter

5 Jahre Tätigkeit als Personalchef/Ausbildungsleiter in schweizerischer Niederlassung eines amerikanischen Konzerns

Gründer und 5 Jahre Geschäftsleitung der ZBA (Zentralstelle für betriebliche Ausbildungsfragen, Zürich)

Über 1700 Kurstage als Referent im In- und Ausland. Themenbereiche: Führungskurse, Verkaufstraining, Telefonschulung, didaktische Kurse für Trainer, Service-Techniker-Ausbildung, Persönlichkeitsentfaltung usw.

Autor von 16 Fachbüchern in den Themenbereichen: Lebensgestaltung, Verkaufsleiter-Training, moderne Ausbildungstechnik, Betriebliches Informationswesen, Betriebsklima, Schulung von Führungskräften, Telefonschulung, Messeverkauf, Reklamationserledigung usw.

Autor vieler kleiner Publikationen über: Fallstudien-Technik, Leistungs- und Verhaltensbewertung, Personalselektion, Verhandlungstechnik, Betriebliche Zusammenarbeit, Mitarbeiter-Eingliederung, Führungssysteme, Konferenztechnik, Technik der geistigen Arbeit, Stressabbau im Berufsleben, Vortragstechnik usw.

Autor von 100 Checklisten und 82 Stoffkonzentraten für Führungskräfte

Autor von 10 Tonbildschauen im Führungs- und verkaufspsychologischen Bereich, in der Menschenbehandlung, Informationstechnik, Mitarbeitermotivation usw.

Autor von 6 Tonband-Kassettenlehrgängen in hochdeutscher und schweizerdeutscher Fassung in Themen wie Telefonschulung, Reklamationserledigung, Kontaktanbahnung über den Draht im Verkaufsaussendienst usw.

Organisator und Leiter vieler Tagungen für Personalleiter, Trainer, Führungskräfte usw.

Jahrelange Experten- und Referenten-Tätigkeit an Kursen für Verkaufsleiter und Aussendienstverkäufer

Zwei Jahrzehnte Beratungstätigkeit in Management-Fragen und Führungssystemen sowie Telefon-Marketing

Mehrere Jahre Sekretär- und Vizepräsident-Tätigkeit im Schweizerischen Marketingleiter-Club

Träger diverser Gold- und Silbermedaillen als Gestalter von Tonbildschauen. Drei seiner Fachwerke sind mit internationalen Buchpreisen ausgezeichnet worden

Vorwort des Autors

Handhabungshinweise für mein Checklisten-Handbuch

Checklisten als Mittel moderner Arbeitstechnik

In der beruflichen Arbeit kommen überall Abläufe vor, die sich im Laufe der Zeit x-mal wiederholen. Um nicht jedesmal von vorne an überlegen zu müssen,

a) welche einzelnen Operationen durchzuführen sind, um Vollständigkeit und Perfektion zu sichern, und

b) in welcher Reihenfolge vom logischen Aufbau her die Operationen stattzufinden haben,
bedient man sich sogenannter Checklisten/Prüflisten.

Checklisten – Rationalisierungshilfsmittel auch für den Verkaufsleiter

In nicht weniger als 69 Wirkbereichen des Verkaufs sind jeweils eine Vielzahl von Fragen im Auge zu behalten, will man in all diesen Fällen ganze Arbeit leisten. Keinem Menschen wird es gelingen, bei der Erledigung solch differenzierter Aufgaben jeweils auf Anhieb hin alle wichtigen Punkte zu berücksichtigen. In der betrieblichen Ausbildung zeigt sich sogar, dass bei der Erstellung von Checklisten selbst Arbeitsgruppen in der Regel höchstens die Hälfte bis zwei Drittel aller wichtigen Punkte herausfinden, geschweige denn, wenn sich ein einzelner spontan damit befasst und die gegenseitige Anregung im Kollektiv – z.B. im Brainstorming – entfällt!

Checklisten – nicht nur Rationalisierungsmittel, sondern auch wesentliche Hilfen zur Bewältigung schöpferischer Denkprozesse

Viele schöpferischen Prozesse laufen in der Praxis lückenhaft und auch qualitativ unbefriedigend ab, weil die Anregung durch ein Netzwerk stimulierender Fragen fehlt, weil man also spontan nur das bewältigt, was einem so gerade in den Sinn kommt. Wo immer aber professionelle Denker vorher gründliche Überlegensarbeit geleistet haben, da hat sich im Laufe der Zeit ein System von Vorgehensanregungen ergeben, welches in Form einer Checkliste von vielleicht 50 oder 100 oder mehr Punkten den Ablauf von schöpferischen Arbeiten viel resultatfreundlicher gestalten lassen. Oft vermag ein einziger zusätzlicher schöpferischer Anstoss von seiten einer guten Checkliste her Einsparungen oder Umsatzverbesserungen von Tausenden von Franken abzuwerfen.

Checklisten als Garanten für Sicherheit

In vielen Abläufen – vor allem bei Kontrollaufgaben – kann das Übersehen nur eines Prüfschritts, einer Vorsichts- oder Absicherungsmassnahme Schaden anrichten, der vielleicht auch in die Tausende von Franken geht oder gar nicht wieder gutzumachende Nachteile erbringt.

Checklisten zur Verbesserung der Führungsqualität

Wenn die vorerwähnten vier Vorteilbereiche der Anwendung von Checklisten alle letztlich zur Verbesserung der Arbeitsresultate und der Kostenstruktur beitragen, so kann aber eindeutig noch ein weiterer Wirkbereich davon wesentlich profitieren: die Führung, in unserem Fall genauer gesagt: die Verkaufsführung. Ob es dabei um Optimierung der Selektion und Eingliederung neuer Mitarbeiter geht oder um Motivierungstechnik, Psychologie förderlicher Mitarbeiterqualifizierung im Innen- und Aussendienst, um Chefentlastung, Kostensenkung oder optimale Informationsgestaltung – in all diesen Bereichen und vielen anderen mehr können Checklisten wertvolle Unterstützung bieten und damit die Führungsprozesse optimieren. So weiss z. B. jeder Personalchef längst, dass der Prozess des Interviewens von Stellenbewerbern unbedingt auf den Einsatz einer Checkliste angewiesen ist, will man im Laufe des Gesprächs alle wichtigen Informationen aus dem Partner herausholen und umgekehrt ihm selbst auch alle dienlichen Auskünfte geben können. Genau so wird auch ein Verkaufsleiter in der Auslese z. B. neuer Mitarbeiter des Innen- oder Aussendienstes auf solche bewährten Checklisten angewiesen sein, um sein Selektionsresultat so gut wie möglich zu gestalten.

Handhabung und Perfektionierung von Checklisten

Viele sind immer noch der irrtümlichen Auffassung, im Gespräch mit anderen könne man nicht auffällig Checklisten als Garanten guter Gesprächsresultate einsetzen. Letzten Endes kommen aber bewährte Checklisten immer beiden Seiten zugut. Daher wird auch z. B. ein intelligenter Einkäufer niemals den Gebrauch von Checklisten durch den Verkäufer als unwürdigen Spickzettel qualifizieren, sondern er hat es 100mal erfahren, dass er selbst dank der guten Checklisten von Verkaufsberatern eine Menge Zeit für die Gespräche einspart und die Beratung zugunsten von beiden Partnern rationeller und gezielter verlaufen kann. Natürlich darf man im Verhandlungsprozess mit den Augen nicht lange auf der Checkliste kleben bleiben, da ein solcher Verkäufer wirklich hilfsbedürftig wirken würde und er gleichzeitig die Partnerbeobachtung (Signalsprache) vernachlässigen müsste. *Wo immer aber der geschickte Einsatz einer Checkliste aufbauende, sinnvolle und vollständige Fragenabklärung und Informationsaustausch ergibt, da kann auch der kritische Partner – und gerade dieser – nur positiv von einer solch anregenden Gesprächshilfe beeindruckt sein.* Wichtig ist noch, dass in bestimmten Bereichen nicht einfach rudimentäre und pauschal formulierte Checklisten verwendet werden, sondern dass man sich der Mühe unterzieht, solche *Checklisten der eigenen Praxis und besonderen Bedürfnissen anzupassen.* Da es ja stets um Wiederholungsabläufe geht, lohnt sich ein Anpassungsaufwand denn auch entsprechend, spart man doch in jeder Repetitionshandlung wieder gebührend Zeit ein. Der erfolgreiche Gebrauch von käuflichen Checklisten wird manchen anregen, für weitere Bereiche eigene Checklisten zusammenzubauen. Am besten tut man sich in solchen Fällen mit einigen anderen schöpferischen Geistern zusammen und kreiert mittels *Brainstorming* die zusätzlichen nützlichen Checklisten.

Eine gültige Erfahrung ist dabei, dass eine neue Checkliste wohl nie von Anfang an perfekt sein kann. Nach jedem Einsatz neuer Checklisten müsste man sich daher die Frage stellen: *ist sie noch verbesserungsfähig von den Fragestellungen oder Alternativformulierungen her, oder lässt sie sich nach bestimmten Richtungen hin ergänzen?*

Und einige letzte Tips

Vergleichen Sie Ihre Checklisten mit Checklisten für das gleiche Fach, die aber andere hergestellt haben. Oft lassen sich dadurch noch wesentliche Verbesserungen der eigenen Arbeitshilfen erreichen.

Halten Sie aber keine Checkliste für unfehlbar: es kann immer Fälle geben, wo man individuelle und neue Überlegungen anstellen muss – wo also das Netzwerk der vorhandenen Fragen noch zu wenig gezielte Unterstützung bieten kann. Hat man einen solchen Sonderfall vor sich, so muss die gebrauchte Checkliste überprüft, angepasst und ergänzt werden, um dem individuellen Zweck optimal zu entsprechen.

Verwahren Sie schlussendlich Checklisten so griffsicher, dass Sie in nächsten möglichen Anwendungsfällen nicht zuerst lange Suchzeit einsetzen müssen, um sie wiederzufinden.

Eigentlich müsste jeder einmal eine «*Checkliste der Checklisten*» herstellen, ganz persönlich für sich, und zwar vernünftigerweise unter Beantwortung folgender Fragen:

1. Welche Routineabläufe kommen überhaupt in meinem Arbeitsbereich vor?
2. Gibt es welche darunter, für deren Bewältigung eine gute Checkliste eine wirkliche Entlastung und Resultatverbesserung erbringen würde?
3. Habe ich schriftliche Unterlagen schon zur Verfügung, die die Herstellung einer Checkliste begünstigen und rationalisieren würden?
4. Gibt es denkbare Partner in der beruflichen Umwelt, deren Geisteskapital die Qualität der Checkliste positiv beeinflussen und die vielleicht ihrerseits an der Herstellung einer Checkliste interessiert sein könnten?
5. Wie muss die Checkliste betitelt werden?
6. Wie könnte man sie gliedern?
7. (Und eine uneigennützige Frage): Könnten andere Mitarbeiter im eigenen Unternehmen gewisse Checklisten auch mit Vorteil gebrauchen? Wem liesse sich somit mit einer Kopie dienen?
8. Wen kann man fragen, welche guten Checklisten er selbst hat und einsetzt? Vielleicht sind darunter solche, an die man bisher nicht dachte, die sich aber auch nützlich auswerten liessen.

Zusammenfassung der 17 Vorteile guter Checklisten

Checklisten haben sich schon seit langer Zeit bestens bewährt für anspruchsvolle Routineabläufe in unterschiedlichsten Tätigkeitsbereichen. Sie lassen sich in fast allen Berufen – technischen wie handwerklichen, geistigen wie künstlerischen – einsetzen, und zwar unter Nutzung folgender Vorteile:

1. *Systematisierung von Arbeitsprozessen*
2. *Entlastung des Denkens* im Streben nach Perfektion (kein vollwertiger Berufsmann ohne Streben nach Perfektion!)
3. *Wesentlicher Zeitgewinn* durch Rationalisierung von Abläufen oder Verhandlungen
4. *Verringerung der Kosten* für Aufwand
5. *Vermeidung von Verlusten* als Folge mangelhafter oder lückenhafter Arbeitsabläufe oder Verhandlungen
6. *Sicherheit im Erfassen aller wichtigen Aspekte* oder Aufgaben im Rahmen einer Aktion oder Tätigkeit
7. *Entlastung des Gedächtnisses* in der Berücksichtigung unzähliger Einzelheiten in differenzierten Arbeitsabläufen
8. *Hilfe für optimale Gesprächsführung* und Gesprächssteuerung
9. *Reduktion des Schreibaufwandes*/der Protokollierung (da Checklisten viele Wörter/Begriffe/Alternativen/Nebenpunkte/Untertitel/Varianten/Numerierungen usw. schon enthalten und oft nur noch ein Ankreuzen bestimmter Varianten oder einzelne Zahlengaben nötig ist)
10. *Vorteil für späteres Nachschauen* (Verhandlungsprotokoll)
11. Kopie der Checkliste = *Protokoll der Verhandlung* zuhanden beider Seiten
12. Kopie = *Kontrollmöglichkeit für noch auszuarbeitende Angebote* (sind z. B. alle besprochenen Lösungsvarianten darin berücksichtigt?)
13. *Ersparung von Leerlauf* (z. B. für spätere Rückfragen; ohne Benützung von Checklisten werden Abklärungen leicht vergessen)
14. *Vereinfachung von Folgearbeiten* (Orientierung anderer Abteilungen, der Direktion; Ausarbeiten von Korrespondenzen; Kontrollen usw.)
15. Beeindruckung des Partners durch *sicheres und professionelles Verhalten in Verhandlungen*
16. *Gewinn an Effizienz,* damit auch an *Selbstvertrauen* und *Arbeitsbefriedigung*
17. Checklisten = praktische Hilfen zur *Schulung von Mitarbeitern* (Substanz-Vorlage).

1. Teil

20 Checklisten für Verkaufsorganisation und Leistungsoptimierung

1.1 Durchleuchtung der Verkaufsorganisation

Checkliste mit 97 Prüffragen zur Optimierung des Marketings

1. Liegt eine *Marketing-Konzeption* vor?

2. Wenn sie von früher herstammt: entspricht sie noch den heutigen Marktgegebenheiten, oder sind *Anpassungen* nötig?

3. Besteht ein *Organigramm* als Abbild einer funktionsfähigen Verkaufsorganisation?

4. Ist die *Gebietsaufteilung* ausreichend und geographisch vernünftig?

5. Sind die vorhandenen Verkaufsgebiete ausreichend besetzt, oder sollten *zusätzliche Gebietsbearbeiter* eingesetzt werden?

6. *Werden die 9 Hauptaufgaben durch die Verkaufsleitung wahrgenommen:*

▷ Marketing-Ziele alle Halbjahre neu überdenken und auf Aktualität überprüfen
▷ Verkaufsorganisation auf Übereinstimmung mit den Marketing-Zielen zum gleichen Zeitpunkt überprüfen
▷ Sind kurzfristige Schwerpunkte für die Verkaufsaktivität gesetzt?
▷ Wird die Personaldotation in Aussen- und Innendienst periodisch überdacht – existiert also eine längerfristige Personalplanung?
▷ Werden die Mitarbeiter im Innen- und Aussendienst systematisch gefördert und weitergebildet?
▷ Wird Teamwork und Betriebsklima durch gute Führung laufend befruchtet?
▷ Wird die Verselbständigung des einzelnen in seiner Arbeit als ein oberstes Ziel der Führung verfolgt?
▷ Werden wichtige Kunden durch die Verkaufsleitung ausreichend gepflegt?
▷ Erfolgt eine systematische Qualifizierung aller Mitarbeiter im Sinne der Leistungs- und Verhaltensbewertung?

7. *Ist die Innendienst-Organisation auf Draht?*

▷ Hat jeder Mitarbeiter eine eigene Stellenbeschreibung?
▷ Wird er wie der Mitarbeiter im Aussendienst weitergebildet?
▷ Wird er periodisch bewertet und durch Qualifikationsgespräch darüber orientiert?
▷ Ist seine Kontrolle organisiert und wird sie förderlich gehandhabt?
▷ Ist die Disposition der Kundenaufträge organisiert? Klappt es mit den Lieferungen? Mit der rechtzeitigen Information von Kunden, die ausnahmsweise nicht termingerecht beliefert werden können?
▷ Ist das Angebotswesen leistungsfähig und wird im einzelnen Fall auch klargestellt, wer im Aussen- und Innendienst einem Angebot nachgeht?
▷ Wird im Kontakt mit dem Kunden vor zu unterbreitendem Angebot auch abgeklärt, in welcher Frist seitens des Kunden ein Entscheid zu treffen ist, damit dem Angebot zum passenden Zeitpunkt nachgegangen werden kann?
▷ Wird bei unklaren oder erweiterungsfähigen Aufträgen der Kunde sofort telefonisch kontaktiert, um den Auftrag «ganz» zu machen?
▷ Klappt die Zusammenarbeit von Innendienst und Produktion oder Lager?
▷ Wird auf gepflegte Verkaufskorrespondenz geachtet? Hat man im Sektor Diktieren und Korrespondieren schon Weiterbildung angeboten?
▷ Ist das Karteiwesen bestorganisiert vorhanden? (Kunden-, Interessenten-, Orts-, Lagerkartei oder EDV).
▷ Wird die telefonische Verkaufsförderung aktiv betrieben? (Aktivierung passiv gewordener Kunden, Aktionen über den Draht, Telefon-Marketing)
▷ Klappt es mit der Korrespondenz-, Auftrags- und Rechnungsablage?
▷ Werden Kleinbestellungen im Rahmen des Möglichen bekämpft? Ist ein Preiszuschlag für Kleinbestellungen institutionalisiert?
▷ Wird der Aussendienst laufend über alle Sonderfälle, wichtigere Reklamationen, Lieferverzögerungen usw. durch den Innendienst orientiert?
▷ Ist die Kommunikation mit dem Mann im Aussendienst so organisiert, dass er rasch erreicht und innert nützlicher Frist zu einem Kunden delegiert werden kann?
▷ Wird der Aussendienst vor Versand zweiter Mahnungen orientiert, damit er sich gewünschtenfalls selbst für den Eingang des Guthabens einsetzen kann? Wird im Mahnwesen psychologisch richtig operiert, damit unnötige Verärgerungen des Kunden vermieden werden?

- ▷ Wird die Kreditierung in der heutigen Zeit mit entsprechender Vorsicht gehandhabt? Prüft man neue Kunden grundsätzlich auf Bonität?
- ▷ Gehen Rechnungen für Lieferungen innert nützlicher Frist an die Kunden ab, wenn Sofort-Fakturierung nicht möglich ist?
- ▷ Sind die Sachbearbeiter und Telefonberater auf optimalen telefonischen Umgang mit Kundschaft geschult? Wird ihr Verhalten ausreichend überwacht?
- ▷ Werden Reklamationen grundsätzlich nur von verhandlungsfähigen Mitarbeitern entgegengenommen? Sind sie darauf geschult, aus Reklamationen neue Chancen zu schmieden?
- ▷ Wird der Innendienst bei Verkaufskonferenzen wenigstens in jenen Themen einbezogen, die ihn auch angehen? (Zusammenarbeit, Verbesserung des Kundendienstes, verhandlungstechnische Schulung, Telefonschulung, Produktschulung, Konkurrenz-Schulung)
- ▷ Werden Grosskunden im Innendienst (bei Telefonaten und Besuchen) von zuständigen Betreuern gepflegt, wie es sich gehört? Sind diese Zuständigkeiten der Telefonzentrale bekannt? Ist auch dem Kunden bekannt, an wen er sich namentlich zu wenden hat, wenn Probleme auftauchen oder Beratung gewünscht wird?
- ▷ Teilt man sich im Sinne eines modernen Bearbeitungsplanes für Grosskunden auch im Innendienst richtig ein?
- ▷ Sind die nötigen Vordrucke für Bestellungsaufnahme, Beratung in bestimmten Produktbereichen, Anfragen und Reklamationen geschaffen, so dass am Telefon gewandt und mit Überblick reagiert werden kann und sich Notizarbeit im Telefongespräch auf ein Minimum reduzieren lässt? Sind eigentliche Beratungs-Checklisten für häufiger vorkommende komplexere Beratungsgebiete vorhanden?
- ▷ Erfährt die Verkaufsleitung alles Wichtige, was der Innendienst über Markt, Konkurrenzprodukte, eigene Werbung, neue Verwendungsmöglichkeiten usw. auskundschaftet? Ist ein Informationsplan auch für den Verkaufs-Innendienst vorhanden und wird ihm ausreichend Rechnung getragen?
- ▷ Wird der Innendienst auch schöpferisch aktiviert, wenn es um Verkaufsförderungsaktionen, Werbeaktionen oder die Schaffung besonderer Dienstleistungen geht?
- ▷ Hat er ausreichend Kontakt mit dem Aussendienst und wird diese Zusammenarbeit bewusst gefördert? Wird er vom Aussendienst gebührend geschätzt? Dankt man ihm für besondere Leistungen?
- ▷ Tut er seinerseits das Nötige, um die Firma oder den Aussendienst nicht zu diskriminieren, z. B. bei Beanstandungen durch Kunden?
- ▷ Werden neue Innendienst-Mitarbeiter gemäss speziellem Einführungsplan systematisch und speditiv eingegliedert? Nimmt man sich ihrer auch menschlich an?
- ▷ Werden sie fachlich ebenso weitergebildet wie der Aussendienst? Werden sie auf dieses Wissen auch periodisch geprüft?
- ▷ Werden Kleinkunden hauptsächlich durch den Innendienst via Telefon bearbeitet? (Ausnahme: Kleinkunden mit Wachstumschancen)
- ▷ Haben wir Mitarbeiter im Innendienst, die nicht leistungsfähig oder nicht leistungswillig genug sind und somit durch bessere ersetzt werden sollten?
- ▷ Arbeitet man im Innendienst mit Schema-Korrespondenz, wo solche möglich ist (Musterbriefe, -angebote, -auftragsbestätigungen, -mahnbriefe usw.)? Arbeitet man in der Korrespondenz auch mit «Bausteinen», z. B. im Angebotswesen, in der Beantwortung von Anfragen usw.?
- ▷ Nimmt der Innendienst-Mann mit Grosskunden gelegentlich persönlichen Kontakt (Besuch beim Grosskunden) auf, um die Beziehung zu verpersönlichen?
- ▷ Werden Rapporte im Innendienst speditiv und sachgemäss verwertet? Erhält der Aussendienst in wichtigeren Fällen automatisch Dank und eventuelles Feed-back?
- ▷ Ist der Kundenempfang in der Firma so organisiert, dass auf der Kundenseite ein bester Eindruck entsteht?

8. *Ist der Aussendienst auf Draht?*

- ▷ Muss man in der Verkäufergruppe Leute ersetzen, die zu wenig Leistung bringen?
- ▷ Ist die Verkäuferauswahl nach optimalen Gesichtspunkten gesichert?
- ▷ Kann die Verkäuferfluktuation durch betriebsklimatische oder andere Massnahmen gemindert werden?
- ▷ Erfolgt die Eingliederung neuer Verkäufer nach festem, längerfristig aufbauendem Programm?
- ▷ Sind die Mittel für erste Verkäuferschulung ausreichend, um raschen Start bei ausreichenden Leistungen zu sichern?
- ▷ Ist die Weiterbildung der Aussendienst-Vertreter ausreichend und so beschaffen, dass den praktischen Bedürfnissen entsprochen wird?
- ▷ Ist der Forderung nach periodischer Leistungs- und Verhaltensbewertung (verbunden mit Qualifikationsgespräch) Rechnung getragen?
- ▷ Haben wir alle statistischen Zahlen, die die quantitative Leistung und die Kosten eines Aussendienst-Mannes berechnen und mit anderen vergleichen lassen?
- ▷ Muss die Gehalts- oder Provisionierungsfrage erneut geprüft und evtl. der heutigen Situation angepasst werden?

- ▷ Arbeitet der Aussendienst mit systematischer Arbeitstechnik, Checkliste für Besuchsvorbereitung, Gesprächskonzept und Tages- sowie Wochenplan?
- ▷ Werden für Grosskunden Bearbeitungspläne aufgestellt?
- ▷ Setzt der Aussendienst gute Verkaufshilfen in der Verhandlung ein, oder wollen solche noch geschaffen sein?
- ▷ Wird bei hängigen Angeboten nachgefasst, gemäss seinerzeit mit dem Kunden abgesprochener Terminierung?
- ▷ Werden Vertreter im Aussendienst von Zeit zu Zeit begleitet, um ihr Vorgehen und die Verhandlungen mit den Kunden beurteilen zu können? Um weitere Ausbildungsbedürfnisse ableiten zu können?
- ▷ Versteht man es, die Festpreispolitik der Firma beim Kunden durchzusetzen, oder kapituliert man zu häufig, weil es an der Verhandlungstechnik im Preiskampf fehlt?
- ▷ Klappt es mit dem Informationswesen – zu den Vertretern hin, vom Markt zurück zur Firma hin, von der Firma zur Kundschaft hin?
- ▷ Werden geeignete Formularhilfen (Argumentationslisten, Checklisten für anspruchsvolle Beratungen, Einwandwiderlegungs-Listen) verwendet, um das Gespräch elastisch, aber zielstrebig und im Sinne bester Beratung zu führen?
- ▷ Werden Weisungen vom Aussendienst diszipliniert befolgt, oder muss man sich in Zukunft stärker durchsetzen?
- ▷ Lassen sich bestimmte Produkte mit hoher Marge oder verkaufsgünstigen Preisen fördern?
- ▷ Könnten bestimmte Produkte als Handelsmarken Wettbewerbern oder anderen Handelsfirmen angeboten werden?
- ▷ Lassen sich Neuheiten als Türöffner für die Akquisition neuer Kunden benützen, gegebenenfalls welche?
- ▷ Wird überhaupt die Neuakquisition von allen Aussendienst-Verkäufern ausreichend betrieben und auch statistisch auf den einzelnen hin überwacht? (besondere Spalte im Rapportformular für versuchte und geschaffte Neuakquisitionen)
- ▷ Werden Zusatz-, Anschluss- und Ersatzverkäufe gemäss Separattraining ausreichend betrieben?
- ▷ Werden Verkaufsförderungsaktionen grundsätzlich mit dem Aussendienst zusammen ausgearbeitet (unter selbstverständlichem Beizug des Werbeleiters), um den Verkauf dafür zu motivieren und seine schöpferische Potenz und Erfahrung zu nützen?
- ▷ Lassen sich Artikel mit hohem Kostendeckungsbeitrag durch Wettbewerbe fördern?
- ▷ Werden Besuche in jetzt leidenden Branchen vernünftigerweise etwas in andere verlagert, wo mehr zu holen ist?
- ▷ Ist die Kundenkartei eines jeden Aussendienst-Verkäufers verlässlich und im angepassten Umfang nachgeführt? (wichtiges Instrument für Reiseplanung – unerlässlich auch mit Rücksicht auf Mitarbeiterwechsel)
- ▷ Erhält der Aussendienst die nötigen Kopien von wichtigen Schreiben, Anfragen, Rechnungen, Mahnungen an Kunden, Reklamationserledigungen?
- ▷ Werden Reklamationen dann vom Aussendienst an die Hand genommen, wenn letzterer eher ausgewiesen ist, dies in Kenntnis der genauen Sachlage und des Kunden selbst zu tun?
- ▷ Verliert man keine Kunden durch fehlende Orientierung bei Lieferverzögerungen?
- ▷ Weiss der Aussendienst gemäss Informationsplan, welche Fakten er grundsätzlich per Spezialbericht zu rapportieren hat?
- ▷ Kennt jeder Mann im Aussendienst die Kosten pro Vertreterbesuch? Seine durchschnittliche Auftragshöhe? Die Zahl verlorener Kunden in einer bestimmten Periode? Die Zahl seiner neugeworbenen Kunden? Die Zahl seiner insolventen Kunden? Die Verhältniszahl Umsatz zu Gesamtlohn? Die Verhältniszahl Umsatz zu Spesen? Seinen Umsatzrang?
- ▷ Soll die Umsatzprovision evtl. auf verkaufsquoten- oder deckungsbeitragsabhängige Provision verlagert werden?
- ▷ Werden die Verkaufsbudgets mit den Mitarbeitern des Aussendienstes erarbeitet, oder werden sie lediglich autoritär vorgeschrieben?
- ▷ Arbeitet man mit periodischen Zielsetzungen für jeden Aussendienst-Verkäufer (z. B. Einreichung von Listen mit Firmenadressen für Neuakquisition in den nächsten zwei Monaten; Senkung der Spesen; Verbesserung der Reiseplanung usw. usw.)?
- ▷ Ist der Kontakt mit dem Aussendienst ausreichend (Motivierung, Kampf der Isolation), oder sollten mehr Verkaufskonferenzen oder Einzelbesprechungen stattfinden?
- ▷ Ist die Ehrlichkeit und freie Meinungsäusserung (bei konstruktiver Haltung) im Kontakt miteinander gewährleistet, oder wird Problemen oft aus dem Weg gegangen?
- ▷ Sind die Aussendienst-Verkäufer erfolgreiche «Unternehmer» in ihrem eigenen Verkaufsgebiet oder müssen sie vermehrt zur Eigenplanung und dynamischer Aktivität erzogen werden?

- ▷ Erfasst man Tages-, Übernachtungs-, Fahrt-, Bewirtungs- und Telefonspesen gesondert, um ihre Verhältnismässigkeit kontrollieren zu können? Werden grundsätzlich für alle Ausgaben Belege verlangt? (mit Ausnahme von Kleinstausgaben, z. B. Telefonate am Ort)
- ▷ Wird die Reisetätigkeit eines jeden im vernünftigen Ausmass kontrolliert?
- ▷ Werden die Kunden in A-, B- und C-Kunden unterschieden und mit angepasster Häufigkeit besucht?
- ▷ Wird die Routeneinteilung im möglichen Ausmass darauf abgestimmt?
- ▷ Sind Stellvertretungen im Aussendienst im Rahmen des Möglichen organisiert?
- ▷ Hat jeder Aussendienst-Verkäufer eine Stellenbeschreibung?
- ▷ Ist ein einheitliches Spesenreglement für den Aussendienst vorhanden?
- ▷ Hat der Aussendienst ein Mitspracherecht bei der Gestaltung von Werbeaktionen?

1.2 «Wie beurteilen Sie als Kunde unsere Leistungsfähigkeit?»

Liste mit 42 Fragen an die Kundschaft

Muster eines Schreibens mit Erhebungsbogen in Checklistenform

(Vielleicht alle drei Jahre an ausgewählte Kunden adressieren, in frankiertem Rückantwort-Umschlag, unter telefonischem Nachstossen bei jenen Kunden, die nicht antworten. Kleinkunden empfehlen wir auszulassen, desgleichen vielleicht Kunden, mit welchen man eine anerkannt beste Beziehung unterhält und deren gute Meinung über unsere Leistungen uns schon ausreichend bekannt ist.)

(Evtl. kann man die Einreichung noch mit einem kleinen Präsent belohnen, was man in diesem Fall im Text oben erwähnen sollte.)

Brieftext-Vorschlag

Sehr geehrter Kunde (noch besser: persönlicher Name unseres Verhandlungspartners beim Kunden)

Dürfen wir Ihre Aufmerksamkeit heute mit einer kleinen Briefumfrage in Anspruch nehmen? Vielen Dank im voraus!

Leistungsfähigkeit und freundliches Verhalten sind im Geschäftsverkehr alles. Es liegt uns daran, einmal vom Kunden zu hören, wie er uns diesbezüglich einschätzt. Eine offene Beurteilung unserer Dienstleistungen kann uns Anstösse zu Verbesserungen irgendwelcher Art liefern.

Würden Sie uns daher freundlicherweise den beiliegenden Erhebungsbogen ausgefüllt zugehen lassen. Um Ihnen grosse Schreibarbeit zu ersparen, haben wir ihn so gestaltet, dass die meisten Fragen mit Kreuz an passender Stelle beantwortet werden können. Besonders dankbar aber sind wir für einen näheren Kommentar zuunterst unter «Besondere Bemerkungen», falls Positives oder Kritisches zu erläutern wäre. Frankierter Antwortumschlag liegt bei.

Wir danken Ihnen im voraus verbindlich für Ihre wertvolle Meinungsäusserung, die ja nicht zuletzt auch Ihnen selbst Vorteile erbringen soll und wird!

Mit freundlichen Grüssen

Beilage:
Erhebungsblatt

Erhebungsbogen:
Wie beurteilen Sie unseren Kundendienst?

Bitte Zutreffendes ankreuzen; evtl. Kommentar unter «Bemerkungen»

Telefonservice

- ☐ ausgezeichnet
- ☐ gut
- ☐ mittelmässig
- ☐ ungenügend

Bemerkungen: ______________________________

____

____

Beantwortung von Anfragen

- ☐ prompt
- ☐ eher schleppend
- ☐ ausgesprochen langsam

Bemerkungen: ______________________________

____

____

Korrespondenz

- ☐ prompt und informativ
- ☐ eher schleppend
- ☐ zu schematisch
- ☐ aggressiv

Bemerkungen: ______________________________

____

____

Beratung durch Innendienst

- ☐ aktiv-initiativ-kompetent
- ☐ mittelmässig
- ☐ ungenügend/inkompetent
- ☐ sitzen auf dem hohen Ross

Bemerkungen: ______________________________

____

____

Beratung durch Aussendienst

- ☐ speditiv/kompetent/individuell
- ☐ mittelmässig
- ☐ unzuverlässig
- ☐ aufdringlich

Bemerkungen: ______________________________

____

____

Werbung

- ☐ sympathisch
- ☐ originell
- ☐ nichtssagend
- ☐ unsympathisch
- ☐ informativ
- ☐ mittelmässig

Bemerkungen: ______________________________

____

____

Produktinformation

- ☐ ausgezeichnet
- ☐ zu wenig
- ☐ aktiv
- ☐ zu viel

Bemerkungen: ______________________________

____

____

Lieferdienst

- ☐ prompt, verlässlich
- ☐ öfter langsam
- ☐ fehlerhaft
- ☐ werden informiert bei Verzögerungen
- ☐ man lässt uns einfach hängen

Bemerkungen: ______________________________

____

____

Reklamationshäufigkeit

- ☐ akzeptabel
- ☐ zu gross

Bemerkungen:______________________________

____

____

Reklamationserledigung

- ☐ prompt/vorbildlich
- ☐ zu wenig prompt
- ☐ vor den Kopf stossend
- ☐ ungenau

Bemerkungen:______________________________

____

____

Garantieleistungen

- ☐ in Ordnung
- ☐ zögernd
- ☐ ungenügend

Bemerkungen:______________________________

____

____

Kundenschulung

- ☐ zuvorkommend/aktiv
- ☐ unzureichend
- ☐ muss regelmässig von uns verlangt werden

Bemerkungen:______________________________

____

____

Einreichende Firma:______________________________

Zust. Sachbearbeiter:______________________________

Ort:________/______________________________

Telefon:________/______________________________

1.3 Existenzsicherung im Verkauf

Checkliste für einen Workshop mit dem Verkaufsteam (Innen- und Aussendienst)
31 Checkfragen

- ▷ Organisation optimieren?
- ▷ Verkaufsteam verstärken?
- ▷ Akquisition verstärken/systematisieren?
- ▷ Gebiete verkleinern?
- ▷ Bearbeitungspläne für Grosskunden?
- ▷ Vermehrung der Aktionen? Telefonverkauf?
- ▷ Bessere Auswertung von Aktionen?
- ▷ Intensivere Schulung des Aussen- und Innendienstes?
- ▷ Schwachstellen aufdecken bzw. ausmerzen?
- ▷ Mehr Konzentration auf starke Produkte?
- ▷ Fallenlassen von schwachen Produkten?
- ▷ Auswechseln von schwachen durch stärkere Produkte?
- ▷ Strengere Leistungskontrolle im AD und ID?
- ▷ Kostensenkungs-Programm entwickeln?
- ▷ Marketing verbessern bzw. systematisieren?
- ▷ Personalselektion verbessern?
- ▷ Einführung neuer Mitarbeiter systematisieren?
- ▷ Bessere Marktüberwachung?
- ▷ Aufdecken/schliessen von Marktlücken?
- ▷ Bessere Konkurrenzbeobachtung?
- ▷ Image-Verbesserung?
- ▷ Kundeninformation optimieren? Mündlich? Schriftlich?
- ▷ Kundenpersonal-Schulung einführen/verstärken?
- ▷ Verbraucher-/Gebraucher-Information optimieren?
- ▷ Erfahrungsaustausch mit anderen Ländern/Firmen besser nützen?
- ▷ Dienstleistungen erweitern?
- ▷ EDV erweitert nutzen?
- ▷ Werbung verbessern oder intensivieren?
- ▷ Verkaufsführung straffen?
- ▷ Kreditwesen straffen?
- ▷ Trend-Studium?

1.4 Möglichkeiten der Leistungssteigerung im Aussendienst

Checkliste mit 70 Anregungen

Was?	Wie? Wodurch?
Zeitlich rationellerer Einsatz – Erhöhung der aktiven Verkaufszeit	Zeitanalyse – Erstellen eines Tages-, eines Wochenplans, eines Gesprächskonzepts für jeden Besuch; Festlegen rationeller Reise-Routen
Individuelle Kundenbearbeitung	Kundenanalyse, Einteilung in sinnvolle Gruppen, Erstellen von Kundenaktionsplänen, Festlegen des Besuchsrhythmus pro Gruppe
Erweiterung des Fach- und Anwendungswissens	Studium von eigenen Unterlagen, von Fachliteratur, von Problemfällen; interne und externe Kurse, Job-Rotation an fachlich interessanten Stellen; Vertretung der Firma an Ausstellungen
Argumentations-Verbesserung	Für jedes wichtige Produkt anwendungs- und nutzenbezogene Argumentation im Verkäuferteam ausarbeiten, einprägen und mit Rollenspielen einüben
Stark-Werden im Überwinden von Einwänden	Häufigste Einwände ermitteln, aufschreiben und ausarbeiten der besten Gegenargumentationen; einüben von mindestens 20 guten Abfangformulierungen (elastisches Abfedern und Gewinnen von Zeit für Gegenargumentation)
Von der Konkurrenz lernen	Erfolge der Wettbewerber feststellen und analysieren; prüfen, woran man lernen kann
Misserfolgs-Analyse	Überdenken jedes wichtigen Gesprächs; feststellen, wo man Fehler beging und wo Erfolge eintraten; Fehler analysieren, Verbesserungen erarbeiten
Statistische Überwachung der eigenen Tätigkeit	Besuchszahlen, gefahrene Km pro Besuch, Auftragsgrösse pro Besuch, Akquisitions-Erfolge im Verhältnis aller Akquisitionsbesuche, Reklamationen erfassen und in laufender Statistik festhalten, dito Kundenverluste
Neukunden-Gewinnung	Zielsetzung pro Halbjahr aufstellen, mögliche neue Kunden auf Liste setzen und Aktionsplan erstellen
Schaffung wirksamer Demonstrationsunterlagen	Erarbeitung guter Möglichkeiten im Team-Gespräch; Ausarbeitung passender Unterlagen, Zeigeblocks, Statistiken (Leistungen, Verbrauch), Einspar-Kurven, Relativierungsrechnungen (Anschaffungskosten pro Amortisations-Jahr/-Monat, Wirtschaftlichkeits-Rechnungen)
Verbesserung der Vorführtechnik	Standardisierung der Demonstrationstechnik, Einüben von Vorführungen
Verbesserung der Telefoniertechnik	Einüben von Telefonaten zur Besuchsfixierung, gute Vorbereitung von Nachfassgesprächen; sich auf Diktiergerät aufnehmen, Fehler analysieren; Taschenbuch «Meisterhaft telefonieren» lesen, Tonbildschauen und Tonbandlehrgänge über Telefoniertechnik durchnehmen

Kostensenkung	Rationellere Planung der Tätigkeit, bessere Ausnützung des Telefons als verkaufsunterstützendes Hilfsmittel, Erhöhung der Zahl der Besuche, Straffung des Verkaufsgesprächs, schriftliche Vorbearbeitung von Kunden, mehrheitlich telefonische Besuchsabmachung (Ausnahme: Verkauf an Läden), strikte Beschränkung auf *nötige* Essenseinladungen von Kunden
Verbesserung der Persönlichkeitswirkung	Arbeit an sich selbst: Erweiterung der Allgemeinbildung, bewusste Pflege des Gesprächs mit intelligenten Kunden, bewusste Erweiterung des Fachhorizontes durch Selektion guter Bücher, Beseitigung von Hemmungen durch Schulung im Kollektiv, Pflege des Erfahrungsaustausches im Team, Pflege kultureller Interessen, Rhetorik-Schulung, Übernahme von Lehraufgaben in Firma oder Verband oder von redaktioneller Tätigkeit, soweit damit geistige Förderung verbunden ist.

1.5 Besuchsvorbereitung und Erarbeitung eines Gesprächskonzeptes

Checkliste mit 27 Tips

- ▷ Kundenkarte studieren
- ▷ Geschäftliche Schwerpunkte und Hauptinteressen des Kunden überdenken
- ▷ Auf Art, Eigenheiten, Hobby des Kunden eingehen
- ▷ Bisherige und letzte Bezüge prüfen
- ▷ Hängiges studieren (Angebote, Reklamationen, Anfragen, Korrespondenz über besondere Probleme, Mahnungen)
- ▷ Zweck und Ergebnis des letzten Besuches überdenken
- ▷ Kann ich neue Produkte anbieten?
- ▷ Können nahende Kundenaufträge erwartet werden?
- ▷ Sind laufende Abschlüsse zu erneuern?
- ▷ Sind spezielle Anwendungsprobleme zu diskutieren?
- ▷ Ist ein inzwischen erteilter Auftrag zu verdanken?
- ▷ Erfragen, ob mit bisher Geliefertem zufrieden?
- ▷ Sind Preisänderungen anzuzeigen?
- ▷ Können Gelegenheitsposten angeboten werden?
- ▷ Kann mit einer Probelieferung gedient werden?
- ▷ Welche Informationen will ich erbitten? (Verwendungsprobleme, Konkurrenzbemühungen, bekannte Firmen des Kunden als mögliche weitere Kunden, zusätzliche Instruktion nötig? Markttendenzen, Resultate mit unseren neuen Produkten usw.)
- ▷ Neue Zielsetzung für bevorstehenden Besuch festlegen
- ▷ Nebenziele bereitstellen
- ▷ Evtl. Ausweichthemen notieren
- ▷ Gesprächskonzept durch untereinander gesetzte Stichworte fixieren, um es als Eselsleiter einzusetzen, unter Erwähnung, dass man sich sorgfältig vorbereitet hat, auch dass man noch bestimmte Fragen stellen möchte)
- ▷ Hilfsmittel bereitstellen – Unterlagen und Kollektion vollständig? (Demonstrationsobjekt, Muster, Prospekte, Fotos, Massskizzen, Pläne, Statistiken, Zubehöre, Wirtschaftlichkeits-Berechnungen, Vorteillisten, Beratungs-Checkliste, Schreibzeug usw.)
- ▷ Gezielte Referenzen bereitstellen
- ▷ Aufhänger festlegen; überlegen, ob bestimmte Dienstleistungen angeboten werden können, oder bei einem Neukunden die Firma vorgestellt sein will)
- ▷ Erste Sätze überlegen, um individuellen bzw. originellen Gesprächsbeginn zu sichern
- ▷ Entscheiden, ob telefonische oder schriftliche Voranmeldung nötig
- ▷ Zu erwartende Einwände überdenken und Widerlegung vorbereiten

Ein Programm verleiht Sicherheit, gibt besseres Auftreten. Passen Sie die obige Liste Ihren Bedürfnissen an und Sie werden mehr Erfolg bei kleinerem Aufwand haben!

Gebrauchen Sie diese Liste, um für jedes wichtige Gespräch ein individuelles Gesprächskonzept aufzusetzen!

1.6 Systematische Neukunden-Akquisition

Checkliste mit 46 Anregungen

Begriffsdefinition

Wir möchten Akquisition im engeren Sinne als die Aufgabe des Aussendienstverkäufers verstehen, neue Kunden dazuzugewinnen.

15 Pluspunkte der Akquisition aus der Sicht der Firma und des Vertreters

1. Im hart umstrittenen Markt hat die Akquisition existenzielle Bedeutung für jedes Unternehmen
2. Es gibt immer gelegentlich Kunden, die abspringen und selbstverständlich ersetzt sein wollen
3. Aus Akquisition können beträchtliche Mehrumsätze resultieren
4. Eine Firma, die nur die vorhandene Kundschaft bearbeitet, wird einseitig, verliert Terrain
5. Akquisition erbringt zusätzliche Marktinformationen
6. Akquisition lässt die besonderen Anstrengungen der Mitbewerber zuverlässiger erfassen als blosse Routinelieferungen an bisherige Kundschaft
7. Nur durch Akquisition kommen wir zu einer möglichst ausgeglichenen Marktbearbeitung
8. Akquisition bringt einen oft auf neue Verkaufsmöglichkeiten
9. Akquisition ist auch sehr direkte Werbung, die nicht selten erfolgreicher und weniger kostspielig ist als wenig gezielte allgemeine Werbung
10. In Gebieten, die akquisitionsmässig vernachlässigt werden, setzt sich die Konkurrenz fest und ist nachher schwer wieder hinauszubefördern
11. Ein einziger akquirierter Kunde kann auf 10 Jahre hinaus einen respektablen Umsatzgewinn erbringen (rechnen wir nicht zu kurzfristig hinsichtlich Akquisitionserfolgen)
12. Akquisitionsbesuche halten den Verkaufsgeist des Vertreters wach; er wird weniger betriebsblind
13. Aus Akquisitionserfolgen resultieren erhöhte Provisionen für ihn (Einkommenserhöhung)
14. Akquisitionstätigkeit, in Verbindung mit Normalbesuchen, gestaltet die Reisetätigkeit rentabler (kleinere Wege, bessere Zeitausnützung)
15. Akquisition bringt Abwechslung in den Tagesablauf des Vertreters.

Warum stellen sich beim Aussendienstmann vielfach negative Assoziationen ein, wenn es um die Pflichtaufgabe der Neuakquisition geht?

- ▷ Weil Akquisition Kontaktfassen mit uns noch unbekannten Leuten voraussetzt und somit eine innere und äussere Anstrengung nötig macht, unsere spezifischen oder unspezifischen Kontakthemmungen über Bord zu werfen,
- ▷ weil der Begriff der Akquisition für viele die Gedankenverbindung «Hausieren» wachruft und daher innere Widerstände schafft,
- ▷ weil Akquisition – wenn sie sinnvoll vorgenommen sein will – zielgerichtete und systematische Vorbereitung voraussetzt, die geistigen Aufwand bedeutet,
- ▷ weil Akquisitionsgespräche mehr Anforderungen an Konzentration, Einfühlungsgabe, Zielstrebigkeit und Durchsetzungsvermögen stellen als Verkaufsgespräche mit Gewohnheitsabnehmern,
- ▷ weil Akquisition lange nicht die Bestellungshäufigkeit garantiert, die sich aus der Bearbeitung langjähriger, treuer Kundschaft ergibt,
- ▷ weil öfterer Misserfolg bei hintereinander ausgeführten Akquisitionsbesuchen in der Regel depressive Auswirkungen verursacht.

Wie gelangt man zu neuen Adressen, die sich im Sinne der Akquisition bearbeiten lassen?
Folgende Mittel bieten sich an:

- ▷ Bisherige Kunden nennen uns auf Befragung gerne andere Bearbeitungsadressen, wenn wir ein gutes Verhältnis zu ihnen geschaffen haben
- ▷ Branchen-Telefonbücher
- ▷ Adressbücher
- ▷ Messekataloge
- ▷ Verbandsmitglieder-Listen
- ▷ Fachzeitschriften (Werbung)
- ▷ Inserate in Tageszeitungen (Werbung)
- ▷ Bauveröffentlichungen
- ▷ Handelsamtsblatt (Neueröffnungen)
- ▷ Eingehende Werbung anderer Firmen
- ▷ Freunde
- ▷ Bekannte
- ▷ Berufskollegen
- ▷ Messekontakte
- ▷ Aufmerksamkeit auf Neubauten bei der Reisetätigkeit
- ▷ Adressen-Institutionen (käufliche Adressen für Direct Mailing)

Weitere Tips aus der Praxis

- ▷ Neuheiten sind ganz ausgezeichnete Helfer zur Anbahnung neuer Kontakte mit a) bisher nicht bearbeiteten Kunden, und b) mit bisherigen Kunden, die jedoch in der Sparte der Neuheit noch nie bei uns bestellten
- ▷ Neue Einsatz- oder Verwendungsmöglichkeiten können zu neuen Kunden führen oder das Geschäft mit bisherigen Kunden ausdehnen
- ▷ Lassen Sie im Tagesrapport der Aussendienstverkäufer die versuchten Akquisitionsbesuche übersichtlich vermerken, um rationell kontrollieren zu können, wer sich in der Akquisition zu wenig Mühe gibt
- ▷ Veranlassen Sie Ihren Aussendienst, Akquisitionsbesuche mit Normalbesuchen zu verbinden, denn ganztägige Akquisitionstätigkeit überfordert praktisch jeden, geistig wie psychisch
- ▷ Setzen Sie eine wöchentliche Mindestzahl von Akquisitionsbesuchen fest, die realistisch ist, und dringen Sie auf Einhaltung
- ▷ Verlangen Sie jedes Vierteljahr eine Liste vorgesehener Akquisitionsbesuche und checken Sie später mit dem betreffenden Verkäufer ab, welche Besuche zu Ergebnissen geführt und welche nachgedoppelt werden sollten, evtl. mit Ihrer Unterstützung
- ▷ Belegen Sie dem Vertreterstab periodisch, welche Umsatzzuwachsquoten über die Akquisition erreicht wurden und wie sich dies für den einzelnen hinsichtlich Provision auswirkte
- ▷ Rechnen Sie dem Aussendienst vor, was ein neuer Kunde (gemäss Rückwärtsrechnung um ein paar Jahre) für die nächsten 5 oder 10 Jahre an Umsatz und Provision erbringt (um den Aussendienstverkäufern eine realistische Einstellung zur Akquisitionstätigkeit gewinnen zu lassen)
- ▷ Lassen Sie einmal einen Verkäufer mit der Buchhaltung zusammen ausrechnen, wie lange es ungefähr ginge, bis Ihre Firma pleite wäre, wenn nicht laufend Akquisition betrieben würde (Summierung der Kundenverluste durch Abspringen von Kunden, Firmaauflösung oder Tod von Kunden, Fusionen, Verlust durch nötig gewordene Betreibung, Kundenverluste wegen technologischem Wandel, usw.)

* * *

1.7 Aktivierung von Kunden mit Schrumpfumsatz

Checkliste mit 9 Anregungen

5 Schritte zum Erfolg via Telefon

1. *Selektion der betreffenden Kunden* via Computer oder Kundenkartei (Gebietsvertreter vor Ansprechen des Kunden zuerst fragen, ob es einen Sinn habe, mit dem Kunden Kontakt aufzunehmen – Kunde könnte ja evtl. ein ganz schlechter Zahler sein oder Umstellungen gehabt haben oder schon beim Aussendienst in Bearbeitung sein)

2. *Telefongesprächs-Konzept:*
▷ Begrüssung
▷ Erwähnung früherer Lieferungen (was hauptsächlich und wann)
▷ Fragestellung «Ich wollte mich heute versichern, dass Sie früher von uns zu Ihrer vollen Zufriedenheit bedient worden sind?»

3. *Wenn der Kunde bejaht:* «Darf ich mir in diesem Fall die Frage erlauben, warum der Kontakt mit Ihnen verlorenging?» (Würde der Kunde eine Unzufriedenheit eingestehen, so befasst man sich sofort mit den näheren Hintergründen durch interessierte Fragen – ist er auf Konkurrenzbemühungen eingegangen, so sollte man auch in diesem Fall dem «Warum» nachgehen und versuchen, eigene Stärken ins Spiel zu bringen – gegebenenfalls Aussendienst mobilisieren, um Rückgewinnung des Kunden anzustreben) – (Bei Unzufriedenheit des Kunden natürlich sofort Bedauern aussprechen, für Information danken, den Fall ernsthaft entgegennehmen. Versprechen, dass man aus dem Fehler lernen möchte und fragen, ob wir unsere Leistungsfähigkeit aufs neue beweisen dürfen; evtl. mit besonderen Stärken oder Neuheit anreizen, Beratung durch unverbindlichen Besuch in Aussicht stellen, für Gespräch danken und Folgebemühungen einleiten: Werbung, Besuche, Neuheiten am Telefon anbieten, wenn etwas Gras über den Fall gewachsen ist).

4. *Bei seinerzeitiger Zufriedenheit des Kunden* Gespräch schriftlich verdanken, neueste Unterlagen/Prospekte senden, Neuheiten anpreisen oder gleich am Telefon Angebot unterbreiten und eine mögliche neue Bestellung dankend entgegennehmen, je nach Bedarfssituation des Kunden, die näher abzuklären ist.

5. *Verkäufer im Aussendienst informieren*, was abgesprochen wurde oder seinerseits noch zu tun ist. Eventuelle Bestellung mit aller Sorgfalt ausführen und Kunde weiter mit Aufmerksamkeit bearbeiten.

* * *

An sich wäre es primär natürlich Aufgabe der Gebietsvertreter, ihre «müde gewordenen» Kunden zu aktivieren, aber oft steht der Aussendienst so sehr unter Druck durch Besuche wichtiger wie neuer Kunden und Verfolgung aktueller Verkaufschancen, dass die Zeit ihm fehlt, jeder auffallenden Belieferungslücke selbst nachzugehen. Das Telefon ist auch der kürzere und raschere Weg, und so kann der Innendienst wertvolle Schützenhilfe leisten. Voraussetzung ist allerdings, dass man dies in geschickter Weise und unaufdringlich tut.

Tritt bei Grosskunden ein auffallender Bestellungsrückgang ein, so wird sich der zuständige Aussendienstberater oder die Verkaufsleitung der Sache annehmen müssen.

1.8 Rückgewinnung abgesprungener Kunden

Checkliste für richtiges Vorgehen mit 14 Anregungen

1. Ausgangsüberlegungen anstellen:

▷ Wie lange war der Kunde vorher Kunde bei uns?
▷ Mit wem hatte er guten Kontakt?
▷ Woran lag es, dass wir ihn verloren haben?
▷ Gab es starke Seiten von uns, die er seinerzeit anerkennen konnte?
▷ Wo hätten wir heute zusätzliche Vorteile zu bieten, die ihm etwas bedeuten könnten?
▷ Wer wäre von uns für ein Rückgewinnungsgespräch besonders geeignet? (Format, Psychologie, Überzeugungskraft, Rang)
▷ Welches Vorgehen scheint für die Rückgewinnung des Kunden das Geeignetste zu sein? (Telefon; direkter Besuch mit oder ohne Anmeldung; mehrmalige, vorherige, schriftliche Werbebotschaften, bevor man den Kontakt persönlich aufnimmt; Einspannen einer Drittperson mit besten Beziehungen zu beiden Seiten)

2. Vorgehensschritte bei der Rückgewinnungsverhandlung:

▷ Voranmeldung via Telefon genau überlegen. Vom Positiven an der früheren Beziehung ausgehen, Frage stellen «Was haben wir falsch gemacht, dass wir Sie als Kunden damals verloren haben? Ich wäre Ihnen persönlich für einen Tip sehr dankbar!» (Wenn der Fall nicht schon aus der Aktenlage völlig klar ist – z.B. Mehrfachreklamation, ungehöriges Verhalten eines Mitarbeiters von uns oder ähnliches).
▷ Bedauern aussprechen, dass wir inzwischen keine Aufträge mehr ausführen konnten.
▷ Bei gutem damaligen Verhältnis erwähnen, dass man dieses aus der Rückperspektive nochmals überprüft habe und eigentlich feststellen konnte, dass man in erfreulicher Weise zusammenarbeitete.
▷ Auf heutige besondere Stärken, auch neue Dienstleistungen und neue, besonders fortschrittliche Produkte hinweisen.
▷ Um ein unverbindliches Gespräch bitten, um das eine oder andere belegen und zeigen zu können.
▷ Im Falle des Einverständnisses danken, Besuch fixieren und abschliessend der Freude Ausdruck geben, dass man den Kontakt zueinander wieder gefunden habe (weigert sich der Kunde, uns zu empfangen, so fragt man nach den Gründen; wenn sich die Schwierigkeiten im Moment nicht ausräumen lassen, positiv ausmünden, für den Kontakt danken und der Hoffnung Ausdruck geben, dass sich vielleicht später wieder eine Möglichkeit zur Zusammenarbeit geben werde; schriftlich periodisch durch Informationen über Neues Kontakt aufrechterhalten und im angepassten Zeitpunkt erneut persönliches Gespräch herbeiführen).
▷ Im Besuchsfall sich besonders gut auf das Gespräch vorbereiten – es durch Dank (für den zuvorkommenden Empfang) einleiten – interessante Leistungen ansprechen und Vorteile für den Kunden belegen – wichtige Fragen stellen, um Bedarfsvoraussetzungen beim Kunden genau zu erfassen – wenn möglich unverbindliches Angebot unterbreiten – sich persönlich als Garant für die andere Seite offerieren – am «Speck» bleiben – tadellose Bedienung absichern – Pflegeleistung bieten.

1.9 Berechnungsfaktoren für die Verkaufskosten im Aussendienst

Checkliste mit 23 Berechnungshilfen

Gemäss einer Umfrage über Besuchskosten pro Kundenbesuch im Aussendienst haben sich folgende Zahlen ergeben:

▷	Verbrauchsgüter pro Besuch	Fr. 130.–
▷	Gebrauchsgüter pro Besuch	Fr. 145.–
▷	Dienstleistungssektor pro Besuch	Fr. 180.–
▷	Handel pro Besuch	Fr. 185.–
▷	Industriegüter pro Besuch	Fr. 248.–

Die Besuchskosten sind angesichts solcher Zahlen also doch wesentlich höher als man im allgemeinen annimmt.

Die Rentabilität eines Aussendienst-Verkäufers lässt sich über die Berechnung folgender Faktoren längerfristig verlässlich einschätzen:

1. Zahl der effektiven Reisetage im Jahr
2. Zahl der ausgeführten Besuche im Jahr
3. Zahl der Besuche pro Reisetag im Durchschnitt
4. Zahl der Besuche pro Auftrag im Durchschnitt
5. Zahl der Aufträge pro Reisetag
6. Zahl der direkten und indirekten Aufträge im Jahr
7. Verhältnis der direkten zu den indirekten Aufträgen
8. Budgetierter Umsatz im Jahr (Soll-Umsatz)
9. Effektiv erreichter Umsatz im Jahr (Ist-Umsatz)
10. Totale Verkaufskosten des ganzen Aussendienstes im Jahr
11. Verkaufskosten pro Aussendienstverkäufer im Jahr
12. Verkaufskosten pro Besuch und Aussendienstverkäufer im Jahr
13. Verkaufskosten pro Auftrag und Aussendienstverkäufer im Jahr
14. Zahl der gefahrenen Km pro Besuch im Jahr
15. Zahl der gefahrenen Km pro Auftrag (direkte und indirekte Aufträge)
16. Umsatz pro Besuch im Jahr
17. Umsatz pro Kunde, auf die Gesamtzahl der im betr. Gebiet vorhandenen Kunden bezogen, pro Jahr
18. Umsatz pro Kunde im ganzen Land pro Jahr total
19. Zahl der gewonnenen Neukunden pro Reisender und Jahr
20. Zahl der verlorenen Kunden pro Reisender und Jahr (lässt sich nur approximativ und mit Verzögerung berechnen)
21. Guthabenverluste pro Reisender im Jahr (lässt sich auch nur mit Verzögerung berechnen)
22. Exportumsatz pro Land, pro Kunde im Jahr
23. Exportkosten pro Land und Kunde im Jahr

Einzeln betrachtet sind die obgenannten Zahlen allerdings nicht immer aussagekräftig. So sind z.B. hohe Umsätze eines neuen Mannes im Aussendienst dann negativ, wenn er Hochdruckmethoden anwendet, die zu späteren Kundenverlusten führen. Hohe Telefonspesen eines einzelnen sind dann umgekehrt rentabel, wenn er das Telefon als verkaufsunterstützendes Hilfsmittel effektvoll einzusetzen vermag. Grössere Km-Zahlen sind in weiträumigen Gebieten (lange Täler, Berggebiete, geringe Besiedelung oder geringe Industrialisierung) begreifbar. Anfänger dürfen nicht mit alten Füchsen verglichen werden. Stures Rechnen wird daher immer falsch am Platz sein; sinnvolles Rechnen erbringt aber auch dem Reisenden selbst einen wertvollen Vergleichsmassstab. Dieser kann sich allein gar kein verlässliches Bild über seine Leistungsfähigkeit machen!

Ein exportorientiertes Unternehmen wird den Punkten 22 und 23 noch manch andere Berechnungsfaktoren hinzufügen müssen.

1.10 Fragen zur realistischen Selbsteinschätzung des Aussendienstverkäufers

14 Fragestellungen

1. Wieviel Kunden besuche ich im Durchschnitt jeden Reisetag?
2. Wie lange dauert bei mir im Durchschnitt ein Besuch?
3. Wie hoch stellt sich mein Durchschnittsauftrag?
4. Besuche ich vorbereitet mit Gesprächskonzept?
5. Analysiere ich Erfolge und Misserfolge?
6. Sind Wegplanung und Besuchsrhythmus immer überlegt?
7. Wieviele Neukunden schaffe ich im Jahr, wieviele Altkunden sind abgesprungen?
8. Mit wievielen Kunden tätige ich 80% des Umsatzes, und ist der Pflegeaufwand für die restlichen 20% im richtigen Verhältnis?
9. Welche Produkte verkaufe ich gut, welche wesentlich weniger und warum?
10. Wieviel Zeit wende ich für das wirkliche Verkaufsgespräch auf, und wie lässt sich diese effektive Verkaufszeit noch erhöhen, um also mehr Gespräche führen zu können?
11. Wo liegt das grösste Potential in meinem Verkaufsbezirk?
12. Wo verkauft meine Konkurrenz besser und warum?
13. Kann ich neue Anwendungsbereiche für bestimmte Produkte nützen?
14. Gibt es mögliche Kunden/Abnehmergruppen, die noch nicht bearbeitet wurden?

1.11 Optimierung der Verkaufskorrespondenz

Checkliste mit 14 Tips

Beachten Sie folgende Hinweise, wenn Sie Briefe an Ihre beruflichen Partner verfassen:

1. Überlegen Sie genau, mit welchem Stichwort Sie den Brief überschreiben.
2. Links oben sollte als Vordruck figurieren: «Der Sachbearbeiter:» und hernach kommt «Hr./Frau/Frl.» plus Initiale und Name, evtl. noch Funktion (bei höherem Grad oder Spezialistenfunktion). Der andere hat so keine Mühe, den richtigen Mann am Telefon zu verlangen oder im Brief anzuschreiben.
3. Schreiben Sie so, dass sich der andere persönlich und individuell angesprochen fühlt – versetzen Sie sich in seine Lage und formulieren Sie nach Möglichkeit aus seiner Warte heraus.
4. Schreiben Sie einen verbalen Stil, nicht einen Hauptwort-Stil. Ersterer ist leichter zu verstehen, wirkt nicht so kompliziert.
5. Vermeiden Sie schwer verständliche Fachausdrücke oder übersetzen Sie sie in verständliche Worte.
6. Kerngedanken und überhaupt Abschnitte, die in Ihrer Korrespondenz immer wieder vorkommen, formulieren Sie einmal bestens, setzen sie als Korrespondenz- bzw. Computer-Bausteine auf eine Liste und numerieren sie, damit Sie sich oder der Schreibkraft die Sache erleichtern. Individuelle einleitende Sätze oder Endgedanken können Sie trotzdem in Massarbeit gestalten.
7. Machen Sie Jagd auf überholte Floskeln («Werter Herr...», «Hochachtungsvoll» usw.) und schreiben Sie dafür einen natürlichen Stil, der nahe bei der gesprochenen Sprache liegt.
8. Benützen Sie mehr die SIE-Sprache als die ICH- oder WIR-Sprache. Der andere fühlt sich so persönlicher angesprochen, sozusagen in den Mittelpunkt des Geschehens gestellt.
9. Wiederholen Sie am Anfang nicht, was der andere geschrieben hat. Ein Vermerk auf dessen Schreiben vom Soundsovielten genügt, zusammen mit dem Rubrik-Stichwort.
10. Bieten Sie Substanz, vermeiden Sie somit sprachlichen Leerlauf und überflüssige Gedanken.
11. Gliedern Sie Ihre Briefe durch Abschnitte, Unterstreichung des besonders Wichtigen, Einmitten von besonderen Hinweisen, Vereinbarungen oder Beschlüssen usw.
12. Numerieren Sie Gedanken, wenn sie in der Abfolge eine Reihe wichtiger Punkte ergeben. Der andere kann sich so in der Beantwortung nur auf die Nummer beziehen und muss so weniger schreiben.
13. Durchschläge werden mit Vorteil farblich unterschieden, z.B. Blau für technische Materie, Rot für Personelles, usw., je nach individuellen Bedürfnissen der Organisation.
14. Schliessen Sie möglichst immer positiv ab.

1.12 Verbesserungsanregungen für den Verkauf hinter der Front

Checkliste mit 30 Tips

Basiserkenntnisse

- ▷ Der Konkurrenzkampf wird in allen Branchen härter und härter.
  Gleichzeitig ergibt sich eine immer ausgeprägtere Angebotsnivellierung (Konkurrenzqualitäten und technische Perfektion nähern sich mehr und mehr – es wird schwieriger, das eigene Angebot von dem der Konkurrenz abzuheben).
- ▷ Das Dienstleistungsdenken rückt daher noch mehr ins Zentrum aller Kundenbemühung. Wenn man sich von der Qualität her nicht ausreichend von andern Wettbewerbern abheben kann, so versucht man, die Dienstleistungen auszubauen und Nebenleistungen anzubieten.
- ▷ Heute, wo Konzerne, Grossverteiler, Warenhäuser und spezialisierte Betriebe um einen möglichst grossen eigenen Marktanteil kämpfen, gilt es, nicht nur die Beratung optimal auszubauen, sondern auch den Telefonservice, den Reparaturdienst und die Erledigung von Reklamationen so zu pflegen, dass der Kunde die echte Dienstleistungsbereitschaft «greifen» kann.
- ▷ Jeder Mitarbeiter sollte sich als Verkäufer sehen, so wie das auch der bekannte Slogan zum Ausdruck bringt: Die Verkaufsabteilung ist nicht die ganze Firma, aber die ganze Firma sollte eine Verkaufsabteilung sein!
- ▷ Tatsächlich darf sich auch jeder als Verkäufer fühlen, verkauft er doch Auskünfte, Beratung, Erfahrungen, Dienstleistungen aller Art – und nicht zuletzt sich selbst als Partner des Kunden. Dies auch dann, wenn er nicht offiziell Verkäufer ist.

Es wurde daher mit Recht das Wort «Verkauf hinter der Front» geprägt. Folgende Punkte scheinen mir in diesem Zusammenhang wichtig zu sein:

Checkliste «Verkauf hinter der Front»

1. Aktennotizen sind nicht nur wichtig für die Erledigung der Geschäfte, sondern sie entlasten auch unser Gedächtnis, machen uns aufnahmebereit für Neues. Fehlende Notizen (beispielsweise am Telefon) haben schon dazu geführt, dass Bestellungen nicht ausgeführt oder Reklamationen nicht erledigt wurden.
2. Bei der Kundenberatung ist es vorteilhaft, sozusagen in Abläufen zu denken; dann kann man initiativ beraten, Empfehlungen abgeben, nötige Instruktionen erteilen.
3. Das Zusatzverkaufsdenken ist unerlässlich, es nützt dem Kunden wie dem Geschäft. Die Fragen «Was tut der Kunde mit der Ware? Was braucht es zusätzlich, um die Ware anwenden zu können? Was würde ihm die Arbeit erleichtern?» sollten bei jeder Bestellungsabnahme und bei jeder Beratung immer wieder sich selbst gestellt werden. Nur dann kommen die Zusatzverkaufsangebote auch wirklich zustande.
4. Präzis sein, keine halbe Arbeit leisten: Name des Bestellenden, nicht nur seine Firma notieren (und verlangen, wenn er ihn nicht selbst sagt). Berühmte Kleinigkeiten sind: Postversand-, Camion- oder Bahn-Versand-Art, Bahnhof des Kunden, Faktura oder Nachnahme, Lieferfristangabe – und eben nochmals Zusatzangebote (so formuliert, dass der Kunde es als eine Hilfestellung anschaut, nicht als Aufdringlichkeit).
5. Name des Kunden im Gespräch gebrauchen; das beehrt und hilft auch, sich den Namen besser einzuprägen; neue Namen sofort aufschreiben!
6. Bestellungen dankend entgegennehmen. Zwischen verschiedenen Einzelposten wiedermal «gerne!» sagen, statt nur «ja», «gut», «geht in Ordnung». Am Schluss bei der Verabschiedung nochmals danken.
7. Schwierige Worte buchstabieren, oder schwierige Namen buchstabieren lassen, wenn es um Adressen oder Bezugnahme auf Personen geht.
8. Information in der Abteilung und von Abteilung zu Abteilung nicht vernachlässigen. Wichtige Dinge rapportieren, auch besondere Konkurrenzbeobachtungen.
9. Ersatzverkäufe anstreben, wenn der Kunde ein Produkt verlangt, das nicht von uns ist. Es ist allzu bequem zu sagen: «Haben wir nicht!»

10. Bevorstehende Aktionen rechtzeitig vorbereiten, Ware etikettieren, abpacken, Aussen- und Innendienst genau und rechtzeitig orientieren, auch Telefonistinnen.
11. Gebrauchsanweisungen/Betriebsanleitungen aus der Sicht des Kunden formulieren, Text von Kunden begutachten lassen, bevor er gedruckt wird. Nach Möglichkeit solche Anweisungen bebildern («Ein Bild sagt mehr als tausend Worte»). Fremdsprachfassungen, wo nötig, herstellen!
12. Besondere Einwände der Kundschaft analysieren und bestgeeignete Gegenargumentationen ausarbeiten, Mitarbeiter darauf einschulen.
13. Weiterverbindungen korrekt an die Hand nehmen, d.h. dem Kunden sagen, mit wem man verbindet, den nächsten Mitarbeiter vororientieren (sagen, wer am Draht ist und was er will); der nächste Mitarbeiter soll sich 1. vorstellen, 2. den Kunden sofort mit Namen begrüssen und 3. erwähnen, dass er im Bilde ist, was der Kunde will.
14. Interne Gespräche kurz halten, damit die Apparate für auswärtige Anrufe frei sind.
15. Hilfsmittel für Telefonauskünfte bereithalten (Kataloge, Preislisten, Checklisten für Störungsbehebung an gewissen Geräten oder Maschinen, Meldeformulare für andere Abteilungen, Beratungs-Checklisten usw.)
16. Terminierte Lieferungen und Reparaturen fristlich kontrollieren, Kunden sofort avisieren, wenn sich Ablieferungsverzögerung ergibt.
17. Auch der Lieferchauffeur darf und soll sich als «Verkäufer» fühlen (Meldung über Konkurrenzware beim Kunden, zuvorkommendes Auftreten, Rückmeldung von Reklamationen an die Firma, Entgegennahme von Zusatzbestellungen).
18. Aussendienst über eingegangene wichtigere Reklamationen orientieren.
19. Zusammenspiel von Werbeabteilung und Aussendienst (Unterstützung, Information, Plazierung von Plakaten und Ausstellern).
20. Umtausch-Begehren zuvorkommend behandeln.
21. Begrüssungsschreiben für neue Kunden, sofortige Mitteilung an Vertreter; evtl. Bonität prüfen lassen.
22. Reparaturen prompt und preisgünstig erledigen.
23. Fakturierungswünsche des Kunden beachten, auch Speditionsvorschriften.
24. Fakturierung von sehr kleinen Beträgen unterlassen; vorgedrucktes Formular beilegen, das Gratislieferung als Entgegenkommen anzeigt.
25. Vor Mahnungen Aussendienst informieren.
26. Verkaufsfördernde Korrespondenz!
27. Keine längere Entfernung vom Arbeitsplatz ohne Mitteilung an Telefonistin oder Mitarbeiter, wann man zurück ist oder wo man erreicht werden kann.
28. Ordnung in den hängigen Geschäften aufrechterhalten.
29. Wird ein Rückruf versprochen, so sollte man nach Möglichkeit den passenden Zeitpunkt erfragen.
30. Vorschlagswesen nicht vergessen, nicht nur kritisieren, sondern konstruktiv Verbesserungen anstreben.

1.13 Angebotswesen-Optimierung und wirkungsvolles Nachfassen von Angeboten

Checkliste mit 37 Tips

Soll man überhaupt Angebote schriftlich unterbreiten?

Es gibt sicher Fälle von grösseren Angeboten, wo der Kunde schriftliche Unterbreitung verlangt.
In vielen Fällen jedoch ist der Verkäufer zu rasch bereit, schriftliche Angebote anzubieten. Nachteile:

▷ Das Angebotswesen kostet viel Geld
▷ Einmal weg, verliert man das Angebot gerne aus dem Auge
▷ Der Kunde wird in Versuchung geführt, praktisch nur noch den Preis von Angebot zu Angebot zu vergleichen
▷ Hat man sein Angebot weggesandt, so verliert man für einige Zeit den Einfluss auf den Kunden – ein Konkurrent, im richtigen Moment aufmarschierend, kann durch zielstrebiges Verhandeln dem Anbietenden den Rang ablaufen
▷ Passt etwas an dem Angebot nicht (Preis, Rabatt, Menge, Varianten, Lieferfrist, Qualität), so disponiert der Kunde vielleicht sofort nach einer anderen Seite hin. Verlangt ein Kunde ein schriftliches Angebot, so kann dies auch ein getarnter Abwimmlungsversuch sein. Entweder sollte nun das Angebot möglichst sofort überbracht und mit dem Kunden besprochen werden, um optimal einwirken zu können, oder bei kleineren Anschaffungen sollte gleich telefonisch angeboten werden – siehe nachstehende Argumente:
▷ «Hr. X, ich kann Ihnen den Preis gleich verbindlich mitteilen – so brauchen Sie nicht auf ein Angebot zu warten.»
▷ «Hr. X, wir stehen – wahrscheinlich wie jede Firma heute – auch unter Kostendruck und versuchen daher, das Angebotswesen im Rahmen des Möglichen zu reduzieren. Zudem darf ich wohl annehmen, dass Sie selbst kompetent sind, bei passendem Angebot den Auftrag zu erteilen. Daher meine ich, dass wir beide Zeit und Mühe sparen, wenn wir gleich schlüssig über eine Auftragserteilung diskutieren.»
▷ «Hr. X, sollten Sie bei mündlicher Angebotsunterbreitung den Entscheid trotzdem noch nicht gleich treffen können, so riskieren Sie sicher nicht, einen anderen Preis von uns genannt zu bekommen, wenn Sie später bestellen. Sie verlangen in einem solchen Fall einfach Auftrags- und Preisbestätigung von uns – dann haben Sie alles im Trockenen. Wir haben uns entschlossen, dem Kunden dann eine Gutschrift von Fr. 10.– für eingesparten Schreibaufwand zu vergüten – würde Sie das nicht reizen?» (Es geht hier ja um kleine Angebotsbeträge)

Und wenn doch ein schriftliches Angebot an den Kunden ging, so fasst man unter Beachtung folgender Punkte nach

1. Zeitpunkt des Nachfassens muss schon mit dem Kunden vor Angebotsunterbreitung abgeklärt werden («Hr. X, bis wann glauben Sie, dass Sie in dieser Sache einen Entscheid treffen müssten?»)

2. Telefonisch nachfassen, wenn Auftragsgrösse verhältnismässig klein oder Kunde abseits domiziliert ist. Mündlich durch Besuch nachfassen, wenn grösserer Auftrag winkt oder Kunde am Weg liegt.

3. Gut vorbereitet ist halb geschafft: Angebot genau studieren, Zusatzargumente vorbereiten, Beantwortung von Einwänden vorbereiten, dito Alternativen, Referenzen, praktische Tips, evtl. Vorführung oder Probestellung. Kann zusätzliche interessante Information abgegeben werden?

Vermeiden Sie unbedingt

▷ *Zu frühes Nachfassen*
▷ *Zu spätes Nachfassen*
(daher vor Angebotsunterbreitung Entscheidungs-Zeitpunkt erfragen!)

▷ *Unglückliche Formulierungen* wie «Wir haben Ihnen doch schon vor zwei Wochen ein Angebot zugehen lassen, auf welches wir bis heute ohne Antwort von Ihnen verblieben sind» vermeiden – Besser: «Sie haben seinerzeit unser Angebot für ... erbeten. Am ... ist dieses an Sie abgegangen. Sicher konnten Sie es inzwischen studieren. Haben sich noch Fragen ergeben? Oder darf ich Ihnen noch mit weiteren Auskünften dienen?» Abwarten, was der andere antwortet, auch auf Preiseinwände vorbereitet sein, ebenso die wesentlichsten Vorteile in Erinnerung bereit haben, um sie nachzudoppeln und vielleicht noch näher zu erläutern.

▷ *Billige Vertröstungen entgegenzunehmen.* Bleiben Sie vielmehr am «Speck» durch konkrete Fragestellungen (Eignung des Angebotenen, Zeitpunkt der Entscheidung erfragen, dann zeitgerecht wieder an den Kunden gelangen, mit Hinweis darauf, er hätte seinerzeit erwähnt, dass er sich bis dann und dann entscheiden möchte – evtl. durch Besuch nachfassen).

Tips für optimale Gestaltung von Angeboten

Muss ein Angebot schriftlich unterbreitet werden, was bei grösseren Anschaffungen ja in der Regel selbstverständlich ist, so beachte man folgende Tips:

1. Jedes Angebot muss exakt auf die gegebene Bedarfssituation abgestimmt sein. Nur Massarbeit im Angebotswesen ist brauchbar. Notfalls erfrage man also nähere Umstände, vor allem im technischen Bereich und auch im Verkauf von Dienstleistungen. Wo es sich um komplexere Angebotsfälle handelt, sollte man sowieso über eine Beratungscheckliste verfügen, aufgrund welcher die zu stellenden Fragen sich automatisch ergeben. Ein Berater, der versiert alle Fragen stellen kann, die wichtig sind, gewinnt das Vertrauen des Kunden.
2. Formulieren Sie das Angebot so, dass die besonderen Vorteile des Angebotenen in direktem Zusammenhang mit Bedarfsanforderungen herausgestellt werden. Benützen Sie bei solchen Erläuterungen die SIE-Sprache, damit der Kunde sich mit seinen Wünschen und Bedingungen in den Mittelpunkt gestellt sieht und er das Gefühl eines Massangebotes bekommt. Sein Nutzen ist das Wichtigste.
3. Gestalten Sie augenfällig, übersichtlich, gestrafft. Führen Sie Vorteile in Nummernreihenfolge auf, damit der Kunde (oder Sie beim Nachfassen) leicht auf Einzelheiten zurückkommen können.
4. Behandeln Sie nicht nur, was der Kunde angesprochen hat, sondern fügen Sie wichtige Nebeninformationen und nötigenfalls auch Zusatzdokumentationsblätter bei, gezielte Referenzen, Fotos, Planskizzen, Testresultate oder was immer für den Kunden anschaulich und überzeugend sein kann.
5. Prüfen Sie das Angebot vor dem Versand genau, ob es vollständig und in allen Punkten angepasst ist, auch bezüglich Unterlagen.
6. Vermeiden Sie bei der Beschreibung Ihrer Leistungen und Vorteile Fachlatein, das beim Kunden Verständnisschwierigkeiten hervorrufen kann, oder übersetzen Sie beiläufig schwierige technische Ausdrücke.
7. Kann seiner Anfrage nicht exakt entsprochen werden, begründen Sie Ihre Abweichung und stellen Sie Ihre Vorteile besonders überzeugend dar.
8. Wird eine Anfrage als besonders eilig hingestellt, so geben Sie nach Möglichkeit eine Vorausantwort in gedrängter Form mittels Telefax, nehmen Sie telefonisch Kontakt auf, schicken Sie ein Sofortangebot per Express an den Kunden oder besuchen Sie ihn umgehend. Sonst könnte es sein, dass ein schnellerer Konkurrent das Geschäft macht.
9. Vermerken Sie im Angebot sich selbst als zuständigen Sachbearbeiter, blosse Zeichen sind unzureichend.
10. Setzen Sie auf die Kopie den Hinweis, wer nachzufassen hat (Innen- oder Aussendienst) und wann nachgefasst werden soll (im Kontakt mit dem Kunden somit vor Angebotsausfertigung zu erfragen). Vermerken Sie den zuständigen Entscheidenden beim Kunden, und, wenn das nicht automatisch aus dem Angebot hervorgeht, seine Telefonnummer (z. B. also auch interne oder Direktwahlnummer).

Wann und wie bei Angebotsabsagen nachfassen

In Niederlagen stecken Lernmöglichkeiten. Hat Ihre Angebotsabteilung oder Ihr Verkaufskorrespondent ein ausführliches Angebot an einen wichtigen Interessenten abgegeben, sollte eine unerwartete Absage nicht einfach mit innerem Bedauern zur Kenntnis genommen werden. Überraschende Absagen rufen immer eine gewisse Unsicherheit im Empfänger hervor. Veranlassen Sie daher die Angebotsabteilung oder Ihre Verkaufskorrespondenten festzustellen, welche Umstände zur Niederlage geführt haben – vorausgesetzt die Absage beziehe sich nicht auf ein Mini-Geschäft.

Lassen Sie folgende Fragen prüfen:

1. Hat man zu spät angeboten? Wie gross war die Zeitspanne zwischen dem Eingang der Anfrage und der Erteilung des Angebotes?
2. Hat das Angebot genügend Varianten? Ist man auf die Probleme des Kunden eingegangen?
3. Ist man an der Frage des Preises oder des Rabattes gescheitert? An der Lieferzeit?
4. Hätte man früher nachfassen müssen?
5. Hat die Konkurrenz mit eher unlauteren Methoden das Zünglein an der Waage zu ihren Gunsten ausschlagen lassen?
6. Ist der Vertreter ungeschickt vorgegangen?

Ihre Mitarbeiter müssen in Erfahrung bringen, wo der Fehler lag, sonst können sich Niederlagen häufen.

Ist das Angebot höherer Grössenordnung gewesen oder ging es um einen Interessenten, den Sie à tout prix gerne beliefert hätten, so sollten Sie sich als Verkaufsleiter persönlich einsetzen – je nach Umständen übers Telefon oder durch Besuch.

Sie als Chef haben die grössere Chance, aufrichtig informiert zu werden, wenn Sie geschickt vorgehen, d.h. den zuständigen Partner freundlich persönlich ansprechen, ihm für den erhaltenen Bescheid danken und als Türöffner die psychologische Frage benützen: «Herr X, darf ich Ihnen eine offene Frage stellen? Was haben wir falsch gemacht? Ich war der Auffassung, das Passende angeboten zu haben. Ich möchte gerne aus Fehlern lernen. Was also haben wir falsch gemacht?»

Oft ergeben sich interessante Schlüsse aus der Antwort, ein besonderer persönlicher Kontakt oder gar die Möglichkeit, den Auftrag hinterher doch noch zu erhalten.

1.14 Professionell verkaufen an Messen

400 Anregungen in 12 Kapiteln

Siehe auch mein Checklisten-Handbuch «Messebeteiligungen erfolgreich gestalten» (25 Kap./700 Tips)

Themengliederung/Überblick Kapitel 1–12

1. Vorbereitung der Standorganisation
   a) Standpräsentation
   b) Vorbereitende Schulung der Standrepräsentanten
   c) Personelle Organisation während der Ausstellung
   d) Materialbereitstellung
   e) Weitere Vorbereitungen
2. Was ist wichtig für die Kontaktnahme mit Interessenten und Kunden am Stand?
3. Regeln für allgemeines Verhalten am Stand
4. Verhandlungstips
5. Abfangformulierungen zur Überwindung von Einwänden
6. Wirksam demonstrieren
7. Verhalten bei Kundenstauungen
8. Parallelbedienung in Drucksituationen
9. Adressnahme/Standbesuchs-Rapportierung
10. Prospektabgabe
11. Verhalten gegenüber der Konkurrenz
12. Auswertung der Standbesuche und -kontakte

1. Vorbereitung der Standorganisation

a) Standpräsentation

▷ Standgestaltung aus der Sicht der Besucher, nicht des Graphikers
▷ Stand nicht vollstopfen, an grösseren Ständen für mindestens zwei Besprechungsecken sorgen
▷ Gut präsentierende, tüchtige Vorführdamen (keine fachlich ahnungslosen «Schönheitsköniginnen»)
▷ Klare Anschriften, auch an den Produkten
▷ An Grossständen eigene Auskunftsstelle einrichten und deutlich markieren
▷ Stand darf während der Ausstellung nie unbesetzt sein
▷ Frisches Blumenbukett verschönt den Stand
▷ Spettfrau rechtzeitig organisieren (für tägliches Saubermachen)
▷ Für jeden Tag einen Mitarbeiter hinsichtlich Standordnung und -sauberkeit verantwortlich machen
▷ Für ausreichende, aber nicht kalte Beleuchtung sorgen
▷ Stand muss zum Eröffnungszeitpunkt auch wirklich fertig sein

b) Schulung der Standrepräsentanten

▷ Orientierung darüber, was ausgestellt und was nicht ausgestellt wird (und warum)
▷ Schulung in kontaktfähiger Standbetreuung
▷ Vergleiche mit wichtigsten Konkurrenzprodukten anstellen, spezifische Argumentationen ausarbeiten
▷ Schulung in Verhandlungstechnik und Demonstrationstechnik
▷ Schulung im richtigen Verhalten gegenüber der Konkurrenz
▷ Konkurrenzbeobachtung besprechen und organisieren
▷ Orientierung über Standorganisation, Formulare, Prospekte, Besuchsrapportierung, Besuchsauswertung während und nach der Ausstellung
▷ Reglement für Standverkäufer schriftlich ausarbeiten
▷ Ablösungsplan erläutern
▷ Voraussetzungen besprechen, unter welchen ein gutes Teamwork am Stand unter allen Beteiligten möglich sein wird
▷ Fehler aus früheren Jahren besprechen

c) Personelle Organisation während der Ausstellung

▷ Das Team der Ausstellungsverkäufer sollte eine Elite darstellen, keine Ansammlung von «Leierkästen» oder «Mauerblümchen»
▷ Exakten Präsenzplan ausarbeiten (Ablösungsplan)
▷ Firmenbesetzung auf minimalen Bestand ausrichten, um an der Ausstellung genügend Berater zur Verfügung zu haben
▷ Fremdsprachige Mitarbeiter im Präsenzplan entsprechend disponieren
▷ Standchef für jeden Tag bestimmen, inkl. Stellvertreter
▷ Für jeden Tag jemanden bestimmen, der für Ordnung und Sauberkeit verantwortlich ist

- ▷ Klarstellen der Aufgaben eines jeden, der am Stand zu tun hat
- ▷ Bei der personellen Dotierung auch Kundenstauungen, Einkäufertage, zu erwartende Besucherspitzen berücksichtigen
- ▷ Spezialisten und Techniker im richtigen Verhältnis zum Verkäuferteam und zur Kompliziertheit der Verkaufsobjekte mobilisieren
- ▷ Unterkunft und Transport des auswärtigen Personals rechtzeitig organisieren
- ▷ Abwesenheitskontrolle durch Standchef führen lassen (Kommunikationsmöglichkeit für dringende Fälle sichern)
- ▷ Kurierdienst mit Firma organisieren (mindestens täglich)
- ▷ In grösseren Ständen Sekretärin für eilige Schreibarbeiten und Rapporte aufbieten
- ▷ Verkäuferablösung entsprechend organisieren, um Ermüdungserscheinungen zu vermeiden (aktiver Ausstellungsverkauf ist aussergewöhnlich anstrengend)
- ▷ Verkäufer eine Stunde vor Ausstellungsbeginn zu einem geführten Orientierungsrundgang durch die Ausstellung versammeln

d) Materialbereitstellung

- ▷ Telefonbücher
- ▷ Filialrufnummer und private Nummern der Vertreter und Spezialisten gehören aufgelistet zum Telefonapparat hin
- ▷ Rufnummer des offiziellen Auskunftsbüros der Ausstellung bereithalten
- ▷ Vorgesehenes Ausstellungsgut mit allem Zubehör bereitstellen
- ▷ Demonstrations-Verbrauchsmaterial bereitstellen
- ▷ Prospekte, Gebrauchsanweisungen, Standard-Offerten, Zeigebücher, Preislisten, Kataloge in ausreichender Zahl (übersichtlich angeordnet) und evtl. in Fremdsprachen präsentieren
- ▷ Aktuelle Dossiers wichtiger Kunden, die ihren Besuch ansagten, bereitstellen
- ▷ Notwendiges Büromaterial mitnehmen, z.B. Schreibmaschine, Rechenmaschine, Papier, Schere, Heftmaschine, Sichtmäppchen, Geschäftskarten, Kleberollen, Reissnägel, Aktenkörbchen, Schreibzeug, Hausapotheke usw. (umfassende Checkliste erstellen)
- ▷ Evtl. billigen Streuprospekt für Ausstellung konzipieren
- ▷ Sammelprospekt bereitstellen, der auch nichtausgestellte Produkte enthält
- ▷ Namensschilder für Standverkäufer und anderes Standpersonal
- ▷ Evtl. besondere Rapportformulare vorbereiten mit Doppel für Vertreter
- ▷ Kabelverlängerungen, Mehrfachstecker usw. für Maschinenanschlüsse
- ▷ Offizieller Katalog der Ausstellung
- ▷ Papierkorb
- ▷ Diktiergerät für längere Rapporte
- ▷ Wörterbücher
- ▷ Adressbuch

e) Weitere Vorbereitungstips

- ▷ Telefon für Ausstellungsstand organisieren
- ▷ Tagesspesen für Vertreter und andere Mitarbeiter festlegen
- ▷ Aussteller-Karten an Standmitarbeiter verteilen
- ▷ Absprache über Bearbeitung gebietsfremder Kunden durch die einzelnen Vertreter an der Ausstellung
- ▷ Absprache über Benützung von Firmenparkplätzen, die meist in ungenügender Zahl vorhanden sind
- ▷ Orientierung der Vertreter, wohin sie potentielle Kunden einladen können (Ausstellungs-Cafés, Restaurants in der näheren Umgebung)
- ▷ Über Provisionierung von an der Messe resultierenden Verkäufen klare Situation für alle schaffen
- ▷ Evtl. Verkäuferwettbewerb für Direktverkäufe an der Ausstellung festlegen
- ▷ Mitarbeiter über wichtige angesagte Kundenbesuche orientieren
- ▷ Potentielle Kunden gezielt einladen und ihnen Gratisbesucherkarten übersenden
- ▷ Vertreter orientieren, wo sich das offizielle Auskunftsbüro der Ausstellung befindet und welche Telefonnummer es hat
- ▷ Mit wichtigen Kunden nach Möglichkeit Zeitpunkt des Besuchs vereinbaren, damit man sich ihnen genügend widmen kann
- ▷ Standtelefonnummer in der Firma, den Standverkäufern und der Firma-Telefonzentrale vor der Ausstellung bekanntgeben

2. Was ist wichtig für die Kontaktnahme mit Interessenten und Kunden am Stand?

- ▷ Freundliche Gesichter der Ausstellungs-Repräsentanten
- ▷ Gute Haltung der sich am Stand aufhaltenden Mitarbeiter
- ▷ Aktivität im Sinne initiativer, aber unaufdringlicher Kontaktnahme mit offensichtlich interessierten Besuchern

- ▷ Persönliche Vorstellung mit sympathischer Ausstrahlung (führt oft suggestiv zur Gegenvorstellung)
- ▷ Tragen des Namensschildes
- ▷ Dem Interessenten, bevor man ihn anspricht, kurz Zeit geben, das Ausstellungsgut zu betrachten
- ▷ Zutreten auf einen Interessenten, verbunden mit freundlichem persönlichen Ansprechen «Darf ich Ihnen mit einer Auskunft dienen?» – «Interessieren Sie sich für etwas Bestimmtes?» – «Darf ich Sie beraten?» – «Entschuldigung, sind Sie nicht Kunde von uns?»
- ▷ Standgestaltung so, dass Kunde nicht eigentlich merkt, dass er sich bereits auf dem Stand aufhält (ergibt Berechtigung und Pflicht für den Verkäufer, ihm freundlich seine Hilfe anzubieten)
- ▷ Keine Lauerstellung zeigen!
- ▷ Interessenten gut beobachten, um herauszufinden, für welches Ausstellungsgut er sich offenbar besonders interessiert – dann gezielt, aber unaufdringlich ansprechen
- ▷ Damen, die den Kunden begleiten, zum Sitzen einladen
- ▷ Kunden immer gleich zum Produkt hinführen, für welches er sich interessiert, nicht abseits zu lange darüber bloss reden
- ▷ Neuheiten als Kontaktelement benützen! («Kennen Sie unser ... bereits?» – «Darf ich Ihnen unser neues ... vorstellen?» – «Hier kann ich Ihnen zweifellos etwas ganz Neues zeigen» – «Etwas interessiert Sie bei uns ganz bestimmt, nämlich dieser neue ...!» – «Darf ich Sie auf eine wirkliche Sensation aufmerksam machen, hier auf den neuen ...?»
- ▷ Gute Eröffnungsfrage bei unbekannten Besuchern: «Kennen Sie unsere Firma schon?»
- ▷ Hemmungen des Kunden nicht als Zeichen des Desinteresses deuten
- ▷ Bei der Kontaktnahme nicht zu nahe an ihn herantreten
- ▷ Platz anbieten, wenn man mit ihm intensiv ins Gespräch kommt (Ausstellungen ermüden die Besucher sehr), es sei denn, es komme sofort eine Demonstration in Gang
- ▷ Mimik, Haltung und Tonfall sollten eine sympathische Dreieinheit ergeben
- ▷ Keine weitgehenden allgemeinen Orientierungen, die vom Kunden als Strapazierung oder Hinhalten empfunden werden!
- ▷ Stets kundenbezogen argumentieren, sobald sein individueller Bedarfsfall einigermassen erfasst ist (Customer Problem Approach! = Die Annäherung über das Problem des Kunden ist die beste Annäherung)
- ▷ Nach erfolgreicher Kontaktnahme und erstem Gedankenaustausch evtl. Erfrischung anbieten

3. Regeln für allgemeines Verhalten am Stand

- ▷ Voraussetzung für angenehmen Kontakt ist eine gepflegte Erscheinung
- ▷ Ausstellungsarbeit und Nachtschwärmerei sind unvereinbar
- ▷ Ess- und Trinkgelage am Stand sind keine Empfehlung (Standbesucher sind kritisch und erwarten Einsatzbereitschaft)
- ▷ Kartenspielende Stand-«Verkäufer» haben schon manche schriftliche Beschwerde von Kunden an die Firma provoziert
- ▷ Nicht beachtete Interessenten fühlen sich immer verletzt; Privatunterhaltung der Verkäufer darf nicht zu einer Vernachlässigung der Aufmerksamkeitspflicht führen
- ▷ Pünktliches Erscheinen und Ausharren bis Ausstellungsschluss ist Selbstverständlichkeit (Ausreden wie «Ich habe noch einen Parkplatz suchen müssen» sind inakzeptabel, da mit dieser Möglichkeit sowieso gerechnet werden muss)
- ▷ Straffung der Ausstellungsgespräche ist mit Rücksicht auf den oft grossen Kundenandrang unerlässlich (Straffen heisst in diesem Fall zielstrebig verhandeln, kundenbezogen argumentieren, nicht umständlich erläutern, nur Wesentliches ansprechen)
- ▷ Fröhlichkeit und Zuvorkommenheit fallen dem Kunden positiv auf, weil an den meisten Ständen Passivität und sturer Ernst vorherrschen
- ▷ Selbstlosigkeit ist beim Ausstellungsverkauf der Ausweis einer guten Teameinstellung; man sollte sich in Abwesenheit eines Kollegen auch dessen Kunden so annehmen, wie man es sich selbst im umgekehrten Fall wünschen würde
- ▷ Wenn Demonstranten oder Techniker mit dem Verkäufer gemeinsam einen Kunden beraten oder bearbeiten, so bleibt der Verkäufer der, welcher die Verhandlung leitet (und das muss der Kunde auch spüren)
- ▷ Vorübergehend abwesende Standbetreuer haben sich beim Standchef abzumelden, mit Angabe der Zeit, innerhalb welcher sie zurückerwartet werden können
- ▷ Nach beendigter Demonstration ist der Schauplatz der Handlung sofort aufzuräumen
- ▷ Hochdruckverkäufe sind auch an Ausstellungen völlig fehlplaziert

4. Verhandlungstips

- ▷ Nur aufrichtige Beratung sichert uns eine langfristige Kundenbeziehung
- ▷ Verkaufsvorträge ohne vorherige Bedarfserfassung sind immer Leerlauf, weil man am wesentlichen Interesse des Kunden zum grossen Teil vorbeigeht
- ▷ Schemagespräche sind in allen Branchen untauglich, aber Standardargumente in schlagkräftigster Formulierung müssen wir in der «geistigen Schublade» haben
- ▷ Wichtige und weniger wichtige Kunden sind auseinanderzuhalten, aber augenscheinliche Vernachlässigung sogenannt kleiner Kunden sollte unbedingt vermieden werden
- ▷ Wichtige Kunden bringen die Gefahr mit sich, dass man sich ihnen am Stand trotz gutem Willen zu wenig widmen kann; in solchen Fällen sollte die Vereinbarung eines späteren Beratungsbesuches geschickt an die Hand genommen werden
- ▷ Der Name des Kunden will immer wieder einmal ausgesprochen werden (beehrt und führt auf unserer Seite zur besseren Einprägung)
- ▷ Durch geschickte Fragen interessieren und aktivieren wir den Kunden (Dialog statt Monolog)
- ▷ Keine Behauptungen aufstellen (Behauptungen sind Aussagen, für die der Kunde keine Beweise mitgeliefert bekommt; Behauptungen erwecken daher Skepsis, Zweifel, Misstrauen und provozieren Widerstand)
- ▷ Positiv argumentieren, nicht negativ (Negation weitgehend ausschalten, dafür suggestiv-konstruktiv argumentieren)
- ▷ Drittpersonen einsetzen als Zeugen/Referenzen
- ▷ Nie direkt widersprechen, sondern Abfang-Formulierungen gebrauchen (siehe Punkt 5)
- ▷ Preisnennung bei hochpreisigen Gütern solange hinausschieben, als nicht alle qualitativen und anwendungsbezogenen Argumente ausgespielt sind sowie die geeignete Ausführung klar feststeht
- ▷ Kleine, verdiente Komplimente schaffen Sympathie (oft ist aber ein indirekt plaziertes Kompliment stärker als ein direktes)
- ▷ Preis wenn möglich nie isoliert nennen, sondern in ein schmeichelhaftes Verhältnis zu Rationalisierung, Gewinn, Amortisationsfrist, Zeiteinsparungen, Bequemlichkeit stellen
- ▷ Von den Möglichkeiten des Understatements Gebrauch machen (Angaben bewusst bescheiden ansetzen, nachher aber durch weitere Information beweisen, dass man mehr hält, als man verspricht)
- ▷ Auch einmal verkaufendes Schweigen einsetzen, wenn vorher umfassend und solid argumentiert wurde
- ▷ Zugeständnisse solange hinauszögern als möglich
- ▷ Bester Abschluss: den Kunden mit Fragen so leiten, dass er die optimale Lösung selbst findet; dann kommt der Abschluss oft von selbst zustande
- ▷ Das äussere Verhalten muss im Abschlussstadium parallel zur inneren Sicherheit ebenfalls überzeugend sein. Vielfach vernachlässigt der Verkäufer in dieser heiklen Phase seine sichere Haltung, baut im Tonfall an Überzeugungskraft ab oder verliert seine Zielstrebigkeit
- ▷ Weitere Abschlusstips: Durch Fragestellungen Teilentscheidungen einleiten und Reaktion beobachten – evtl. Vorschlag auf Probelieferung – besondere Kundenwünsche ansprechen – bewusst Vertrauen in den Angebotsvorschlag suggerieren – Vorteile in Zahlenwerte fassen und nochmals im wesentlichen resümieren – Garantie, Serviceleistungen, gründliche Instruktion der Benützer herausstreichen – wenn nicht anders möglich, Kompromiss vorschlagen (z. B. grössere Mengenabstufung, dafür Lieferung in zwei statt vier Malen) – evtl. an Gegengeschäftsmöglichkeit denken

5. Abfang-Formulierungen zur Überwindung von Einwänden

Vorbemerkung: Auf Einwände und Widerstände des Kunden reagieren viele Verkäufer zu wenig beweglich. Oft tritt eine peinlich empfundene Denkpause ein, die indessen elegant überbrückt werden kann, wenn man die folgenden Abfang-Formulierungen (individuell auf die betreffende Situation ausgewählt) einsetzt. Psychologisch wichtig ist dabei die anfängliche Bestätigung des Kunden in seiner Meinung, nach welcher man durch «aber», «allerdings», «indessen», «übrigens», «nur sollten Sie auch bedenken, dass», «andererseits», «trotzdem», «dessenungeachtet», «immerhin», «zwar» usw. den Gegenbeweis oder eine gute Argumentation einleitet.

Beispiele von bewährten Abfang-Formulierungen:

- ▷ Das kann man wohl sagen, andererseits möchte ich darauf hinweisen, dass ...
- ▷ Diese Auffassung kann ich durchaus verstehen ...
- ▷ Auf diese Meinung bin ich schon öfters gestossen ...
- ▷ Das hört man gelegentlich ...
- ▷ Ich kann verstehen, dass Sie zu diesem Schluss gekommen sind ...
- ▷ Das Bessere ist der Feind des Guten ...
- ▷ Ihre Meinung hat viel für sich ...
- ▷ Sie überlegen sehr fachmännisch ...
- ▷ Das ist eine interessante Frage ...
- ▷ Sie stellen mir keine leicht zu beantwortende Frage ...

- ▷ Ihr Einwand ist verständlich...
- ▷ Allerdings, da haben Sie recht, nur sollten wir auch bedenken, dass...
- ▷ Ihre Ansicht zeigt, wie gut Sie überlegen...
- ▷ (bei freundschaftlichem Verhältnis): Sie sind ein alter Fuchs und möchten immer alles genau wissen, und das ist auch recht so... (dabei lächeln)
- ▷ Alle Dinge haben zwei Seiten...
- ▷ «Wo Sonne ist, ist auch Schatten», es gibt nichts, was nicht auch Nachteile hat – insofern haben Sie recht, andererseits ist aber auch zu berücksichtigen, dass...
- ▷ Ich versuche das Problem mit Ihren Augen zu sehen: Sie haben weitgehend recht, aber...
- ▷ Natürlich, aber ein Nachteil ist ja überall in Kauf zu nehmen; noch wichtiger allerdings scheint mir der Vorteil zu wiegen...
- ▷ Darf ich eine Gegenfrage an Sie richten: haben Sie diesen Nachteil schon in der Praxis erfahren?
- ▷ Ich bin froh, dass Sie so gut mitüberlegen, Sie sollen auch eine verlässliche Antwort erhalten... Sehen Sie...

6. Wirksam demonstrieren

Vorbemerkungen: Die Demonstration steht im Zentrum der Verhandlung und soll die vorherige Argumentation durch praktische Vorführung unter Beweis stellen. Eine Demonstration ist ein vielschichtiger geistiger Ablaufprozess, in dem oft bis drei Tätigkeiten gleichzeitig vor sich gehen müssen, z. B. Zeigen, Reden und Beobachten. Eine gute Demonstration setzt sehr viel Konzentration und Beweglichkeit voraus. Vielfach werden von Verkäufern aber wesentliche Punkte übersehen oder missachtet.

Oft redet der Verkäufer z. B. viel zu lange von einer Ware, statt sie möglichst bald zu zeigen. *Zeigen ist Gold, Reden ist Silber.* Ein Blick sagt mehr als tausend Worte, heisst es. Zeigen bedeutet daher eine Rationalisierung der Verkaufshandlung.

Wissenschaftliche Untersuchungen haben ergeben, dass im Verkauf der Artikel selbst rund 6mal stärker überzeugt als z. B. Prospekte. Die Bedeutung einer guten Demonstration im Messeverkauf kann daher kaum hoch genug eingeschätzt werden.

Anschauungsmaterial: erhöht Interesse um 40% / fördert Verständnis um 25% / verkürzt Lehrzeit um 25% / erhöht Aufnahmefähigkeit um 35% / stärkt Erinnerungsvermögen um 35%.

23 Anregungen zur Verbesserung der Vorführtechnik:

1. In Artikelbereichen, wo Demonstrationen notwendig sind, sind Nebenartikel, die dabei benötigt werden, stets bereitzuhalten. Dazu gehören z. B. Samttücher für Füllhalter, aufwertende Hintergründe für Geschenkartikel, Verbrauchsmaterialien, Verlängerungskabel usw.
2. Die Demonstration soll sich nicht zu sehr auf die technische Seite oder rein qualitative Beschaffenheit des Artikels konzentrieren, sondern immer den wirtschaftlichen, praktischen oder ästhetischen Nutzen herausstellen. Hinweise wie «Das ist ein führendes Fabrikat, eine erste Qualität, ein unerreichtes Produkt usw.» wirken als blosse Superlative, somit als Behauptungen, für die der Beweis fehlt. Statt dessen sollten wir Argumente (Kaufgründe) bringen und sie durch die Demonstration beweisen.
3. Auf Ordnung während der ganzen Demonstration achten, kein Durcheinander entstehen lassen, welches den Kunden in seiner Wahl behindert.
4. Kunden so instruieren, dass er aus seiner Sicht durch unsere Manipulationen nie behindert wird. Komplizierte Handhabungen nicht spiegelverkehrt zeigen, sondern sich neben den Kunden hinstellen, statt vor ihn.
5. Gute Haltung, Freundlichkeit, Geduld zeigen. Kein stur-ernstes Gesicht. Auf gepflegte Hände achten.
6. Klar aussprechen, was man zeigen will und welcher Anwendungszweck im Auge zu behalten ist.
7. Nicht ununterbrochen reden, nicht zuviel reden (Kunde muss Neues verdauen, evtl. Fragen stellen können).
8. Nicht zu schnell demonstrieren, einzelne Phasen sauber voneinander trennen.
9. Schlüsselpunkte (Wichtiges, auf das es absolut ankommt) herausstellen; begründen, warum diese genau zu beachten sind.
10. Nicht virtuos demonstrieren, wenn Gegenstand komplizierterer Art (ruft Minderwertigkeitsgefühle im Kunden wach, er hat Hemmungen, nachher selbst die Sache in die Hand zu nehmen).
11. Überlegte, sichere Griffe. Sorgfältige Handhabung vermittelt Wertgefühl, unterstreicht also die Kostbarkeit oder die Vorteilhaftigkeit des Demonstrationsobjektes.

12. Keine Fachausdrücke verwenden, die der Kunde evtl. nicht versteht, oder dann solche mindestens beiläufig erläutern.
13. Beispiele und Vergleiche gebrauchen, die Erfahrungen des Kunden ansprechen, eigene Erfahrungen unterstützend verwenden.
14. Probleme des Kunden zu erfassen trachten und Erklärungen bewusst auf diese beziehen (= gezieltes Verkaufen!).
15. Pflegemöglichkeiten, Wartung, Auswechsel- oder Kombinationsmöglichkeiten nicht umfänglich einbeziehen, gehören in die Instruktion nach Ablieferung.
16. Humor gelegentlich zum Zug kommen lassen.
17. Kunden mit Fragen und eigenem Tun engagieren (aktivieren). Ihn selbst machen lassen, bis bewiesen ist, dass er es auch kann.
18. Umfängliche Demonstration in Teile aufgliedern, jedesmal Kunden zur Selbsttätigkeit veranlassen. Nicht fortfahren, wenn Bisheriges nicht begriffen ist.
19. Nie die Frage stellen «Haben Sie das verstanden? Ist das begriffen? Sind Sie nachgekommen?», denn auf solche Fragen antwortet der Kunde meist bejahend, sogar wenn er nichts kapiert hat. Wir sollen unsere Fragen harmlos so stellen, dass er beweisen muss, ob er wirklich begriffen hat, oder noch besser, er soll durch Nachmachen zeigen, dass er verstanden hat (keine Kommandi, sondern freundlich-harmlose Aufforderung, z.B. «Möchten Sie das gerade mal selbst tun, damit ich sehe, ob ich es gut genug gezeigt/erklärt habe»).
20. Kunden loben, wenn er es auch nur einigermassen gut nachmacht. Korrekturen vorsichtig anbringen, z.B. so: «Ich sehe, ich habe es noch nicht gut genug erklärt, darf ich nochmals zeigen...».
21. Bei Wahlmöglichkeiten dem Kunden helfen, sich zu entscheiden durch Profilierung des Vorteilhafteren.
22. Folgende Hinweise vermeiden: «Sie müssen» – «Aber das ist doch klar» – «Das habe ich schon gesagt» – «Verstehen Sie denn nicht?» – «Nein, auf keinen Fall so» – «Aber was machen Sie da» – «Halt, so ist es falsch» – «Das dürfen Sie nie so machen» – «Aber jetzt habe ich es Ihnen doch so gut demonstriert» – «Das ist völlig idiotensicher».
23. Fehler des Kunden zuerst immer bei sich selbst suchen, dann wird man auch richtig formulieren, wenn Korrektur anzubringen ist.

* * *

Nachbemerkung: Bitte Demonstrieren nicht mit Instruieren verwechseln. Instruieren ist meist sehr aufwendig und sollte in der Regel bei der Ablieferung gekaufter Geräte oder Maschinen stattfinden. An Messen und Ausstellungen konzentriert man sich besser auf gutes Vorführen. Eine gelungene Demonstration krönt die Verkaufshandlung – die Instruktion dagegen ist wichtige After Sale-Leistung!

7. Verhalten bei Kundenstauungen

Vorbemerkung: Je geschickter man ausstellt und anbietet, desto eher können sich *Kundenstauungen* ergeben. Ihre *Vorteile:* grosses Interesse erhöht Umsätze, Bewegung am Stand und ergibt vermehrte Anziehungskraft auf weiteres Publikum, das auf die Stauung aufmerksam wird. Ihre *Nachteile:* Die Kundenbedienung wird oberflächlich, mancher wird durch die Stauung abgehalten, sich an einen Verkäufer zu wenden, weil er sich sagt, seine Probleme würden nicht die gewünschte Aufmerksamkeit erhalten. Viele müssen abgefertigt statt beraten werden. Oft kommt es zu einem nur losen Kontakt, ohne dass man zur Adresse des Interessenten gelangt und diesen später nachbearbeiten kann. Mit allzu raschem Sich-dem-Nächsten-Zuwenden läuft man Gefahr, einzelne vor den Kopf zu stossen.

Womit können wir die negativen Auswirkungen von Kundenstauungen mildern?
Unsere Anregungen:

- ▷ Eine Gruppe von Kunden zu einer Demonstration zusammenfassen
- ▷ Ausstellung der Produkte nach Interessenkreis orientieren, nicht nach der Grösse oder nach ästhetischen Gesichtspunkten (gruppenweise Information erfordert Platz und soll nicht durch andere Besucher behindert werden, deren Interesse in ganz anderer Richtung liegt)
- ▷ Abgabe von Prospekten an weitere Hinzutretende beschäftigt und orientiert diese zuerst, so dass man sich noch weiter der momentanen Kundschaft widmen kann (Entlastung des Verkäufers durch Vorausinformation, Aufrechterhaltung des Interesses der wartenden neuen Interessenten)
- ▷ Mit Blick und kurzem Wort neu Hinzutretende begrüssen (damit entsteht der Eindruck, man würde sich ihnen wohl in kurzem widmen können und habe sie für nachherige Bedienung bereits vorgemerkt)

▷ Parallelbedienung (unter gewissen Umständen) durch Beschäftigung des ersten und kurze Bedarfserfassung des nächsten Kunden (Blickkontakt mit ersterem wahren, damit man wieder rechtzeitig zu ihm zurückkehren kann, um ihn fertig zu bedienen). Siehe genauere Regel im nächsten Abschnitt Nr. 8
▷ Herbeirufen eines Kollegen, Technikers oder sonstiger Mitarbeiter, die wenigstens interimsweise neu Hinzutretende informieren können
▷ Orientierung einer Gruppe über einen Bildautomaten (Tonfilme, Video-Vorführungen und Tonbildschauen sind dagegen an Ausstellungen unerwünscht wegen der Lärmverursachung, ausser man verwende Kopfhörer). Die Bilder können evtl. auch durch optische Texte ergänzt werden
▷ Orientierung einer Gruppe von Interessenten durch Kopfhörer über einen Sender, der einen Tonbandtext abgibt

8. Parallelbedienung in Drucksituation

Vorbemerkung: Parallelbedienung ist immer eine Notlösung. Im Falle hochpreisiger Investitionsgüter z.B. wäre die gleichzeitige Bedienung eines zweiten Interessenten (am Ausstellungsstand so gut wie im Laden) undenkbar. Sie kann nur in Frage kommen für Bedienungssituationen, die – unter den nachstehend stipulierten Voraussetzungen – eine vorläufige kurze Orientierung eines weiteren Hinzugekommenen für beide zum Vorteil werden lassen. Oft betreibt man die Parallelbedienung nur sehr zögernd oder überhaupt nicht. Bei falschem Vorgehen bestehen auch tatsächlich indiskutable Gefahren, nämlich a) der erste Kunde fühlt sich vernachlässigt, b) beim Bedienen des zweiten Kunden wird man gerne zu ausführlich und übersieht dabei, dass der erste Kunde weiterbedient werden möchte, und c) der zweite Kunde kann es empfinden, wenn man sich von ihm wieder abwendet, um den ersten zuende zu bedienen.

Empfehlungen für richtiges Verhalten, im Sinne wirklicher Entlastung in einer Drucksituation (wie Kundenandrang oder momentane Personalknappheit):

▷ Dem Zweitangekommenen im Moment des Hinzutretens mit einem kleinen Nicken und Gruss zu verstehen geben, dass man sich ihm möglichst bald widmen wird
▷ Erhält man beim weiteren Bedienen des ersten Kunden den Eindruck, dass er sich recht lange Zeit nehmen möchte, um sich zu entscheiden, bittet man ihn um die Erlaubnis, sich kurz nach dem Begehr des Wartenden zu erkundigen (für Einverständnis danken!)
▷ Bevor man sich dem Zweiten zuwendet, muss der zuerst Bediente mit etwas beschäftigt werden (Prospekt oder Artikel in verschiedenen Ausführungen in die Hand geben, evtl. Zubehörmöglichkeiten unterbreiten) und ihn einladen, sich das Gewünschte näher anzusehen. Hinweis, dass man sich ihm sehr rasch wieder widmen werde («Ich komme gerade wieder»)
▷ Sich nun dem Wartenden freundlich zuwenden und nach seinem Wunsch fragen. Kurz informieren, evtl. Auswahl oder verlangte Artikel vorlegen
▷ Erstbedienten zwischenhinein beobachten. Möchte er offensichtlich weiter bedient werden, entschuldigt man sich beim Zweiten kurz mit dem Hinweis, dass man rasch wieder zu seiner Verfügung stünde
▷ Sich dem wartenden ersten Kunden wieder zuwenden mit kleinem Dank für die aufgewendete Geduld und ihn zu Ende bedienen
▷ Anschliessend zweiten Kunden zu Ende bedienen (Mehrmaliges Abwechseln in der Bedienung zweier Kunden kann nur ausnahmsweise in Frage kommen, wenn der erste Kunde offensichtlich sehr unentschlossen ist und Zeit für seine Entscheidung braucht.)

Vorteile der Parallelbedienung, wenn sie geschickt ausgeführt wird, sind:

▷ Der erste Kunde fühlt sich weniger zum Entschluss gedrängt (man gibt ihm im richtigen Moment Zeit zum Überlegen oder zum Ausprobieren)
▷ Der zweite Kunde braucht weniger lange zu warten, spart Zeit, wird von der Zuvorkommenheit des Verkäufers angenehm überrascht
▷ Es kommt weniger vor, dass Kunden weglaufen, ohne etwas zu kaufen, weil sie zu lange anstehen müssen
▷ Der Verkäufer entlastet sich selbst durch die Parallelbedienung; er wird weniger nervös, wenn weitere Kunden auftauchen; Kundenschlangen können weniger gut entstehen, weil der Verkäufer rationeller bedient

9. Besuchsrapportierung und Adressabnahme

Für den Rapport einer am Stand gehabten Besprechung sind wichtig:

▷ Name und Firma des Kunden sowie Ort
▷ Gegenstand seines Interesses
▷ Evtl. Alternativvorschläge, die unterbreitet wurden oder in Frage kommen
▷ Besondere Probleme (stichwortartig angedeutet)
▷ Hinweis, ob Vorführung erfolgt ist
▷ Dringlichkeit eines evtl. späteren Besuches

Solche Rapporte sollten doppelt ausgefertigt werden (Original an Verkaufsleitung, Doppel an Vertreter). Viele Firmen benützen an Ausstellungen Spezialformulare, die noch weitere Details festhalten. – Mit der Niederschrift der einzelnen Rapporte sollte nie zugewartet werden, weil in der Folge durch weitere Kundengespräche die Erinnerung an Einzelheiten gerne verlorengeht.

Wie bekommt man die Adresse des Kunden?
Möglichkeiten sind:

- ▷ Man stellt sich selbst sehr freundlich vor (führt meist automatisch zu einer Gegenvorstellung)
- ▷ Man fragt direkt nach dem Namen (Zusicherung, dass spätere Besuche nur auf ausdrücklichen Wunsch erfolgen)
- ▷ Mitten im Gespräch sagt man z. B. «... und dann sehen Sie, Herr...» mit Pause nach «Herr» und fragendem Blick
- ▷ Man geht stufenweise vor, fragt also z. B. im Zusammenhang mit Referenzen: «Sicher haben wir auch in Ihrer Gegend gute Kundenreferenzen – wo ist übrigens Ihre Firma niedergelassen, wenn ich fragen darf?». Später wird man durch eine weitere geschickte Frage die Branche in Erfahrung bringen. Und am Schluss stellt man sich noch ausdrücklich vor und veranlasst damit zur Gegenvorstellung
- ▷ Man zieht im Laufe des Gesprächs den Verkaufsleiter oder einen Spezialisten bei und stellt diesen formell vor, wodurch der Kunde indirekt aufgefordert wird, sich ebenfalls vorzustellen
- ▷ Man verspricht Zustellung eines Prospektes, der im Moment allerdings ausgegangen sei, und bittet um Adressbekanntgabe
- ▷ Es gibt auch Verkäufer, die dergleichen tun, wie wenn sie den Besucher schon kennen müssten. Dabei kommt es zu einer gegenseitigen Vorstellung, bei welcher natürlich der Verkäufer vorausgehen muss
- ▷ Durch Fragen aller Art, z. B. «Sind Sie Einkäufer?», «Ist es für Privat- oder Geschäftsbedarf?», «In welcher Branche sind Sie denn tätig?» usw. kommen oft Auskünfte zustande, die das Erfragen von weiteren Adressdetails zur Bagatelle machen
- ▷ Durch Abgabe einer Visitenkarte erreicht man vielfach, dass auch der andere seine Karte überreicht

10. Prospektabgabe

Prospekte kosten eine Menge Geld. Daher sollten sie sinnvoll zur Verteilung gelangen, und zwar auch an Ausstellungen.

Einige Anregungen für richtige Prospektabgabe:

- ▷ Teure Prospekte nicht zuvorderst hinlegen, sie sollten ausschliesslich gezielt abgegeben werden
- ▷ Evtl. für Ausstellungen einen billigeren Streuprospekt für grosszügige Verteilung herstellen
- ▷ Im Gespräch Prospekt als «Begleitmusik» einsetzen, sofern nicht der Artikel selbst zur Demonstration gelangt
- ▷ Prospektabgabe wenn möglich mit Vorstellung verbinden, um zu Adressen zu kommen
- ▷ Evtl. Prospektzustellung versprechen, um ebenfalls zu weiteren Interessentenadressen zu gelangen
- ▷ Junge Leute nicht zum vornherein als blosse Prospektsammler disqualifizieren, z. B. also auch Lehrlingen gegenüber aufgeschlossen und zuvorkommend sein

11. Verhalten gegenüber der Konkurrenz

a) Verhalten im Gespräch betr. Konkurrenznennung

- ▷ Wenn der Kunde selbst Vergleiche mit Konkurrenzfirmen oder -produkten anstellt, so bleibe der Verkäufer im Rahmen des Möglichen neutral und gebrauche die Namen nicht
- ▷ Nicht im herabsetzenden Sinne gegen die Konkurrenz operieren – das eigene Positive herausheben und belegen
- ▷ Selbst Konkurrenz nicht anziehen, also keine Konkurrenzfirmen und -produkte nennen
- ▷ Keine blossen Behauptungen über die Konkurrenz aufstellen, wenn nicht glaubhafte Hinweise damit verbunden werden können
- ▷ Keine Angst vor der Konkurrenz und ihren Leistungen zeigen
- ▷ Kunden nicht zur Konkurrenz schicken, «damit er sich dort von den Nachteilen des Konkurrenzproduktes selbst überzeugen könne»
- ▷ Der Konkurrenz auch einmal ein verdientes Lob gönnen (spricht für den Fachmann im Verkäufer und seine Fairness)

b) Konkurrenzbeobachtung an der Ausstellung

- ▷ Sich rechtzeitig klar darüber werden, was man über die Konkurrenz erfahren will
- ▷ Evtl. einen Plan für die Informationsbeschaffung aufstellen und Aufgaben auf verschiedene Mitarbeiter verteilen
- ▷ Sich umgekehrt klar sein, wie weit man selbst mit der Abgabe von Informationen an die Konkurrenz (im direkten Gespräch mit ihr) gehen soll
- ▷ Wertvolle zu beschaffende Informationen können sich beziehen z. B. auf Sortiment, Neuheiten, Leistungsdaten, Preise, Konditionen, Garantie, Lieferfrist, Eintauschmöglichkeiten usw.
- ▷ Im weiteren gilt es vielleicht zu erfahren, wie die Konkurrenz vorführt, argumentiert, wer sie vertritt, wie sie ihren Stand gestaltet hat, in welchem Umfang sie besucht wird
- ▷ Vorstellung bei der Konkurrenz unter falscher Flagge ist eines echten Verkäufers unwürdig. In der Regel gibt einem die Konkurrenz recht weitgehende Aufschlüsse, wenn man ein kollegiales Gespräch anbahnt
- ▷ Es ist unfair, die Konkurrenz in einem Zeitpunkt zu besuchen, wo an ihrem Stand viel Betrieb ist
- ▷ Der Kunde der Konkurrenz hat an deren Stand immer den Vorrang
- ▷ Perfide und hinterlistige Fragen sollten unterlassen werden, da ein intelligenter Mann bei der Konkurrenz entsprechend sauer reagieren wird
- ▷ Nicht vor Kunden des Konkurrenten abschätzige oder «tüftelige» Bemerkungen machen
- ▷ Bereitschaft zeigen zur Gegeninformation, diese schon bei der eigenen Vorstellung betont anbieten

12. Auswertung der Standbesuche und -kontakte

- ▷ Je besser die Rapporte von der Ausstellung gestaltet sind, desto gezielter ist eine Auswertung möglich
- ▷ Die Auswertung entscheidet wesentlich über den Erfolg der Ausstellung
- ▷ Sortierung der Anfragen nach ihrer Dringlichkeit ist wichtig
- ▷ Ganz dringende Anfragen sollten noch während der Ausstellung bearbeitet werden; nachher wird sich auch die Konkurrenz um den Kunden bemühen
- ▷ Wo man nicht sofort bearbeiten kann oder will, sollte wenigstens telefonisch der Besuch an der Ausstellung verdankt und eine baldige Beratung in Aussicht gestellt werden (telefonische Verdankung ist persönlicher als schriftliche)
- ▷ Wird telefonisch verdankt und ein Rendez-vous fixiert, so muss das der betreffende Gebietsvertreter selbst tun (nicht eine Telefonistin oder ein interner Sachbearbeiter)
- ▷ Angebote, die nach der Ausstellung auszufertigen sind, wenn möglich persönlich zum Kunden bringen, sofern von grösserer Bedeutung
- ▷ Besuchsvereinbarung nach Möglichkeit bereits im Gespräch an der Ausstellung treffen
- ▷ Gründliche Vorbereitung auf den späteren Besuch oder ein Telefongespräch ist unerlässlich (Einleitung durch Dank für den Besuch an der Ausstellung, gehabten Kontakt mit einigen näheren Hinweisen in Erinnerung rufen, um klare Ausgangssituation für das Gespräch zu schaffen)
- ▷ Evtl. telefonisch gewisse Nebeninformationen vor dem späteren Besuch einholen
- ▷ Eine Auswertung der gehabten Kundenkontakte kann auch in dem Sinne erfolgen, dass täglich an der Ausstellung in einem Schlussgespräch mit den Mitarbeitern aufgetauchte Probleme behandelt werden; ebenso sollte am Schluss der Ausstellung eine «Manöverkritik» angesetzt werden unter dem Stichwort «Was war gut, und was könnte an der nächsten Messe noch besser gemacht werden?» Dank an alle Mitarbeiter für Einsatz und gute Leistungen aussprechen.

1.15 Kostenbewusst organisiertes Telefonwesen

Checkliste mit 23 Tips

1. Verfügt Ihre Firma über ein Reglement über das Telefonwesen im Hinblick auf klare Informierung neuer Mitarbeiter? (Hausverkehr, Apparatetypen, Anrufe von auswärts, Verlangen auswärtiger Verbindungen, interne Rückfragen, Umleiten von Gesprächen, Zusammenspiel mit der Telefonistin, Auslandgespräche, Telefon-Diktatmöglichkeit, Kopierverfahren über Telefonnetz, Personensuchanlage, Wechsel- und Gegensprech-Anlagen, Autoruf/Autofunk, Separatnummern für bestimmte Mitarbeiter, Münzautomaten für Privatgespräche, Buchstabiertechnik, Kundendienst am Telefon, Feueralarm, Polizeinummer, Bezahlen von Gesprächen betriebsfremder Personen, die bei uns telefonieren, Verzeichnis der Mitarbeiter a) alphabetisch und b) bereichsmässig gegliedert, Gespräche ins Ausland mit Voranmeldung, automatische Rufnummern-Wähler, Klarstellung, wann Telex, Telefax und wann Telefon zu benützen ist, Bildschirm-Information am Telefon, Bezahlung von Privatgesprächen a) am Ort [sofern dies verlangt wird] und b) auswärtige)
2. Wissen die Mitarbeiter, wie teuer das Telefonieren geworden ist? Oft ist ihnen nicht bekannt, dass die Firma auch die Telefoneinrichtungen und Zentrale per Miete zu bezahlen hat.
3. Weiss man, dass man von 17.00 bis 19.00 Uhr und von 21.00 bis 8.00 Uhr mit 40% Kostenreduktion telefonieren kann, ebenso an Samstagen und Sonntagen. Ins Ausland sind Anrufe zu gewissen Zeiten auch billiger. Telefoniert man womöglich in den «Schonzeiten»?
4. Ist die Selbstwahl im wünschbaren Ausmass beschränkt?
5. Prüft man bei wachsender Entfernung, ob nicht besser geschrieben, fernkopiert oder telexiert wird?
6. Telexiert man auch ausreichend mit Zweigbetrieben, Auslandniederlassungen, Auslandlieferanten, Ausland-Schwesterfirmen usw., statt zu telefonieren?
7. Koppelt man nach Möglichkeit mehrere Gespräche mit Niederlassungen, um zu rationalisieren?
8. Wird das Ausland grundsätzlich nur über die Telefonistin verlangt, um missbräuchliches teures Telefonieren zu vermeiden? (Ausnahme gewisse Chefs)
9. Weiss man, dass ausserhalb Europas das Brieftelegramm (Ankunft allerdings meist erst nächsten Tag) nur die Hälfte des Normaltelegramms kostet?
10. Weiss man, dass heute auch im Ortsverkehr lange Gespräche allerhand Geld kosten? Und natürlich auch entsprechend lange eine Linie blockieren?
11. Ist das Telefonsystem der Firma durch bestimmte Zusatzgeräte verbessert worden, um rationeller kommunizieren und Zeit sparen zu können? (Siehe Angebote der einschlägigen Firmen, z.B. hinsichtlich Anrufbeantworter, Spezialhörer in lauten Räumen, lautsprechendes Telefon für Konferenzen, Abwesenheits-Tableau, Rufanlagen mit Lautsprechern, Autoruf/Autofunk, Ziffernsperren, Datenübertragung, Direktwahl auf interne Zweige, Rundgesprächseinrichtung, Telefondiktat, Querverbindungsleitungen zu Filialen, elektronische Nummernwähleinrichtung, Aufschaltmöglichkeit oder -sperre, Spezialhörer für Schwerhörige, Personensuchanlagen, Gebührenkontrollapparate, automatische Weiterschaltung auf Reservenummern, Tastenwahl-Apparate, Alarm-Auslösungseinrichtung, Kurzrufnummern usw.)
12. Braucht man gute Vordrucke für Rückrufe, Mitteilungen, Reklamationen, Bestellungen, Störungsmeldungen und Beratungs-Checklisten?
13. Wird besonderen Gegebenheiten/Notwendigkeiten beim Telefonieren entsprochen?

▷ Stichwort-Vorbereitung auf anspruchsvolle Telefonate, Fragen notieren usw.
▷ Sind Notizen, Akten, Pläne, Preislisten usw. bei der Hand?
▷ Hat man den Namen des richtigen Partners vorher eruiert?
▷ Ist ein Klappregister für häufig zu verlangende Partner vorhanden?
▷ Wählt man diese Partner selbst, um die Zentrale zu entlasten?

- ▷ Konzentriert man sich aufs Wesentliche? Wird nicht ungehörig gedehnt durch Privatunterhaltung, Wettergespräche usw.?
- ▷ Wird vorgemerkt, wann häufige Gesprächspartner am besten erreicht werden?
- ▷ Versucht man Dauerrednern durch Ausweichen auf Korrespondenz/Telefax zu entsprechen?
- ▷ Führt man ausschweifende Partner freundlich-diplomatisch zur Sache zurück? («Interessant – aber darf ich noch eine Frage stellen: Sie wünschten …? Wie steht es damit? Und gleich noch eine Frage: …»)
- ▷ Terminiert man grundsätzlich Rückrufe, um nicht mehrmals anrufen zu müssen?
- ▷ Lässt man Lieferanten/Vertreter nochmals anrufen, wenn jemand nicht da ist? (Kunden dagegen rufen wir zurück)
- ▷ Macht man in Randstunden mit Vorsicht vom Telefon Gebrauch, um vergebliche Anrufe von schon abwesenden Partnern zu vermeiden?

14. Enthält Ihr Briefformular den Aufdruck «Der Sachbearbeiter:», um nicht nur auf anonyme Zeichen oder unleserliche Unterschriften angewiesen zu sein, wenn man jemanden verlangt? Sind auch interne Rufnummern und Direktwahl-Nummern auf dem Briefformular vermerkt, um Telefonistinnen in grösseren Zentralen zu entlasten?

15. Werden Mitarbeiter, die mit erheblichen Verzögerungen abnehmen oder ohne Meldung den Platz längere Zeit verlassen, höflich, aber bestimmt zu besserer Disziplin angehalten?

16. Ist klargestellt, dass Kontrollen über Telefongespräche der Firma erlaubt sind und stichprobenweise auch durchgeführt werden? (Vermeidung von übermässigem privaten Telefonieren, von missbräuchlicher Benutzung im Palaverstil)

17. Wird abnormal hohen Gebührenrechnungen nachgegangen? Orientiert man die Mitarbeiter von Zeit zu Zeit über die Höhe monatlicher oder jährlicher Telefonkosten?

18. Werden Unterschriften unterhalb des Brieftextes mit Maschinenschrift verdeutlicht?

19. Schult man die Mitarbeiter auch einmal in Telefoniertechnik? (Sprechtechnik, kristallklare Anmeldung, Verhandlungstechnik, Buchstabiertechnik, Technik des richtigen Weiterverbindens in 6 Stufen, Anwendung geschickter Fragetechnik, Steigerung der Ausdrucksfähigkeit, Beratungstechnik mit Check-Listen, geschickten Zusatz- oder Anschluss- oder Ersatzverkäufen, Service-Angebote, Meisterung von Einwänden, Entgegennahme von Reklamationen, Behandlung schwieriger Telefonpartner, Entgegennahme von Störmeldungen, Verhalten bei Überfragtsein, Durchführung von Aktionen, kleinen «Marktforschungen» via Telefon, telefonisches Nachfassen nach versandetem Angebot, Monieren von Guthaben, Melden von unangenehmen Lieferverzögerungen, Abschlagen von Sonderwünschen) und setzt man dabei interessante Medien ein wie Tonbildschauen und spezielle Kassettenlehrgänge?

20. Schult man spezielle Telefonverkäufer am Arbeitsplatz, um sie den Regeln wirksamen Telefon-Marketings entsprechen zu lassen?

21. Orientiert man auch die Telefonistinnen, wenn im Markt etwas Besonderes angestrebt wird (Aktionen, Schwierigkeiten mit neuen Produkten usw.)?

22. Hat man genügend Reserve an «Stellvertreter-Telefonistinnen» für Ferien- und Grippezeiten oder bei plötzlichem Verlust einer bewährten Telefonistin?

23. Macht man eine neue Telefonistin zuerst mit Betrieb, Produkten/Leistungen und Zuständigkeiten genügend vertraut, bevor man sie ihr Amt eigentlich übernehmen lässt? Spricht man ihr auch einmal ein Kompliment für gute Arbeit aus?

1.16 Die ideale Telefonistin

Checkliste mit 42 Verhaltenstips

- ▷ pflegt ihre Stimme am Telefon so, dass man sich vom Tonfall her freundlich zuvorkommend angesprochen fühlt
- ▷ spricht so deutlich, dass man jedes Wort mitbekommt, auch wenn sie unter Zeitdruck ist
- ▷ beschränkt sich aufs absolut Wesentliche, es sei denn, sie habe gerade Musse, ein persönliches Wort mit einem guten Kunden zu wechseln
- ▷ erfasst den Wunsch des Kunden genau, bevor sie verbindet, und hat den Mut, einem Kunden notfalls genauere Information abzunehmen, um ihn nachher auch wirklich richtig «plazieren» zu können
- ▷ verbindet mit dem kurzen netten Wörtchen «gern»
- ▷ kennt Betrieb und Telefonanlage so gut wie möglich (verlangt sonst, dass sie mit Abteilungen, zuständigen Meistverlangten sowie Einrichtung in der Zentrale genauer bekannt gemacht wird)
- ▷ versorgt Wartende nach spätestens 30 bis 45 Sekunden mit Zwischenbericht, wenn die Verbindung nicht rasch hergestellt werden kann (bietet Kunden Rückruf an, bittet Lieferanten, dass sie nochmals anrufen)
- ▷ notiert sich für abwesende Mitarbeiter und Chefs jede Botschaft zuverlässig (Firma, Anrufer, Gegenstand des Anrufs, Rückrufzeit), oder fragt, ob mit Stellervertreter oder Sekretärin verbunden werden kann
- ▷ bittet und dankt, wo immer am Platz
- ▷ schaltet sich geschickt und mit Entschuldigung in ein bestehendes Gespräch ein (Auslandanruf oder auswärts Anrufender mit intern Sprechendem) – dabei ist möglichst ein Satzende abzuwarten
- ▷ drückt Knöpfe so, dass ganze Anmeldung zu hören ist (nicht nur z. B. «AG» statt «XY AG»)
- ▷ ist im Verkehr mit Internen so freundlich wie mit Auswärtigen
- ▷ macht sich aber nicht zum Sklaven jedes ungezogenen Mitarbeiters oder brummigen Chefs
- ▷ macht sich auch nicht zum Lügner für solche, die oft nicht in der Stimmung sind, einen Anruf entgegenzunehmen (Sich-verleugnen-lassen ist wirtschafticher Leerlauf und verrät unfaire Art)
- ▷ ist diskret gegenüber Privatgesprächen
- ▷ notiert sich Vermittlungsaufträge so gut sichtbar, dass sie sie auch unter dem Andrang weiterer Anrufe nicht vergisst
- ▷ nimmt den Namen des sich Anmeldenden ab (grüsst also per Name, wenn der andere sich persönlich vorstellt)
- ▷ verlangt auch immer die Nummer der Firma (wenn ein Anrufender jemanden nicht sprechen kann und zurückgerufen werden muss)
- ▷ ist vorsichtig bei «Müller», «Meier» und anderen häufigen Namen (verlangt zusätzliche Präzisierung wie Vorname oder Abteilung)
- ▷ bemüht sich einer natürlichen Stimme (vermeidet singenden Ton, süsse Art, Schnippigkeit, Ironie, Aggressivität, verletzende Knappheit, Palaver-Stil, unangepasste Vertraulichkeit)
- ▷ hält ihre Sprache frei von vulgären Ausdrücken, unangebrachten Floskeln und internen Abkürzungen, die die Gegenseite nicht versteht
- ▷ nimmt Reklamationen mit dem Ausdruck des Bedauerns einfühlend und sachlich entgegen und verbindet gleich mit dem zuständigen Sachbearbeiter
- ▷ widerspricht nie direkt, sondern fängt den anderen mit Abfangformulierungen ab und informiert ihn so, dass er sich positiv angesprochen fühlt
- ▷ hört nie wortlos längere Zeit zu, sondern zeigt Präsenz durch kleine Worte an wie «richtig, ich verstehe, ja, jawohl, sicher, aha» usw.
- ▷ buchstabiert von sich aus, wenn sie das Gefühl hat, der andere könne das Wort nicht verstehen oder kenne die Schreibweise nicht
- ▷ studiert Abwesenheits- und Ferienlisten, damit keine Fehlverbindungen und unnötige Wartezeiten entstehen (im Grossbetrieb nicht mehr anwendbar)
- ▷ gebraucht rationelle Vordrucke für Meldungen (wenig Schreibarbeit)
- ▷ gibt einen Anstoss, wenn offensichtlich telefonungewohnte Mitarbeiter mit Lehrgang «Telefon-Knigge für Berufstätige» nachinstruiert werden sollten, um von Kunden nicht als Zumutung empfunden zu werden
- ▷ wehrt sich gegen Leute, die den Piepser vergessen, wenn sie aus ihrem Büro weggehen – wehrt sich auch gegen solche, die das Haus verlassen, ohne sich bei der Telefonistin oder Sekretärin abzumelden
- ▷ beeinflusst erzieherisch Indisziplinierte auf nette, humorvolle Art (bei Nichterfolg Meldung an Personalchef)

▷ studiert alle internen Informationen hinsichtlich Bedeutung für den Telefonservice, natürlich auch ein evtl. vorhandenes Reglement
▷ sorgt dafür, dass ihre Stellenbeschreibung auf dem laufenden gehalten wird
▷ sorgt dafür, dass genügend Stellvertretungen für sie ausreichend eingearbeitet sind (Krankheit, Ferienzeit u. a. Engpässe denken)
▷ hält Nummern und Adressen von Mitarbeitern, Kunden, Lieferanten à jour und schafft sich rasch zu handhabende Hilfen an (Drehständer oder andere leicht nachführbare Speicher)
▷ kennt die ersten Seiten des Telefonbuches mit den Amtsnummern und hilfreichen Hinweisen für Auslandtelefonate usw.
▷ zieht Privattelefonate – soweit zahlbar lt. Firmenkodex – ein
▷ verlässt ihren Platz nie, ohne dass eine Ablösung in Funktion tritt
▷ vermittelt der Firma Anregungen für allenfalls mögliche Verbesserungen des Telefonwesens, mögliche Einsparungen usw.
▷ meldet Telefonmissbrauch durch Mitarbeiter der Geschäftsleitung
▷ pflegt die Zusammenarbeit mit Mitarbeitern und Chefs im Rahmen des Möglichen

«Meckerzettel»

Telefondienst

Sehr geehrte(r) Mitarbeiter(in)

Dürfen wir uns mit einer kleinen Bitte an Sie wenden? Sie könnten zur Verbesserung unseres Telefondienstes und zur Erleichterung unserer Arbeit beitragen, wenn Sie die angekreuzten Punkte noch konsequenter beachten würden. In allen untenstehenden Fällen verlieren wir Zeit mit Sucharbeit, was speditives Entgegennehmen weiterer wartender Kunden verzögert. Für Ihr Verständnis danken wir im voraus bestens und grüssen freundlichst

Ihre Telefonistinnen

☐ Bitte nehmen Sie Anrufe rascher entgegen, Sie verkürzen dadurch die Wartezeiten Ihrer Gesprächspartner.

☐ Informieren Sie bitte Ihre Sekretärin oder Ihren Pultnachbarn über kurzfristige Abwesenheiten und fordern Sie diese zur prompten Entgegennahme von Anrufen auf Ihrem Apparat. Sie gewährleisten damit eine bessere Bedienung anrufender Personen.

☐ Bitte melden Sie uns längere Abwesenheiten wie Ferien, Krankheit, Militärdienst usw. Sie ermöglichen uns damit die automatische Umleitung der für Sie bestimmten Gespräche an einen anderen, durch Sie ausgewählten Mitarbeiter.

☐ Verlassen Sie bitte Ihren Arbeitsplatz nicht, ohne uns zu informieren, wenn Sie ein Auslandgespräch verlangt haben. Sie vermeiden dadurch die Kosten für eine nicht zustellbare Verbindung.

☐ Bitte melden Sie uns die Durchführung von Meetings in Ihrer Abteilung. Sie ermöglichen uns dadurch eine sofortige zweckmässige Beantwortung der für Ihre Mitarbeiter eingehenden Anrufe.

☐ Melden Sie uns bitte neue und temporär beschäftigte Mitarbeiter sowie Besucher, die sich längere Zeit bei Ihnen aufhalten. Sie erleichtern uns dadurch die Vermittlung der für diese Personen eingehenden Anrufe.

☐ Bitte beachten Sie vermehrt Ihre Umschaltung beim Verlassen Ihres Arbeitsplatzes und nach Ihrer Rückkehr an denselben. Für die dadurch gewährleistete raschere Beantwortung der Anrufe sind Ihnen Ihre Gesprächspartner dankbar.

(Wenn Sie als Telefonistin ein gutes Bonbon an die abzugebende Meckerliste heften, wird sie ihre Wirkung noch besser tun.)

1.17 Voraussetzungen, Bedingungen und Einsatzmöglichkeiten des Telefon-Marketings

Checkliste mit 52 Tips

Voraussetzungen für erfolgreiches Telefon-Marketing

- ▷ Ziel überdenken, definieren – Zielgruppe(n) festlegen
- ▷ Vorgehen überdenken, in Schritte einteilen (z. B. Kombination mit Prospektzustellung, Angebotsunterbreitung, Bemusterung, Werbung)
- ▷ Gesprächsaufbau fixieren/Script ausarbeiten: Gesprächseröffnung – Aufhänger – Argumentation – Referenzen – Antworten auf mögliche Einwände – einzufügende Fragen – nötige technische Information – Zusatzverkaufs-Anregungen, sofern möglich – Ersatzangebote – suggestive abschliessende Sätze – Dank für Bestellung oder im negativen Fall Dank für das Gespräch – Telefonrapport-Ausfüllung
- ▷ Hilfsmittel bestimmen (Script, Argumentliste, Einwandwiderlegungsliste, Preisliste, techn. Spezifikationen [um speziellen technischen Fragen gewachsen zu sein], Telefon-Rapport-Formular, Gebührenzähler, Tonbandaufnahmegerät [zur gelegentlichen Selbstkontrolle und weiteren Selbstverbesserung], Liste für auftauchende Probleme [für die man nachher eine Lösung suchen muss, wenn man im Moment am Telefon überfordert ist], Ersatzangebote, Zusatzverkaufsangebote, Abschlusssätze, Adressmaterial oder elektronischen Telefonnummern-Speicher)
- ▷ Oben angeführte Listen (Argumentlisten, Einwandwiderlegungslisten, Referenzlisten usw.) möglichst bald so einprägen, dass man nicht mehr auf das Papier angewiesen ist (die Listen sollen am Anfang aber als Gedächtnisstützen dienen können)

Äussere Bedingungen für erfolgreiches Telefon-Marketing beachten

- ▷ Telefon-Arbeitsstunde auf 50–60 Minuten begrenzen (denn Telefon-Marketing ist geistige Schwerarbeit, die äusserste Konzentration, Formulier-Anstrengung, Durchsetzungsvermögen, grosses Reaktionsvermögen und Belastbarkeit verlangt)
- ▷ Übersichtliche Plazierung der Formular- und apparativen Hilfen, wie sie oben aufgezählt sind
- ▷ Angenehme Raumtemperatur
- ▷ Bequeme Sitzmöglichkeit
- ▷ Lärmfreier Raum
- ▷ Gutes Artikulieren beim Reden
- ▷ Angenehmer Tonfall (Freundlichkeit, Zuvorkommenheit, Höflichkeit auch schwierigen Partnern gegenüber)
- ▷ Positive Ausstrahlung, positives statt negatives Formulieren
- ▷ Bewährte Fragesätze zwecks Ideenverkauf
- ▷ Beweglicher Geist
- ▷ Selbstkritische Einstellung zwecks laufender Verbesserung, evtl. unter Zuhilfenahme eines Diktier- oder Tonbandgerätes
- ▷ Optimale Ausarbeitung des Telefon-Scripts (Aufbauschema und substantielle Eselsleiter)
- ▷ Steh-auf-Männchen-Moral (Robustheit gegenüber öfteren Misserfolgen)
- ▷ Wahl richtiger Anrufszeiten
- ▷ Liste mit Feiertagen (um nur an Arbeitstagen anzurufen)
- ▷ Uhr zur Kontrolle der limitierten Einsatzzeiten
- ▷ Öfteres Abhören der Eigenaufnahmen und Ableitung von Verbesserungen
- ▷ Statistische Erfolgskontrolle, am Anfang von Tag zu Tag, nachher von Woche zu Woche (Basis: Telefon-Rapporte)
- ▷ Planung der laufenden Nacharbeit (erneute Anrufe, Zustellung von Angeboten, Mustern usw.)
- ▷ Zuordnung erfahrener Kräfte den Anfängern gegenüber als Hilfestellung
- ▷ Evtl. Beizug von Telefon-Marketing-Spezialisten (Professionalisten erreichen rascher viel bessere Resultate, als wenn Nicht-Professionelle das richtige Vorgehen erst erarbeiten müssen)

Einsatzmöglichkeiten für Telefon-Marketing

- ▷ Verkauf unproblematischer Neuheiten
- ▷ Verkauf von Zubehören, Verbrauchsmaterial oder Artikel anderer Abteilungen
- ▷ Verkauf von Serviceverträgen
- ▷ Kontakt mit Kunden, die nichts mehr bestellen
- ▷ Kontakt mit Kunden, deren Umsätze wesentlich zurückgegangen sind

- ▷ Kontakt mit Kunden, die wegen ihrer geographischen Lage nur selten besucht werden können und doch ein gewisses Potential haben
- ▷ Telefonate mit Kunden, die ein neues Produkt/eine neue Maschine usw. seit geraumer Zeit besitzen und damit erste Erfahrungen gemacht haben (Einholen von Erfahrungen mit Neuprodukten, Hilfestellung bei Problemen)
- ▷ Telefonate zur Einholung gewisser wichtiger Informationen von Verbrauchern und Gebrauchern
- ▷ Verkauf von Occasionen
- ▷ Akquisition von Neukunden für einfache Artikel
- ▷ Abmachung von Rendez-vous mit Aussendienstberatern (Besuchsanmeldung bei bisherigen und neuen Kunden)
- ▷ Verkauf von Servicearbeiten und Revisionen (Auslastung der Service-Abteilung in flauen Zeiten)
- ▷ Aktionen für bestimmte Artikel, Verkaufsschlager, Gelegenheiten
- ▷ Einladung für Präsentationen, Demonstrationen und Messen
- ▷ Einladung für die Schulung von Kundenpersonal
- ▷ Kundenbefragung über Zufriedenheit mit neu gelieferter Anlage/Maschine/Fahrzeug usw.
- ▷ Kundenbefragung über Zufriedenheit mit unseren diversen Serviceleistungen und Produktqualität
- ▷ Ergänzungs- und Anschlussverkäufe 4 Wochen nach Kauf des Hauptproduktes
- ▷ Systematische Nachinstruktion nach Verkauf problemvoller Güter (wo auch eine gute Basisinstruktion erfahrungsgemäss nicht genügen kann)
- ▷ Verkaufskontakte mit Kleinkunden, deren Besuch sich kaum lohnt, ausser es wären Entwicklungskunden
- ▷ Einholen von Referenzaussagen zur Herstellung einer Referenzliste
- ▷ Vereinbaren von Jahresabschlüssen oder Jahresbonifikation
- ▷ Umtauschaktionen
- ▷ Eintauschaktionen für Kauf neuer Maschinentypen usw.
- ▷ Begrüssung neuer Kunden, die erstmals bestellten, mit empfehlenden Hinweisen auf übriges Sortiment, besondere Dienstleistungen usw.
- ▷ Gründung eines Kundenpools durch telefonische Anwerbung von kompetenten Kunden, unter Erläuterung von Ziel, Nutzen für den Kunden selbst und Entschädigung für ihn

Telefonrapport

Firma ____________________

PLZ/Ort ____________________

Partnername ____________ Tel-Nr. ____________

Projekt:

Vorbearbeitung: Brief/Prospekt/Muster/Angebot/Inserat
(Passendes unterstreichen)

Erreicht Nicht erreicht

Rückruf: Datum/Zeit

Folgearbeiten: Brief/mit Prospekt/mit Muster/mit Angebot
wann: eilig, in den nächsten Tagen

Vertreterbesuch: eilig, Termin selbst vereinbaren, nächstens, vorher ankündigen

Späteres telefonisches Nachfassen:

Bestellungsausführung: ____________________

Besondere Bemerkungen: ____________________

Bestellung: Per Post/Postexpress Cargo Domizil/ Cargo Rapid/International-Express/Cargo Rail (eigener Wagen)/Chauffer

Zahlungsart: Rechnung/Nachnahme/Barzahlung

Datum ____________________

Kopie an ____________________

Abteilung ____________________

Unterschrift ____________________

1.18 Konzeption von Werbeprospekten und -anzeigen

Checkliste mit 21 Anregungen

Werbung kostet viel Geld. Trotzdem sieht man oft in der Praxis schlechte Prospekte und Werbeanzeigen, die bei besserer Gestaltung unverhältnismässig mehr Wirkung zu erzielen vermöchten. Nutzen Sie die Erfahrung erfolgreicher Werbetexter und Propaganda-Fachleute, die bei Inangriffnahme jedes neuen Prospektes oder Werbeinserates folgende Punkte überdenken:

1. Wie ist das Zielpublikum beschaffen? (Interessen, Probleme, aktuelle Bestrebungen, Wünsche, eigene Bedingungen usw.)
2. Welches sind die Haupt- und Nebenziele der Werbeaktion?
3. Welche Produkte, Einrichtungen, Dienstleistungen sind zu propagieren? (in konsequenter Ausrichtung auf die obenangeführten Haupt- und Nebenziele bzw. Denk-, Handlungs-, Kaufmotive)
4. Wie könnte eine gute Überschrift oder ein Schlagworttitel formuliert werden, um anzureizen bzw. das Interesse herauszufordern?
5. Wie kann man gesamtgestalterisch originell wirken, um sich von der Masse anderer Prospekte oder Anzeigen wohltuend abzuheben? (Layout, Schriftendifferenzierung, Schrifttypen, Schriftgrösse)
6. Gibt es einen Neuheitsaspekt, der wirksam herausgestellt werden kann, evtl. als Aufhänger zu benützen ist?
7. Welche Substanz ist zu verarbeiten? (nach Prinzip vorgehen: sammeln, ordnen und ergänzen – in Verbindung vielleicht durch Brainstorm, mit schöpferisch fähigen Mitarbeitern aus Werbeabteilung, Verkaufs-Innen- und -Aussendienst)
8. Wie soll die Substanz gegliedert werden in Verbindung mit Schlagwortfassung des Wichtigen, so dass auch bei raschem Überlesen das Wesentliche ins Auge springt?
9. Ist bis zum letzten Textwort alles so verständlich formuliert, dass auch dem einfachen Lesertyp problemloses Begreifen möglich ist?
10. Sind bildliche Darstellungen (Fotos, Karikaturen, Zeichnungen, technische Darstellungen usw.) als Blickfang-Verstärkung im Rahmen des Möglichen einbezogen?
11. Lässt sich durch Humor, Witz, Symbolik, veranschaulichenden Vergleich, kontrastierende Fragestellung, emotionelle Appelle, plastische Begriffe, paradoxe Formulierung, sprechende Beispiele oder zarte Ironie etwas Pep in den Text hineinbringen?
12. Haben Sie die zu langen Sätze in kürzere aufgelöst, die als wesentliche Aussagen empfunden werden?
13. Bevorzugen Sie den dynamischeren verbalen Stil statt in Superlativen zu schwelgen?
14. Vermeiden Sie Behauptungen, für die keine Beweise geliefert werden, zugunsten von belegten Aussagen?
15. Können Sie einen Teil des Textes durch lebendigen Gegenwartsstil dynamisieren und haben Sie im Rahmen des Möglichen auch interessierende Zukunftsperspektiven eingeflochten?
16. Verkaufen Sie im Text grundsätzlich den Nutzen, den Erlebniswert und die Leistungen für den Kunden – statt Produkte und Materialien?
17. Vermag Ihr Text Neugier, Drang nach Information oder ein Bedürfnis nach persönlichem Kontakt zu wecken? Oder vermittelt er einen Handlungsanstoss, der Ihnen ein Geschäft bringt?
18. Lassen sich besondere Stärken Ihrer Firma mit dem Werbetext beiläufig verbinden?
19. Haben Sie das Wichtigste auf verschobener Ebene ein 2. Mal angesprochen, um es optimal einzuprägen?
20. Testen Sie den Text vor Freigabe mit einigen kritischen Begutachtern, die für ein sachliches Urteil ausgewiesen sind?
21. Verbinden Sie den Text wo möglich mit Antwort-Coupons, um den Werbeerfolg statistisch in den Griff zu bekommen?

1.19 Sonderaktionen richtig planen und durchführen

14 Anregungen

Für Aktionen wird oft viel Geld ausgelegt, ohne dass entsprechende Resultate eintreten.

Wichtige Fragestellungen vor jeder Aktion:

- ▷ Welches Produkt/Gerät/Maschine will ich mit der Aktion verkaufen? (Es ist aber auch möglich, dass man von der Zielgruppe ausgeht. Somit müsste die Frage lauten: welche spezielle Kundengruppe will ich diesmal ansprechen?)
- ▷ Hat die Konkurrenz in letzter Zeit eine ähnliche Aktion durchgeführt, gegebenenfalls wie, wo und in welchem Umfang? Müssen wir den Akzent anders setzen?
- ▷ Welche bisherigen Erfahrungen mit dem fraglichen Artikel lassen sich in der Aktion auswerten?
- ▷ Welchen Umfang wollen wir der Aktion angedeihen lassen? (Kleinere, aber gezielte Aktionen, welchen rasch nachgefasst wird, haben oft unverhältnismässig grösseren Erfolg als zu breit angelegte Aktionen)
- ▷ Ist der Verkaufsstab ausführlich informiert, hat er eigene Ideen für die Aktion vermittelt, ist man sich über das stufenmässige Vorgehen einig?
- ▷ In welchem Zeitpunkt soll die Aktion stattfinden, wie lange soll sie laufen?
- ▷ Welche Mittel sollen zum Einsatz gelangen? (Budgetierung und Medien)
- ▷ Wann, durch wen und auf welche Weise soll unmittelbar nach der Aktion nachgefasst werden? (Das richtige und rasche Nachfassen durch den Verkaufsstab, Nachfassbriefe oder Telefonaktionen sind oft entscheidend für den Erfolg resp. die Rentabilität der vorher eingesetzten Mittel oder getätigten Anstrengungen)
- ▷ Ist die Argumentation im speziellen ausgearbeitet? Ist der Sachbearbeiter am Telefon ebenfalls auf die spezielle Argumentation geschult? Sind auch die Verkäufer auf die Aktion eingespielt? Ist die Demonstrationstechnik ausgefeilt und eingeübt?
- ▷ Wie überprüfen wir den Erfolg sofort nach Anlaufen der Aktion, wie kommen wir zu Kundenmeinungen? (Feed-back)
- ▷ Welche Verbesserungen im Vorgehen drängen sich unmittelbar nach Anlaufen der Aktion auf?
- ▷ Welche Anregungen/Verbesserungsmöglichkeiten können wir nach Abschluss der Aktion für spätere Wiederholungen vormerken?
- ▷ Sonderproblem: Wie argumentieren wir, wenn wir durch das gute Gelingen der Aktion in Lieferschwierigkeiten kommen?
- ▷ Ist auch die Telefonzentrale über bevorstehende Aktionen orientiert worden?

1.20 Kursberichts-Fragebogen zur Beurteilung besuchter Seminare

Checkliste mit 26 Qualifikations-Merkmalen

Nach Besuch von Seminaren einzureichen an:

Kurstitel:

Kursdauer:

Kursort:

Kursreferenten:

---

1. Hat der Kurs Ihre Erwartungen erfüllt?

   a) Ja – warum vor allem?

   b) Nur teilweise, warum?

   c) Nein, warum?

2. Haben Sie wichtige Themen vermisst – welche?

3. Sind Themen überflüssig gewesen – welche?

4. Was hat Ihnen am Kurs besonders gefallen?

5. Wie beurteilen Sie die einzelnen Referenten:

Hrn./Fr./Frl.: (Kreuz in passender Kolonne anbringen)	Sehr gut	Gut	Mittelmässig	Ungenügend

6. Waren Sie mit der Kursorganisation zufrieden?

   Ja, speziell gut war:

   Nein, besser könnte sein:

7. Ist der Kursteilnehmer ausreichend aktiviert worden?

8. Sind genügend veranschaulichende Hilfsmittel eingesetzt worden?
9. Ist methodisch abwechslungsreich instruiert/trainiert worden?
10. Haben Sie andere Schulungsmethoden vermisst – welche gegebenenfalls?
11. Welche Mitarbeiterkategorien oder Vorgesetzte sollten diesen Kurs nach Ihrer Meinung auch noch absolvieren?
12. War die Teilnehmergruppe richtig bemessen (Grösse) und ausgewählt?
13. Sind die nach oder am Seminar abgegebenen Unterlagen ausreichend?
14. War der Kursraum zweckmässig (angenehm und störungsfrei)?
15. Waren die Pausen an Zahl und Länge richtig bemessen?

2. Teil

20 Checklisten für Verkaufsführung, Motivation und Kontrolle

2.1 Persönliche Aussprachen erfolgreich gestalten

Checkliste mit 46 Anregungen

Grundsätzliches

- ▷ Überlegen, ob, wann und wo eine Aussprache stattfinden soll
- ▷ Zeitbedarf dafür lieber zu grosszügig als zu knapp ansetzen
- ▷ Dafür sorgen, dass man nicht gestört wird
- ▷ Für faires Gegenüber-Verhältnis sorgen (den anderen nicht in die Sonne schauen lassen, ihn nicht tiefer setzen, nicht mitten im Raum distanziert plazieren
- ▷ Gesprächsanlass evtl. vorher bekanntgeben, damit auch die andere Seite sich vorbereiten kann
- ▷ Sich selbst gut vorbereiten (Substanz, Aufbau, Argumente, Beweise, mögliche Einwände des Partners, Widerlegung derselben, Fragen, Unterlagen usw.)
- ▷ Positiv einleiten, für Gesprächsbereitschaft danken
- ▷ Fakten darlegen
- ▷ Fragend operieren, wo man nicht schon Beweise in der Hand hat
- ▷ Emotionalität auf jeden Fall vermeiden
- ▷ Des anderen Emotionalität versöhnlich abfangen und sachlich beantworten
- ▷ Nicht unterbrechen – gut zuhören, Wichtiges notieren
- ▷ Selbst keine Behauptungen ausspielen, sondern Beweise bringen
- ▷ Gemeinsames Interesse ansprechen
- ▷ Ziel immer im Auge behalten, nicht abschweifen
- ▷ Nicht pedantisch sein, nicht den Nörgler spielen
- ▷ Sich entschuldigen, wenn man einen Fehler selbst begangen hat
- ▷ Behauptungen des anderen belegen lassen
- ▷ Nicht auf die Uhr schauen oder andere Zeichen der Ungeduld geben
- ▷ Den anderen auf seiner Wellenlänge ansprechen
- ▷ Sie-Sprache sprechen, statt Ich-Sprache (wenn man zu beraten, zu beeinflussen oder zu überzeugen hat)
- ▷ Blickkontakt wahren
- ▷ Nicht längere Zeit wortlos zuhören, sondern Bestätigungswörter gebrauchen
- ▷ Evtl. Getränk oder zu rauchen anbieten
- ▷ Reaktionen beobachten
- ▷ Verständlichkeit und Logik berücksichtigen
- ▷ Einfühlungsvermögen zeigen, sich für die andere Meinung interessieren
- ▷ Gespräch unaufdringlich steuern, besonders wenn der andere ausschweift (mit geschickten Fragen zur Sache zurückführen)
- ▷ Den anderen mit gezielten Fragen Wichtiges und Lösungen miterarbeiten lassen
- ▷ Gespräch positiv ausklingen lassen, sich dafür bedanken

Nacharbeit nach Gespräch:

- ▷ Evtl. Bestimmtes protokollieren oder schriftlich bestätigen
- ▷ Kontrollieren ob Vereinbarungen eingehalten werden
- ▷ Dritte informieren, wo nötig
- ▷ Sich überlegen, was man nächstes Mal noch besser machen kann

Die taktische Handhabung von Führungsgesprächen

1. Zweck, Substanz und Steuerung des Gespräches vorher schon genau überlegen
2. Mitarbeiter freundlich begrüssen, Kontakt herstellen, positives Klima schaffen
3. Problem ansprechen und definieren – Nachteile erläutern oder gar belegen, die sich aus bisheriger Situation ergeben haben
4. Gemeinsames Interesse ansprechen und Ziel definieren, das anzustreben ist
5. Fragen, ob der Mitarbeiter vielleicht eigene Vorstellungen hat, Vorschläge vielleicht, die zu einer noch besseren Lösung führen könnten. Ihn bitten, sich unbefangen zu äussern, kritisch mitzudenken, konstruktiv eigene Vorschläge geltend zu machen
6. Ergänzende eigene Vorstellungen erläutern, wie man mehr erreichen könnte, wie sich die Situation verbessern liesse, wie die Nachteile behoben werden könnten, mögliche Lösung also noch selbst optimieren
7. Beidseitige Lösungsvorschläge prüfen, vergleichen, diskutieren, objektiv analysieren – Vor- und Nachteile bilanzieren, um Optimallösung herauszuarbeiten

8. Auf Einwände immer versöhnlich reagieren und mit sachlicher Information nachdoppeln – berechtigte Einwände anerkennen
9. Bestlösung fixieren
10. Massnahmen festlegen, die einer raschen und einwandfreien Realisierung der Lösung dienen
11. Termine festlegen und auch von der anderen Seite vormerken lassen
12. Für Gespräch und gute Vorschläge danken. Der Zufriedenheit Ausdruck geben, dass man sich aussprechen konnte. Bleiben Meinungsunterschiede bestehen, vorschlagen, dass beide sich den strittigen Punkt weiter überlegen, und zum Ausdruck bringen, dass später sicher noch eine Übereinstimmung zu finden sei.

2.2 Optimierung von Interviews mit Aussendienst-Bewerbern

Checkliste mit 106 Fragen und Tips

Eine Maschine einkaufen ist leicht im Verhältnis zu der Aufgabe, den richtigen Mitarbeiter «einzukaufen», dessen «Preis» und «laufende Kosten» ja beträchtlich sind. Empfindsame Leser mögen uns diesen kühnen Vergleich nachsehen. Eine Maschine hat ihre Daten. Sie können zwar auch übertrieben und unvollständig angegeben werden, aber die Ingenieure wissen, wie man alles Nötige ermittelt. Dafür steht auch zumeist viel Zeit zur Verfügung.

Weiss der einstellende Chef oder Personalleiter, wie man beim Bewerber alle notwendigen Fakten ermittelt, und dies häufig in einer knappen Stunde? Profitieren Sie von folgenden Tips:

Was Sie vom Bewerber erfahren sollten

▷ Ungefähres Bild seiner Persönlichkeit
▷ Seine Einstellung zu Arbeit und Leistung
▷ Seine Erwartungen in bezug auf Arbeit, Kompetenzen, Entwicklungsmöglichkeiten
▷ Schwächen, Stärken
▷ Einstellung zur neuen Aufgabe (Dauerstelle, vorübergehende Beschäftigung, Sprungbrett)
▷ Bisherige Bewährung; Gründe für Schwankungen (Auf und Ab in der Karriere)

Wie Sie sich als Interviewer verhalten

Ihre Hauptaufgaben sind: Sachliche Informations-Abgabe und diplomatische Erforschung des Bewerbers, das heisst:

▷ Gute Vorbereitung, d.h. genaues Studium aller Unterlagen (evtl. Referenzen einziehen), Rückfragen vornehmen, Lücken im Lebenslauf ausfindig machen
▷ Benützung einer Checkliste, um die wesentlichen Angaben zu erhalten
▷ Dem Bewerber die Hemmungen nehmen, ihn beruhigen, wenn er aufgeregt ist (z.B. bei Tests)
▷ Dialog anstreben, Bewerber zum Fragen bringen
▷ Einfühlungsvermögen zeigen, im anderen den späteren Mitarbeiter sehen, ihm menschliches Interesse entgegenbringen
▷ Keine Suggestivfragen stellen
▷ Wichtiges notieren, aber nicht am Laufband protokollieren
▷ Keine vorschnellen Urteile fällen, sich der Relativität der eigenen Beurteilung bewusst bleiben
▷ Den Bewerber nicht drängen
▷ In wichtigen Fällen nach zeitlichem Abstand zweiten Termin vereinbaren
▷ Evtl. den Bewerber mit loyalem Mitarbeiter ins Gespräch bringen (Bewerber äussert sich oft zusätzlich und freier als dem Personalchef oder direkten Chef gegenüber – anschliessend Rapport des Mitarbeiters über seinen Eindruck an Personal- oder Verkaufschef)

Wie Sie das Bewerbergespräch gestalten

▷ Begrüssung, Dank fürs Vorstellen, Information über Unternehmen und Aufgabe im Groben
▷ Fragen an Bewerber stellen, die es gestatten, ihn und seine Eignung so gut wie möglich zu beurteilen
▷ Ihn einladen, dass er selbst noch Fragen stellt. Die Art seiner Fragen und wie er sie stellt, lässt oft bessere Schlüsse zu, wie er zu beurteilen ist, als wenn man nur selbst Fragen stellt. Gute Fragen stellen kann nur einer, der das Problem genau erfasst, das Wesentliche anzusprechen versteht und dieses in klare Formulierungen einkleiden kann.

Fragen, die Sie im Bewerbungsgespräch nicht vergessen sollten

▷ Was hat Sie im besonderen veranlasst, sich bei *uns* zu bewerben?
▷ Was ist der eigentliche Grund Ihres beabsichtigten Wechsels?
▷ Was erwarten Sie von Ihrer neuen Tätigkeit?
▷ Welches waren Ihre bisherigen Berufsstationen?
▷ Welche Tätigkeit hat Ihnen bisher am meisten Befriedigung verschafft? (Was man gerne tut, kann man in der Regel gut. Wenn bisherige Liebhabertätigkeit mehr oder weniger mit neuer Aufgabenstellung übereinstimmt, so kann angenommen werden, dass er dafür ausgewiesen ist)
▷ Was faszinierte Sie besonders an dieser (Liebhaber-)Tätigkeit?

- ▷ Wo verfügen Sie nach Ihrer Meinung über besondere Stärken, und wie äusserte sich dies in Ihrer bisherigen Arbeit?
- ▷ Neben Stärken hat sicher auch jeder gewisse Schwächen: Wo sehen Sie solche Schwächen bei Ihnen? Anschliessend fragen, ob er schon etwas dagegen unternommen habe
- ▷ Sind Sie willens, sich im Rahmen unserer innerbetrieblichen Weiterbildung – auch nach erfolgter Einführung – gezielt fördern zu lassen? Sind Sie der Meinung, dass man diese Kurse, soweit sie für den einzelnen sinnvoll sind, obligatorisch oder fakultativ anbieten sollte – und warum?
- ▷ Haben Sie selbst schon irgendwelche Weiterbildungskurse besucht? Welche? Auf Kosten der früheren Firma oder auf eigene Kosten?
- ▷ Welche Ziele möchten Sie in fünf Jahren erreicht haben, oder haben Sie sich darüber noch keine Gedanken gemacht?
- ▷ Wo suchen Sie in der Freizeit ausgleichende Betätigung? Haben Sie Hobbies?
- ▷ Inwiefern glauben Sie, in unserem Fall der richtige Mann am richtigen Platz zu sein?
- ▷ Falls verheiratet: Wie sieht Ihre Frau den beabsichtigten Stellenwechsel?

Checkliste für Bewerber-Durchleuchtung

Voraussetzungen

1. Inserattext

▷ soll bereits eine komprimierte klare Funktionsbeschreibung enthalten

2. Telefonische oder schriftliche Vorauskontakte

▷ Ihnen ist alle Sorgfalt angedeihen zu lassen, da die daraus entstehenden Eindrücke des Bewerbers seine gefühlsmässige Einstellung zur Firma entscheidend beeinflussen können

3. Anmeldeformular

▷ sofern solches anstelle des Angebotes oder als Ergänzung desselben verwendet wird, ist es vom Bewerber rechtzeitig auszufüllen und den am Interview teilnehmenden Personen *vor* der Vorstellung in Kopie zu unterbreiten

4. Prüfung der Bewerbungsunterlagen

▷ Genaues Studium vor dem Interview
▷ Prüfung, ob wesentliche Lücken vor dem Interview noch abzuklären sind
▷ Notiznahme aller Fragen im Sinne einer gezielten Ausforschung des Bewerbers
▷ Festlegung der wichtigsten Anforderungen an den Kandidaten
▷ Überlegen, ob eine telefonische Kontaktnahme weitere wünschenswerte Information oder persönliche Eindrücke erbringen könnte
▷ Informationskontakte mit einzelnen Chefs, sofern nötig

5. Begutachtung

▷ Prüfen, ob Einholen von Referenzen oder eines graphologischen Gutachtens *vor* dem Interview sachdienlich wären (empfiehlt sich nur bei sehr gut präsentierenden Angeboten)

6. Empfang des Bewerbers

▷ Anmeldestelle muss leicht aufzufinden sein
▷ Sie ist über den Besuch des Kandidaten zu informieren
▷ Betont freundlicher Empfang bestimmt den ersten Eindruck
▷ Sofortige Meldung der Ankunft des Bewerbers an den Interviewer
▷ Bewerber sofort zum bereitgestellten Empfangszimmer begleiten, unter Angabe, wer am Interview teilnehmen wird (Funktionen und Titel des oder der empfangenden Chefs klarstellen)
▷ Evtl. Firmenschrift zum Studium übergeben
▷ Bewerber so plazieren, dass er eintretende Personen sieht
▷ Telefonanrufe im Empfangszimmer sind zu unterbinden, ebenso das Wegrufen von einzelnen Interviewern
▷ Bewerber nicht lange warten lassen, aber seine Unterlagen vor Empfang nochmals durchsehen

Ablauf des Interviews

Für die Reihenfolge der unten angeführten Punkte kann kein verbindliches Schema festgelegt werden; teilweise wird sie ja auch vom Gang des Interviews oft unerwartet beeinflusst. Unsere Liste kann ebensowenig Anspruch auf Vollständigkeit erheben, möchte aber die wesentlichsten Punkte aufführen.

1. Grundsätzliches

▷ Der Interviewer repräsentiert für den Bewerber die Firma; sein Verhalten bestimmt wesentlich die Meinung des Kandidaten über den evtl. neuen Arbeitgeber
▷ Das Interview muss objektiven Charakter haben, darf also nicht über gewisse Schattenseiten des fraglichen Postens hinwegtäuschen
▷ Wenn das Interview den Zweck erreichen soll, muss es von den Fragen des Interviewers *und* des Kandidaten leben
▷ Suggestivfragen sind zu unterlassen
▷ Das Verhalten des Kandidaten ist oft beeinflusst durch Unsicherheit und Nervosität (somit Verhörcharakter vermeiden, auflockern, Vertrauen schaffen, in natürlicher Weise freundlich sein)

- ▷ Sind nicht bewusst mehrere Interviews mit verschiedenen Chefs vorgesehen, so sollten alle am Interview teilnehmenden Personen gegenwärtig sein (unmotiviert nacheinander stattfindende Interviews hinterlassen mit Recht ungünstige Eindrücke beim Bewerber); Ausnahme: Gespräch anschliessend mit direktem Vorgesetzten, der dann allerdings über alles orientiert sein muss)

2. Gesprächseröffnung

- ▷ Freundlich begrüssen
- ▷ Dank für Besuch bzw. Vorsprache
- ▷ Erkundigen, ob gut gereist, evtl. ob gut untergekommen (falls Übernachtung nötig)
- ▷ Reise- und sonstige Vorstellungsspesen nach Begrüssung und einleitenden Worten erfragen und Auszahlung durch die Administration vorbereiten lassen
- ▷ Orientierung über das Unternehmen, seine Bedeutung, Organisation, leitenden Funktionäre, Produkte oder Dienstleistungen, Zahl der Betriebsangehörigen
- ▷ Beschreibung des Tätigkeitsbereiches des Einzustellenden, Bezeichnung der Funktion, hierarchische Einstufung, Kompetenzen und Verantwortung, Zusammenarbeit mit anderen Abteilungen, personelle Zusammensetzung der Abteilung, in die der Bewerber eintreten würde, Hinweise auf Einarbeitung (evtl. Einführungskurs), Aufstiegsmöglichkeiten, gehalts-/lohnmässige Entwicklung, betriebliche Weiterbildungsmöglichkeiten, evtl. Umzugskostenvergütung
- ▷ Bezugnahme auf den vor dem Interview studierten Lebenslauf und Befragung des Bewerbers über einzelne, nicht ohne weiteres ersichtliche Punkte bzw. Lükken zeitlicher Art
- ▷ Erkundigung nach dem Grund des vorgesehenen Wechsels, ob schon gekündigt worden sei und ob beim jetzigen Arbeitgeber angefragt werden dürfe
- ▷ Evtl. Fragen zu den durchgesehenen Zeugnissen und Referenzen
- ▷ Erkundigung beim Bewerber, wie er sich seine neue Tätigkeit genauer vorstellt, welches seine Erwartungen sind usw.

3. Erkundigung beim Bewerber

- ▷ ob und inwiefern der beschriebene Posten seinen Erwartungen entspreche, warum er glaube, dafür qualifiziert zu sein, wo er sich evtl. noch etwas schwach fühle, ob spezielle Wünsche vorlägen usw. (Ergibt sich, dass der Posten den Erwartungen des Bewerbers nicht entspricht, ist abzuklären, ob ein anderer Posten angeboten werden könnte; sonst diplomatische Abkürzung des Vorstellungsgesprächs, Bewerber auf akzeptable Weise zu eigenem Verzicht bringen oder antönen, dass er nicht zu sehr mit einer Anstellung rechnen solle)
- ▷ Weitere Fragen über: evtl. Wohnsitzwechsel, Einverständnis der Frau damit, Eintrittszeitpunkt, evtl. Dienstuntauglichkeit, Leumund, persönliche Probleme (Familienverhältnisse, finanzielle Situation, Gesundheitszustand), Gehalts-/Lohnansprüche, Tendenz zu Dauerstelle oder vorübergehender Arbeit

4. Abklärung rein fachlicher Eignung

- ▷ Nur durch fachlich wirklich zuständigen Gesprächspartner vornehmen lassen (evtl. Spezialisten oder direkten Vorgesetzten beiziehen, der auf dem Wege eines «kollegialen Gedankenaustausches» ausfragt). Auch dem Spezialisten müssten die Bewerbungsunterlagen vorher erläutert werden.

5. Besprechung der Anstellungsbedingungen (sofern seitens des Bewerbers nach wie vor Interesse an der Position besteht)

- ▷ Durchsprechen des Anstellungsvertrages (sofern ein genormter vorhanden), sonst Besprechung aller in Frage stehender Einzelpunkte wie z. B.
- ▷ Eintritts-Zeitpunkt
- ▷ Arbeitszeiten (pro Woche, Tag; Pausen bei interner Arbeit)
- ▷ Ferienanspruch (und spätere Regelung innerhalb der Dienstalterabstufung)
- ▷ Urlaub bei besonderen Ereignissen (Heirat, Todesfall in eigener Familie/Bekannter, Geburt eigener Kinder, Militärdienst, möglicher Wohnortwechsel)
- ▷ Beanspruchungen öffentlich-rechtlicher Natur (Behördemitglied, Experte usw., zeitliche Beanspruchung während eines Jahres)
- ▷ Gehalts-/Lohnansatz und Nebenleistungen wie Gratifikation, 13. Monatslohn, Umsatzbeteiligung, Wagenvergütung, Spesenvergütung, Pensionskasse/Gruppenversicherung
- ▷ Orientierung über Alters-, Unfall- und Invaliditätsversicherung, Nichtbetriebsunfall-Versicherungsprämien, Sparversicherung, Betriebskrankenkasse usw.

- ▷ Einarbeitungs-Verfahren
- ▷ Betriebliche Ausbildungsmöglichkeiten, evtl. Verbindlichkeit solcher
- ▷ Probezeit
- ▷ Kündigungsfrist
- ▷ Evtl. Konkurrenzklausel

6. Betriebliche und soziale Einrichtungen (nur am Rande zu erwähnen, wo angebracht)

- ▷ Betriebskantine und Verpflegungsmöglichkeiten in örtlichen Gaststätten
- ▷ Verpflegungsautomation im Betrieb
- ▷ Betriebsbibliothek
- ▷ Freizeitwerkstätte für Betriebsangehörige
- ▷ Kinderhort für Kinder von berufstätigen Müttern
- ▷ Sport-Klubs, firmaeigene Sportplätze
- ▷ Betriebseigene Häuser, Wohnungen, Zimmer bzw. Hilfe bei der Suche von Wohnraum
- ▷ Angestelltenkommission
- ▷ Betriebsfürsorgestelle
- ▷ Betriebsärztlicher Dienst

7. Kulturelle Institutionen am Arbeitsort oder in der Nähe

- ▷ Theater, Kinos, Bibliothek, Weiterbildungsinstitutionen, Museen, Vereine usw.

8. Betriebsbesichtigung, Essenseinladung

- ▷ Bei gegenseitigem ernsthaften Interesse an einer Anstellung kann auf Wunsch des Bewerbers oder Vorschlag der anderen Seite
  a) eine teilweise oder vollständige Betriebsbesichtigung
  b) eine Besichtigung des internen Arbeitsplatzes
  c) eine Einladung zum Essen vereinbart, evtl. gleich vorgenommen werden

9. Verbleib

- ▷ Klar festhalten, in welchem Sinne man auseinandergeht, bis wann die eine oder andere Seite Bericht gibt, wie verbindlich oder unverbindlich man verbleiben will
- ▷ Festlegen, dass im Falle einer Entscheidung für eine andere Chance oder einen anderen Bewerber beidseitig *sofortige* Benachrichtigung als versprochen gilt
- ▷ Die Abgabe einer Firmen-/Einführungsschrift kann von nachhaltigem Einfluss sein (Besprechung im Familienkreis, Werbewirkung des aus der Schrift sprechenden Betriebsgeistes)

10. Auswertung des Interviews

- ▷ Sofortige Notiznahme von wichtigen Einzelheiten und Eindrücken nach Verabschiedung des Bewerbers ist unumgänglich, vor allem für spätere Vergleiche mit anderen Bewerbern
- ▷ Festlegen, ob eine graphologische Untersuchung oder eine Eignungsprüfung vorzunehmen ist (im ersteren Fall mit Vorteil gleich anschliessend ans Interview eine Schriftprobe abnehmen)

Anmerkung des Herausgebers

Diese Liste wird in der vorliegenden Form Punkte enthalten, die auf Ihren Betrieb nicht anwendbar sind. Andererseits wird Ihr Unternehmen die Berücksichtigung noch weiterer Abklärungsfragen oder orientierender Mitteilungen verlangen. Es wird empfohlen, im Sinne des Weglassens überflüssiger Elemente und des Einbezugs weiterer Punkte diese Liste zu einer für Sie sehr nützlichen individuellen Arbeitshilfe auszugestalten.

2.3 Einführung und Ausbildung neuer Aussendienst-Mitarbeiter

Checkliste mit 138 Anregungen

1. Informations-Aufgaben

▷ Unser Unternehmen (Entwicklung und heutige Bedeutung)
▷ Unsere Organisation
▷ Unsere Dienstleistungen
▷ Unsere Marketing- und Verkaufspolitik
▷ Unsere wichtigste Konkurrenz
▷ Wie wir das Partnerschaftsverhältnis zum Kunden sehen
▷ Der Verkäufer und seine Funktion in der Wirtschaft
▷ Basis-Fachwissen und Anwendungstechnik
▷ Stellenbeschreibung
▷ Mitarbeiterbeurteilung/Qualifikationsbogen/Periodizität/Probezeit und erste Qualifikation
▷ Ausrüstung des Verkäufers im Aussendienst
▷ Rapportwesen/Spesenregulativ
▷ Zusammenarbeit zwischen Verkaufsleitung und Aussendienst
▷ Rechte und Verantwortungen
▷ Persönliche Aussprachen

2. Schulungsthemen für die Persönlichkeits-Entfaltung

▷ Lernbereitschaft und Weiterkommen
▷ Erweiterung der Kontaktfähigkeit
▷ Steigerung der Initiative, der Einsatzbereitschaft
▷ Wie fördert man seine Überzeugungskraft?
▷ Selbsterziehung zum positiven/konstruktiven Denken
▷ Allgemeinbildung und Persönlichkeitswirkung im Verkaufsberuf
▷ Selbsterkenntnis
▷ Menschenkenntnis – wie vertiefen wir sie?
▷ Zielsetzungstechnik
▷ Kommunikationsbefähigung und kooperatives Verhalten

3. Fach- und Branchenthemen

▷ Produktkenntnisse
▷ Anwendungstechnische Kenntnisse
▷ Kenntnis neuer Produkte
▷ Kenntnis spezieller Dienstleistungen für den Kunden
▷ Branchenkenntnisse und aktuelle Probleme wichtiger Kundenkategorien
▷ Vertiefte Konkurrenz- und Konkurrenzprodukt-Kenntnisse

4. Arbeitstechnik und -systematik in Reisetätigkeit und Planung

▷ Unternehmer-Funktion des Aussendienstvertreters in seinem Gebiet
▷ Verkaufsgebieteinteilung und ausgeglichene Bearbeitung
▷ Kundenkategorien und Besuchsrhythmus
▷ Kundenkartei als Planungsinstrument
▷ Umsatzbudgetierung – warum und wie?
▷ Wochenplan im voraus – warum und wie?
▷ Tagesplanung und Routenplanung
▷ Checkliste für Besuchsvorbereitung
▷ Individuelles Stichwort- und Fragen-Konzept für jeden Besuch (Gesprächskonzept)
▷ Planung und initiative Durchführung der Neuakquisition
▷ Bearbeitung von Grosskunden gemäss individueller Checkliste
▷ Beratungsarbeit an Ausstellungen
▷ Rapportaufgaben und Formulare dazu
▷ Begleitbesuche

5. Verkaufstechnische Schulung

▷ Sprechtechnik und Wortschatz-Training
▷ Visualisierung im Verkaufsgespräch/Mittel dazu
▷ Demonstrations- und Vorführtechnik in wichtigen Produktbereichen
▷ Instruktionstechnik (dem Kundenpersonal gegenüber)
▷ Merchandising (im Verkauf an Händler oder im eigenen Laden)
▷ Angebotsausarbeitung

6. Verkaufspsychologische Schulung

▷ Innere Vorbereitung auf den Kundenkontakt/Wirkung des Äusseren
▷ Kontaktanbahnung im Gespräch und am Telefon (Besuchsanmeldung)
▷ Gezieltes Argumentieren
▷ Ausarbeitung von Argumentationen für Neuprodukte
▷ Gezielte Fragetechnik

- ▷ Wichtige verhandlungstechnische Regeln
- ▷ Technik des guten Zuhörens
- ▷ Motivationstechnik (Eruieren und Ansprechen von Kundenmotiven)
- ▷ Wichtigste Spielregeln für Verhandeln über den Draht
- ▷ Technik des Vorstossens zum Betriebsspezialisten
- ▷ Einwandmeisterung (Einwandsammlung, Idealantworten, Arbeit mit Abfangformulierungen, Einwand-Tennis)
- ▷ Zusatz- und Anschluss- sowie Ersatzverkäufe richtig realisieren
- ▷ Geschickte Reklamationserledigung
- ▷ Vorgehen beim 2-Mann-Besuch
- ▷ Vorgehen bei Verhandlungen mit einem Kollektiv
- ▷ Psychologie des Ideenverkaufs und der Kundenaktivierung mit Fragetechnik
- ▷ Kompromisstechnik
- ▷ Arbeiten mit vorbereiteten Wirtschaftlichkeits-Rechnungen
- ▷ Verhalten im Preiskampf
- ▷ Behandlung schwieriger Kundentypen
- ▷ Abschlusstechnik
- ▷ Verkaufsverhalten an Ausstellungen
- ▷ Verkäufer-Knigge und Umgangsformen in speziellen Situationen
- ▷ Verhalten gegenüber der Konkurrenz im Gespräch mit dem Kunden, bei direktem Zusammentreffen beim Kunden, an Ausstellungen usw.
- ▷ Lernen aus Niederlagen
- ▷ Spielregeln geschickter Menschenbehandlung

7. Erfolgskontrollen

- ▷ Warum Leistungen auch im Verkauf gemessen werden müssen?
- ▷ Erfolgskontrolle als Hilfe und Ausdruck förderlicher Zusammenarbeit
- ▷ Statistiken und Rapporte für die Erfolgskontrolle, Kennzahlen
- ▷ Feld-Training und Aussprachen darüber
- ▷ Schulungsresultate und Aussprachen darüber

8. Zusatzthemen/Spezialthemen

- ▷ Der Markt und seine Beobachtung
- ▷ Marktbewegungen und Änderungen im Konsumverhalten
- ▷ Gezielte Marktforschung durch Aussendienst aufgrund von Aufgabenstellungen durch die Verkaufsleitung
- ▷ Zusammenarbeit mit der Werbung, Beobachtung der Werbeerfolge oder kritischer Reaktionen der Kundschaft
- ▷ Marktkonzessionen, ihre Grenzen, Rücksprachen mit der Verkaufsleitung
- ▷ Wie stelle ich unser Unternehmen neuen Kunden vor?
- ▷ Wie arbeitet man mit Vollreferenzen?
- ▷ Wie bringt man konstruktive Kritik vor?
- ▷ Wie lässt sich die Zusammenarbeit mit dem Innendienst optimieren?
- ▷ Zusammenarbeit mit der Buchhaltung (Kreditwesen, Mahnwesen)
- ▷ Vorschlagswesen im Verkauf – warum, wie?
- ▷ Kundendienstleistungen des Verkäufers (Kundeninstruktionen, Tests für den Kunden, Probe-Geräte usw.)
- ▷ Kundenpflegemöglichkeiten
- ▷ Analyse verlorener Aufträge, evtl. in Zusammenarbeit mit VL
- ▷ Rechtsfragen im Verkauf

2.4 Motivationsmöglichkeiten für den Aussendienst

22 Anregungen, die alle auch für die Motivierung des Verkaufs-Innendienstes gültig sind

Im Gegensatz zum Innendienst, wo man Kollegen und Chefs sozusagen dauernd um sich hat, ist der Aussendienstmann *isoliert* tätig. Weder kann ihm ein Kollege mit mehr Erfahrung im Gespräch mit dem Kunden zur Seite stehen, noch vermag der Verkaufsleiter im Büro der Firma ihm zu sagen, was er im letzten Gespräch geschickter hätte tun können, noch kritisiert ihn der Kunde in der Regel seinerseits, wenn im Vorgehen des Verkäufers Fehlerhaftes bemerkt worden ist.
Ausnahmen mögen passieren, wenn ein neuer Vertreter von einem «alten Fuchs» am Anfang begleitet wird, oder wenn der Verkausleiter sporadisch Begleitbesuche mit seinen Aussendienstberatern durchführt. Auch kritisiert oder lobt einmal ein Kunde den Verkäufer im direkten Kontakt, wenn er zu den Spontanen oder besonders Kritischen gehört. Aber diese Fälle kommen im Verhältnis doch eher selten vor.
Wer isoliert tätig ist, hat in der Regel ein grösseres Bedürfnis nach internen Kontakten mit anderen Kollegen vom Aussendienst, mit dem Innendienst und der Verkaufsleitung. Ist der Verkaufsmanager auch ein guter Menschenführer, so schafft und nützt er Möglichkeiten, mit dem Aussendienstmann immer wieder persönlich den Kontakt herzustellen, Frustrierungen aufzufangen, förderlich einzuwirken, wo es nötig ist, und Lob auszusprechen, wo Anerkennung verdient ist. So beweist er persönliche Zuwendung und Hilfsbereitschaft. Er entspricht damit dem Resonanzbedürfnis des Mitarbeiters und belegt damit auch, dass Führung mehr sein kann als blosses Anweisen, Überwachen und Kritisieren.
Im folgenden seien *22 Motivationsmöglichkeiten* aufgezeigt, die eine führungsmässig ausgewiesene Verkaufsleitung nutzen kann.

1. Menschlich Kontakt schaffen

Jeder Mitarbeiter möchte nicht bloss als Arbeitsfaktor gewertet werden. Besteht ein guter menschlicher Kontakt zwischen zwei Menschen, so fühlt man sich dem anderen mehr verpflichtet, hat mehr Vertrauen zu ihm, offenbart sich ihm leichter. Der menschliche Kontakt erhöht auch das Verständnis dem anderen gegenüber, wenn letzterer Schwierigkeiten oder auch nur Pech hat.

2. Vertrauen schenken, aber nur begrenzt

Vertrauen schenken, das verpflichtet – aber nicht jeden. Eine Vorausleistung an Vertrauen braucht es immer, jedoch keine übertriebene. Nachher muss sukzessive beobachtet werden, was der andere aus dem geschenkten Vertrauen macht. Geschenktes Vertrauen verstärkt sich, wenn die andere Seite sich Mühe gibt, es durch echte Leistungen, durch Initiative und Durchhaltewillen zu rechtfertigen. Ein absolutes Vertrauen kann es aber nie geben, da jeder Mensch zuinnerst ein bisschen dazu neigt, es bequemer zu nehmen oder seine Kompetenzen zu überziehen, wenn er keine Kontrolle mehr spürt.

3. Hilfsbereitschaft zeigen

Auch diese motiviert, ist aber ebenso wie das Vertrauen auf ein gesundes Mass angewiesen. Mit zuviel Hilfsbereitschaft verwöhnt man andere. Die Hilfsbereitschaft des Chefs ist jedoch aus der Sicht des Mitarbeiters stärkere Motivation, als wenn nur ein Kollege ihm hilft.

4. Achtung bezeugen vor der Menschenwürde des anderen

Angenehmer Ton, Zuvorkommenheit, Verzicht auf Vorurteile, Fragen statt eines Vorhalts, ins Gespräch ziehen wo Wichtiges geschehen soll, die Meinung des anderen erfragen, Halten von gegebenen Versprechungen, Fairness, Selbstbeherrschung in kritischen Situationen – das alles ist Ausdruck einer Achtung vor der Menschenwürde des anderen. Jeder ist immer empfindlicher, als wir meinen, auch wir selbst. Daher ist es wichtig, dem anderen zu gestatten, dass er sein Gesicht wahren kann, solange dies noch möglich ist. Nicht mehr möglich ist es, wenn offensichtliche Verstellung oder Lüge oder mehrfaches Verschulden Tatsache geworden sind.

5. Persönliches Interesse und Sympathie entgegenbringen

Der andere fühlt sich dadurch geschätzt und wird im Normalfall mit Gegeninteresse und Gegensympathie reagieren. Allerdings nur, wenn ihm das bezeugte Interesse und die gezeigte Sympathie echt erscheinen. Wie schaffen wir echtes Interesse und echte Sympathie anderen gegenüber? Indem wir ihre Stärken beachten und uns überlegen, was sie als angenehm empfinden, worüber sie gerne diskutieren und was sie als verdientes Lob interpretieren können.

6. Begeisterungsfähigkeit ist eine Soll-Eigenschaft des Chefs

Denn Begeisterung überträgt sich, steckt an, lässt den Funken überspringen. Strohfeuerenthusiasmus allerdings ist noch nicht Begeisterung. Hinter der Begeisterung steht doch die Fähigkeit, Schönes, Gutes, Wertvolles, Lobenswertes zu erfassen. Sie bedingt also Nachdenken, Werten, Erkennen – was z. B. als positiv oder vorbildlich erkannt werden kann.

7. Vorbild zeigen

Diese Regel ist auch in der heutigen Welt noch nicht überholt. Wer nicht selber Vorbild ist, kann keine vorbildliche Haltung bei anderen fordern. Vorbild motiviert – nur leider nicht in jedem Fall und auch nicht jeden. Wo einer unfähig ist oder gar böswillig, da nützt auch bestes Vorbild nichts – Auswechslung gegen einen Geeigneteren ist wohl die einzige taugliche Lösung.

8. Guter Zuhörer sein

Aktives Zuhören fördert die Einfühlung und das Identifikationsvermögen. Es gibt nichts Schmeichelhafteres als gute Aufmerksamkeit, denn sie ist Ausdruck von Respekt, Achtung, Fairness, Ernsthaftigkeit, Vertrauen in den anderen.

9. Die Vorteilsprache des anderen sprechen

Jeder lässt sich Ideen, Verbesserungswünsche und Anregungen besser verkaufen, wenn wir aufzeigen, dass ein Akzeptieren unserer Vorschläge ihm selbst die und die Vorteile oder den oder den Nutzen erbringen. Egoistisches Voranstossen von Forderungen macht den anderen «zu» – das Ansprechen seiner Vorteile macht ihn hellhörig, schliesst ihn auf.

10. Gemeinsames Interesse erkennen lassen

Oft dient ein Vorschlag nicht nur dem Interesse des anderen, sondern beiden Seiten. Wo man sich «im gleichen Boot» sitzen sieht, da kann sich Solidaritätsgefühl entwickeln und da identifiziert und motiviert man sich leichter.

11. Durch gute Fragen motivieren

Mit geschickten Fragestellungen fordert man das Mitdenken heraus, regt man den anderen an, seine Stärken auszuspielen, kann man gewünschte Reaktionen herausfordern, Zustimmung erwirken, die Dringlichkeit einer sofortigen Entscheidung suggerieren. Gesteuerte Fragen machen den Partner zum Mitgestaltenden. Findet er auf diese Weise die richtige Lösung mit, so muss sie ihm nicht mehr verkauft werden, denn er hat sie sich schon selbst «verkauft».

12. Verdiente Anerkennung aussprechen

Da jeder nach Wertschätzung und auch Selbstachtung strebt, gibt es in der Menschenbehandlung keine dankbarere und schönere Aufgabe als das Aussprechen von verdienter Anerkennung, von gerechtfertigtem Lob. Seien wir in erster Linie guter Beobachter der starken Seiten anderer – wir verleihen damit nicht nur Ansporn, sondern wecken damit auch Dankbarkeit und Sympathie.

13. Auf richtige Art Bittsteller sein

Es ist eine alte Lebenserfahrung: wer in netter Art um etwas gebeten wird, erfüllt Wünsche gerne – wenn sie nicht unrealistisch sind oder nur Ausdruck von reinem Egoismus darstellen. Dass auch nachheriger Dank für die Erfüllung des Wunsches integrierter Bestandteil richtigen Bittens sein muss, ist selbstverständlich und wird doch oft vernachlässigt!

14. Kritik immer in förderliche Anregung einkleiden

Kritik allein erfüllt ihren Zweck kaum – wohl aber lässt sie sich in Form anregender Fragen oder nützlicher Hilfestellung vermitteln. Der andere muss spüren, dass es uns primär nicht ums Kritisieren, sondern ums Helfen geht. Stellen wir uns dabei neben ihn, nicht über ihn. Er wünscht weder geschulmeistert noch über die Massen als hilfsbedürftig angesehen zu werden.

15. Zu eigenen Zielsetzungen anleiten

Wo immer sich etwas noch perfektionieren liesse, kann man den anderen mit Fragestellungen anregen, sich Lösungen vorzustellen und Massnahmen zu ergreifen. Jede realisierte Massnahme und jedes erreichte Ziel motivieren stark, wieder andere ins Auge zu fassen und die Tat folgen zu lassen. Aus Vorstellungen Taten werden zu lassen, aus Tatfreudigkeit Gewohnheit zu machen und gute Gewohnheiten freundliches Schicksal werden zu lassen, ist Lebensgestaltung in bester Form und gleichzeitig Selbsterfüllung. Zielvereinbarungsgespräche sind die systematisierte Form, den Mitarbeiter zu eigenen Zielsetzungen anzuleiten.

16. Selbständigkeit gewähren

Selbständigkeit ist Gestaltungsspielraum. Wo Fähigen solcher Spielraum gegeben wird, da wird die Lust zum eigenunternehmerischen Wirken verstärkt, die Initiative angereizt, damit die Arbeitsmotivation verdoppelt. Der beste Führer ist der, welcher aus Untergebenen selbständige Mitarbeiter zu machen versteht. Dazu gehört auch eine sukzessive Erweiterung des Aufgabenrahmens als Möglichkeit des Wachstums an fordernden Verantwortungen.

17. Periodisch Standortbestimmungen durchführen

Am besten geschieht dies in der Form der Leistungs- und Verhaltensbewertung und der damit verbundenen Qualifikationsgespräche. Nichts ist demotivierender als Unsicherheit, wie man eingeschätzt und beurteilt wird. Eine periodische Leistungsbilanz und ein Ausblick auf die Möglichkeiten der näheren Zukunft stimuliert, weil Erreichtes bewusst gemacht wird und das noch weiter Machbare attraktive Form annimmt und eine Realisierung herausfordert.

18. Verdiente Lohnerhöhung rechtzeitig anbieten

Oft gewöhnt man sich als Vorgesetzter an die gestiegenen Leistungen der Mitarbeiter, ohne rechtzeitig auch materiell etwas für sie zu tun. Das ist besonders schlimm, wenn der Mitarbeiter die Konsequenz aus fehlender materieller Besserstellung zieht und ein anderes Angebot durch Kündigung seiner Stelle «absegnet». Rechtzeitige Lohnaufbesserung, in einer motivierenden Form bekanntgegeben, sichert dagegen Firma und Vorgesetzten gegen den Verlust guter Mitarbeiter ab.

19. Beraterfunktion offerieren

Mitsprache und Mitbestimmung sollten im beruflichen Zusammenwirken im möglichen Ausmass immer von selbst angeboten werden. Es ist grundfalsch, wenn ein Vorgesetzter annimmt, er müsste alle Entscheidungen selbsttätig anstreben. Das Erfahrungskapital der Mitarbeiter nach Möglichkeit zu nutzen, macht die überlegene Führung aus und stimuliert den Mitarbeiter gleichzeitig in beachtlichem Ausmass, gewinnt doch dieser an Horizont und Einsichtsfähigkeit, wenn er im positivsten Sinne mitreden und Entscheidungsvorgänge beeinflussen kann, abgesehen vom Prestigegewinn, der mit im Spiel ist.

20. Information optimieren

Information ist Beseitigung von Unsicherheit, Beweis dafür, dass man «oben» ernst genommen wird, Beweis auch für sympathische Kooperationsbereitschaft. Wer gut informiert, motiviert auch laufend, denn dienliche Information ist gleichzeitig Wegbereiter der Motivation.

21. Durch Weiterbildung fördern

Aus- und Weiterbildung ist längst kein Fakultativum des modern eingestellten Betriebes mehr, sondern obligatorische Führungsverpflichtung, soziale Verpflichtung auch. Und dies aus zwei Gründen: Förderungswillige werden sich auf die Dauer mit ungenügender Weiterbildung nicht abfinden; sie verändern sich in der Regel früher oder später, um ihrem Streben nach beruflichem Weiterkommen Chancen zu wahren. Der zweite Grund: angepasste Weiterbildung ist Motivation par excellence für den Karrierebewussten, Beweis der Selbstbestätigung und der Persönlichkeitsentfaltung des sich erfolgreich Steigernden.

22. Beförderung anbieten

Guter Lohn allein genügt dem Ehrgeizigen dann nicht, wenn sein vollzogenes Wachstum an anspruchsvollen Aufgaben eine hierarchische Anhebung rechtfertigen würde. Titel und höhere Chargen sind für zielstrebige und tüchtige Realisatoren unerlässliche Bedingung beruflichen Prestigestrebens. Allerdings, einen häufigen Fehler sollte man bei Beförderungen vermeiden: nicht jeder tüchtige Fachmann ist auch, nach Beförderung, ein guter Vorgesetzter. Beförderung in den Vorgesetztenstand sollte daher unbedingt parallellaufen mit Vorbereitung auf die Führungsfunktionen, was uns viele amerikanische Firmen schon längst beispielhaft vormachen.

Nachdem wir hier nicht weniger als 22 Möglichkeiten wirksamer Mitarbeiter-Motivierung aufgezeigt haben, ist es schwer verständlich, dass in der Praxis die Motivationskunst als einer der wichtigsten Pfeiler der Führungstechnik z.T. doch noch recht dilettantisch gehandhabt wird. Auch an Führungsseminaren sind diejenigen, die in den Übungen beste Proben ihres Motivationskönnens zu geben vermögen, eher seltene Spezies. Grund genug, dass jeder Vorgesetzte diese 22 Motivationseinwirkungen studiert und handhaben lernt. Ein Vorgesetzter ohne motivierte Mitarbeiter ist nur ein halber Vorgesetzter – ein Chef dagegen, der seine Mitarbeiter wirklich zu motivieren versteht, wird ein Vielfaches des Ersteren erreichen!

2.5 Optimierung der Verkaufskonferenz-Technik

Checkliste mit 62 Anregungen

Hat sich der Begriff der Konferenz abgewertet?

Wir alle kennen den Ausdruck «Konferenzitis» und haben es schon hundertmal erlebt, dass Leute, die wir anriefen, nicht erreichbar waren, weil sie angeblich oder tatsächlich an einer Konferenz sassen. Oft haben wir den Eindruck, unsere Geschäftspartner seien offensichtlich fast dauernd an Konferenzen beschäftigt, denn immer wenn wir sie wünschen, hören wir: «Bedaure, Herr X ist an einer Konferenz und möchte nicht gestört werden.» Ohne Konferenz ist das Geschäftsleben sicher nicht denkbar, aber aus den vorerwähnten Erfahrungen heraus müssen wir uns doch folgendes eingestehen:

1. Viele Firmen strapazieren tatsächlich ihre Mitarbeiter mit Konferenzen sonder Zahl, ohne dass dabei viel mehr herausschaut als eine zuverlässige Beschäftigung der Teilnehmer.

2. Mit dem Begriff «Konferenz» wird häufig Missbrauch getrieben. Ein Rapport, eine Unterredung, eine Besprechung oder gar eine Plauderstunde mit einem Kollegen oder Chef sind eben noch keine Konferenzen.

3. Oft wird die Ausrede «Bedaure, er ist an einer Konferenz» nur benützt, um sich einen Anrufenden oder einen Besucher vom Leibe zu halten.
   Diese Feststellungen rechtfertigen wohl die Behauptung, dass der *Begriff* der Konferenz tatsächlich eine gewisse Abwertung erfahren hat. Der Wert einer echten, sorgfältig vorbereiteten und erfolgreich durchgeführten Konferenz wird indessen dadurch in keiner Weise gemindert.
   Die Konferenz ist nach wie vor ein allerbestes und auch dringend notwendiges Instrument der modernen Unternehmung. Sie wird nur leider allzu häufig routinemässig angelegt und schöpft daher vielfach die Möglichkeiten zu wenig aus.

Was ist eine Konferenz?

Eine Konferenz ist eine geleitete Aussprache, die zu gemeinsamen Schlüssen führen soll. Zu jeder Konferenz gehören: Mindestens drei Teilnehmer, ein Konferenzleiter, die Bereitschaft, sich über das vorgelegte Thema aussprechen zu wollen und der Wille zu gemeinsamen Schlussfolgerungen.

Einige Grundvoraussetzungen für die erfolgreiche Konferenz: Fachlich-sachliches oder menschliches Thema, das dem Niveau der Teilnehmer angepasst ist, dann ein in der zur Verfügung stehenden Zeit erreichbares Ziel. Eine gute Vorbereitung des Konferenzleiters und seine Fähigkeit, menschlich und sachlich die Konferenz geschickt zu steuern, sind weiter Voraussetzungen. Die Teilnehmerschaft darf nicht zu gross sein.

Was für Arten von Konferenzen gibt es?

Grundsätzlich unterscheidet man zwei Gruppen von Konferenzen: die *Bildungskonferenzen* einerseits und die *Beratungskonferenzen* andererseits. Die Bildungskonferenz bezweckt, den Konferenzteilnehmern Wissen zu vermitteln oder bei ihnen geistige Fähigkeiten zu entwikkeln. Als Untergattungen der Bildungskonferenz sind zu erwähnen: die *Informationskonferenz,* die *Interpretationskonferenz,* die *Arbeitskonferenz,* die *Schulungskonferenz.*

Die Beratungskonferenz erfordert beratende, oft auch entscheidende Bearbeitung eines Konferenzthemas oder eines Problems. Untergattungen: *Koordinationskonferenz, Ideenkonferenz, Entscheidungskonferenz, Schlichtungskonferenz.*

Die *Verkaufskonferenz* ist meist eine Mischung von Bildungs- und Beratungskonferenz, da sie teilweise technisches, kaufmännisches und psychologisches Wissen vermittelt, teilweise aber auch spezifische Probleme zu lösen hat.

Konferenzen sind auf jeden Fall keine Befehlsausgaben, sondern Aussprachen, bei welchen alle Beteiligten – insbesondere aber der Konferenzleiter – nach einer Übereinkunft streben sollten.

Und diese Übereinstimmung muss vernünftigerweise für die Firma von Nutzen sein (Erzielen von Rationalisierung, Vereinfachung, Normierung, Abgrenzungen, betrieblich-organisatorischen Verbesserungen, menschlichen Abstimmungen, gezielter Wissensvermittlung). Diktatorisches Aufdrängen von Meinungen des Konferenzleiters oder einzelner Teilnehmer den andern gegenüber widerspricht dem Wesen der Konferenz. Hingegen lässt sich aus praktischen Gründen oder dem Gedanken einer nötigen Vereinheitlichung eine Mehrheitsabstimmung rechtfertigen. Der Erfolg einer Konferenz hängt aber wiederum nicht von einer vollständigen Übereinstimmung ab, sondern kann in Teillösungen oder teilweisen Meinungsangleichungen zutage treten. Oft sind ja auch mehrere Konferenzen nötig, um ans Endziel zu gelangen, und es ist sicher besser, auf Mammutkonferenzen zu verzichten und dafür verschiedene Konferenzen mit genau festgelegten Teilzielen anzuberaumen.

Psychologie der Konferenz

Die Kunst, Wege zur Verständigung zu finden, gehört ins Fach der Lebensweisheit, bildet aber gleichzeitig die Basis jeden Zusammenwirkens mit anderen Menschen, im beruflichen wie im privaten Bereich. Die Leitung einer Konferenz ist auf diese Kunst in besonderem Masse angewiesen. Aber schon für die Einladung gelten bestimmte Regeln, die nicht ausser Acht gelassen werden dürfen:

a) Nie eine Konferenz um ihrer selbst willen einberufen

z.B. um sich einer persönlichen Verantwortung auf billige Weise zu entziehen, oder um nur zu betonen, wie demokratisch man eingestellt ist, oder um seine Autorität wieder einmal unter Beweis zu stellen.

b) Nur geeignete Leute an eine Konferenz einladen

Wer nichts zu bieten hat und wem andererseits das Thema nichts zu bieten hat, den lasse man aus dem Spiel.

c) Die Zielsetzung muss von Anfang an den Teilnehmern klar sein

Andernfalls kommen gerne Missverständnisse auf, oder die persönliche Bereitschaft, als Teilnehmer der Konferenz mitzumachen, wird herabgesetzt.

d) Termingerecht einladen

Man denke rechtzeitig daran, dass auch die Teilnehmer ihre terminlichen Verpflichtungen haben und kläre evtl. Verhinderungen vor einer schriftlichen Herausgabe der Einladung ab.

e) Verlangen Sie pünktliches Erscheinen

Die Unpünktlichkeit eines einzelnen kostet allen Zeit.

f) Evtl. Beiträge einzelner Konferenzteilnehmer rechtzeitig verlangen

Genaue aktenmässige Vorbereitung entscheidet oft über den Erfolg der Konferenz.

Zur psychologischen Steuerung der Konferenz halte man sich an folgende Merkpunkte:

a) Der Konferenzleiter muss das Hauptgewicht auf die Steuerung der Gespräche legen, nicht durch eigene Beiträge die Situation beherrschen wollen.

b) Die Fragetechnik ist ihm ein ausgezeichnetes Mittel, um die Konferenz indirekt zu steuern.

c) Auseinandersetzungen muss er verhindern können. Seine neutrale, objektive Haltung trägt dazu wesentlich bei. Oft muss er auch ein Votum etwas umformulieren oder Brücken zwischen zwei Ansichten schlagen.

d) Der Konferenzleiter sollte sich klar sein, innerhalb welcher Grenzen eine Lösung sinnvoll wäre. Mit utopischen Vorschlägen ist niemandem gedient.

e) Vorbereitendes, gründliches Überdenken des Konferenzthemas verleiht dem «Steuermann» Sicherheit und verschafft ihm eigene Fragen und Ideen, mit welchen sich Flauten überbrücken lassen.

f) Mit Kritik gehe der Konferenzleiter äusserst spärlich um. Er bringe sie höchstens indirekt durch Fragestellungen an oder provoziere die anderen mit Fragen zu kritischer Stellungnahme gegenüber unannehmbaren Vorschlägen.

g) Dafür anerkenne er gute Beiträge, die die Konferenz vorwärts bringen.

h) Destruktive Kritik von Teilnehmern ist sofort aufzufangen, durch Herausforderung zu konstruktiven Vorschlägen.

i) Bei langen Konferenzen sind Pausen einzuschalten, um Ermüdung und aufkommende Interesselosigkeit zu verhindern.

k) Die Atmosphäre des Konferenzraumes soll freundlich sein, ganz besonders bei längeren Konferenzen.

l) Redeexkursen, Abschweifen vom Thema, persönlicher Kritik und Unsachlichkeit ist seitens des Konferenzleiters diplomatisch entgegenzutreten.

m) Am Schluss der Konferenz sollte eine knappe Zusammenfassung der erarbeiteten, positiven Punkte stattfinden und den Konferenzteilnehmern für die geleistete Arbeit gedankt werden. Evtl. Beschlüsse sind mit genauem Wortlaut zu protokollieren. (Ein Protokoll ist kein unbedingtes Erfordernis für eine Konferenz, je nach Charakter derselben, aber zu empfehlen.)

Die Konferenz ist im aufgeschlossenen Unternehmen als Führungs-, Informations-, Koordinations- und Ausbildungsinstrument unentbehrlich. Immer wieder lässt sich feststellen, dass in Firmen, wo dieses Mittel regelmässig und stilgerecht eingesetzt wird, die Betriebsangehörigen zu logischem und speditivem Denken, fruchtbarer Diskussion und sinnvoller Koordination erzogen werden.

Checkliste über Konferenz-Technik

1. Vorbereitung der Konferenz

▷ Bei Datumfestlegung prüfen, ob nicht andere Anlässe oder auswärtige Feiertage mit dem Konferenzdatum kollidieren
▷ Sich vergewissern, ob wichtige Konferenzteilnehmer nicht militär- oder ferienabwesend sind
▷ Thema oder Themen präzis festlegen und Reihenfolge richtig wählen – Zeitbedarf sorgfältig abschätzen
▷ Prüfen, wer an der Konferenz teilzunehmen hat
▷ Bestimmte Tatbestände vorabklären
▷ Nötige Unterlagen wie Statistiken, Aktenbelege usw. rechtzeitig beschaffen
▷ Rapporte, die von Mitarbeitern auf die Konferenz hin zu erstellen sind, rechtzeitig anfordern und Abgabefrist setzen
▷ Konferenzraum reservieren lassen (lüftungs- und verdunklungsfähig)
▷ Konferenzmaterial bereitstellen lassen (Filme, Lichtbilder, Vorführapparate, Lichtzeiger, Demonstrationsmaterial, Wandtafel mit Schwamm und Kreide, evtl. Hafttafel, Tonbandgerät, Videogerät, Konferenzunterlagen, genügend Stühle, Aschenbecher, Tischglocke, evtl. Bedienung organisieren)
▷ Eventuelle Beiträge von Teilnehmern rechtzeitig verlangen (Unterlagen, Kurzreferate, Demonstrationen)
▷ Besetzt-Tafel für Konferenzraum vorbereiten
▷ Protokollführer bestimmen, falls nötig
▷ Namenschilder für Teilnehmer vorbereiten, falls nötig (Tischkarten mit grosser Schrift)

2. Einladung für die Konferenz

▷ Teilnehmer rechtzeitig einladen, mit Angabe von Beginn und Ende der Sitzung
▷ Evtl. auswärtige Konferenzteilnehmer über Zugsverbindungen und Parkiermöglichkeiten orientieren
▷ Themenstellung in der Einladung klar umreissen
▷ Evtl. mitzubringendes Material in der Einladung aufführen
▷ Evtl. Teilnehmer in der Einladung auffordern, sich aufs Thema vorzubereiten (Notieren von Anregungen, praktischen Erfahrungen, Kritikpunkten)
▷ Evtl. Teilnehmer in der Einladung namentlich aufführen

3. Durchführung der Konferenz

▷ Begrüssung, evtl. Vorstellung von «zugewandten Orten»
▷ Konferenzziel einleitend klarstellen, Probleme aufführen, die zu lösen oder abzuklären sind
▷ Wenn nötig, bestimmte Begriffe definieren, damit nicht aneinander vorbeigeredet wird
▷ Protokollführer bestimmen, sofern wünschbar
▷ Auf Einhaltung der Themenliste achten
▷ Keine langen Referate an Konferenzen, dafür um so mehr fruchtbare Diskussion, gegenseitige Anregung, faire Anstrengung im gemeinsamen Interesse, Schwung, Humor und Sachlichkeit!
▷ Keine rein negative Kritik dulden
▷ Diskussion nicht abschweifen lassen
▷ Nebenprobleme nur diskutieren lassen, wenn sie für das Konferenzziel von Bedeutung sind
▷ Keine Monologe dulden
▷ Keine längere Nebenunterhaltung von Konferenzteilnehmern tolerieren
▷ Keine gehässigen Kontroversen einreissen lassen
▷ Themen fertig behandeln, bevor zu einem neuen übergegangen wird; die getroffenen Entscheide vom Konferenzleiter zusammenfassen lassen (Ausschluss von Missverständnissen, Kontrolle für den Protokollführer)
▷ Bei langen Konferenzen Pausen einschalten
▷ Nach Konferenzschluss rege Mitarbeit den Teilnehmern verdanken, darauf hinweisen, dass weitere Anregungen gerne auch nachträglich entgegengenommen werden – Protokoll-Zustellungstermin bekanntgeben

4. Konferenzauswertung

▷ Erfolgskontrolle des Konferenzleiters über Durchführung und Ergebnisse
▷ Speditive Protokollzustellung an die Teilnehmer
▷ Konferenz-Entscheide organisatorisch verarbeiten (Weisungen herausgeben, betroffene Instanzen und Mitarbeiter orientieren, Durchführung der Beschlüsse kontrollieren)
▷ Evtl. Rapport an Geschäftsleitung

2.6 Leistungskontrollen psychologisch richtig ausüben

Checkliste mit 83 Anregungen

Grundeinsichten

- ▷ Überwachungsaufgaben sind immer heikel, im Verkaufsaussendienst besonders, weil dort der Mitarbeiter grössere Gestaltungsfreiheit hat und haben muss
- ▷ Gerade im Verkauf aber fällt der Kostenfaktor in einem Ausmass ins Gewicht wie kaum in einem anderen unternehmerischen Bereich
- ▷ Die Hauptaufgabe einer Überwachung des Aussendienstmannes bezieht sich allerdings primär darauf, ihn in seinem gesunden Leistungsstreben zu unterstützen, und erst in zweiter Linie, seine Kosten zu kontrollieren
- ▷ Psychologisch falsch gehandhabte Kontrolle kann sich äusserst demotivierend auswirken – richtige Überwachung vermag dagegen das Kostendenken so gut wie den Leistungswillen anzuspornen
- ▷ Dem Aussendienst ist gleich von Anfang an klarzumachen, dass ein Unternehmen verpflichtet ist, in allen Tätigkeitsbereichen die Leistungen laufend zu messen und nach Möglichkeit anzuheben, weil man sonst angesichts des rigorosen Verdrängungswettbewerbes von heute bald vom «Fenster weg» wäre
- ▷ Im übrigen profitiert jede richtig ausgeübte Kontrolle vom Umstand, dass zwei Menschen über eine grössere Erfahrung verfügen und mehr Fehler zu entdecken vermögen als bloss eine Person, abgesehen von der alten Erfahrung, dass eigentlich nur verhältnismässig wenige Menschen fähig sind, sich selbst zuverlässig zu kontrollieren
- ▷ Leistungsmessung aller liegt im Interesse von jedem, weil nur so für jeden auch eine optimale Sicherheit erreicht werden kann
- ▷ Leistungsmessung liegt aber auch ganz eminent im Interesse des einzelnen Tüchtigen, denn nur so tritt seine Tüchtigkeit gebührend in Erscheinung und kann auch im richtigen, verdienten Verhältnis belohnt werden
- ▷ Wer sich in der Regel gegen Leistungsüberwachung versperrt, tut dies aus einem nicht ganz sauberen Gewissen – er hat Angst, es könne die eine oder andere Leistungsschwäche von ihm festgestellt werden
- ▷ Nicht zu vergessen ist allerdings, dass Kontrolle nicht nur Sache der Vorgesetzten ist – auch die Nichtvorgesetzten kontrollieren automatisch die Leistungen ihrer Chefs, der Abteilung, der Gruppe, und negative Feststellungen finden ihren Ausdruck in der Kritik und in Vorschlägen, die nach oben weitergereicht werden und ja auch vermittelt werden *sollen*, denn auch Vorgesetzten können Fehler unterlaufen

Warum ist in vielen Firmen die Kontrolle nicht ausreichend gehandhabt?

- ▷ weil es einigen Mut braucht, Kontrollen durchzuführen und ihre Ergebnisse, wenigstens negative, zur Sprache zu bringen
- ▷ weil man das Führungsmittel «Kontrolle» nicht gut genug «verkauft»
- ▷ weil Kontrollen wegen anderweitiger Belastungen oft als Ballast angesehen werden, als unproduktive Arbeit
- ▷ weil Kontrollen oft in falscher, unpsychologischer Art ausgeübt werden und daher ihren Zweck nicht erfüllen können
- ▷ weil in der Folge auch deutlicher Widerstand gegen solche Überwachung zustande kommt und dieser Widerstand die Kontrollbereitschaft des Chefs lähmen kann

Möglichkeiten und Nutzen für den Aussendienstmann, wenn Kontrollen in der richtigen Form praktiziert werden

- ▷ Man erhält im Vergleich zu anderen Kollegen im Aussendienst einen Massstab der eigenen Leistungsbefähigung.
- ▷ Es werden Möglichkeiten einer sinnvollen Selbststeigerung aufgezeigt.
- ▷ Auch was die Spesen anbelangt, kriegt man einen realistischen Massstab durch den Vergleich mit anderen.

- ▷ Manche reisen zu grosse Strecken, weil sie ihre Routen nicht richtig planen, ihre Gespräche mit den Kunden zu wenig vorbereiten oder zu wenig straffen. Demzufolge sitzen sie mehr am Steuer des Wagens statt am Tisch des Kunden.
- ▷ Auch zu kleine Spesen können fehlerhaftes Verhalten beweisen. Kleine Telefonspesen sind noch kein Beweis für Kostendenken. Es kann falsch sein, das verkaufsunterstützende Hilfsmittel par excellence – das Telefon – nicht ausreichend zu nützen. Die höheren Telefonspesen können sich unter Umständen auszahlen.
- ▷ Andere spüren, dass zu viele Café-Einladungen zu Zeitfressern werden können, die letztlich nicht mehr verantwortet werden können
- ▷ Ein anderer mag im kritischen Gespräch, das der Verkaufsleiter mit ihm führen muss, einsehen, dass eine grosse Zahl von Besuchen nicht in jedem Fall mit grossem Fleiss erklärbar ist, sondern auch auf fehlende Verhandlungstechnik und fehlendes Abschlussvermögen zurückgeführt werden können (Abschlüsse kosten mehr Zeit als Davonlaufen in unverrichteter Sache, aber sie lohnen sich entsprechend)
- ▷ Gute Kontrollen und Aussprachen darüber können nützliche Verhältnismässigkeit des Denkens herbeiführen, dann erfasst man besser die Kausalbeziehungen z. B. zwischen Fleiss und Erfolg, zwischen Planung und Ergebnis, zwischen Weiterbildung und Leistungszuwachs.
- ▷ Förderliches Kontrollieren macht aus einem schlechten einen mittelmässigen, aus einem guten einen noch besseren Vertreter, weil immer der stärker wird, der sich neben seiner eigenen Initiative und Erfahrung noch der aktiven Unterstützung durch einen zielstrebigen routinierten Verkaufschef erfreuen darf

Fehlerhaft sind Kontrollen angelegt,

- ▷ wenn sie pedantisch ausgeübt werden
- ▷ wenn man den Mitarbeiter in ein ausgeklügeltes, übertriebenes System von Arbeitsvorschriften und Verhaltensregeln einspannt
- ▷ wenn zu wenig Gestaltungsfreiheit geboten wird
- ▷ wenn mit Kontrollen Blossstellung vor andern verbunden wird
- ▷ wenn negative Ergebnisse in autoritärer Form vermittelt werden
- ▷ wenn der Kontrollierte das Förderliche der Kontrollen nicht spürt
- ▷ wenn alles kontrolliert wird, statt dass man die Kontrollen vorwiegend als Stichproben, allerdings ausgerichtet auf festgestellte Schwächen des Mitarbeiters, durchführt
- ▷ wenn man negative Ergebnisse nicht sauber belegt oder sich Fehlinterpretationen leistet
- ▷ wenn zwar kontrolliert wird, aber das eigene Vorbild des Chefs fehlt
- ▷ wenn die Kontrollen nicht periodisch zusammenfassenden Charakter bekommen im Sinne einer jährlichen Qualifikation
- ▷ wenn immer nur die negativen Ergebnisse besprochen werden, statt auch Lobenswertes zu erwähnen und zu verdanken!

Menschlich-organisatorische Voraussetzungen sinnvoller Überwachung

- ▷ Klar gegliederte Organisation mit klar definierten Verantwortungen
- ▷ Detaillierte Stellenbeschreibungen für Innen- und Aussendienst
- ▷ Ausreichender persönlicher Kontakt mit allen Mitarbeitern im Innen- wie Aussendienst
- ▷ Periodische Aussprachemöglichkeit zwischen Innen- und Aussendienst mit Bereinigung von Unstimmigkeiten oder Auffassungsdifferenzen
- ▷ Leistungs- und Verhaltens-Bewertung in systematisierter Form für Innen- und Aussendienst, basierend auf bewährtem Beurteilungssystem
- ▷ Auftragserteilung an die einzelnen Mitarbeiter in einwandfreier Form und unter genauer Definition von Aufgabe, Ergebniserwartung, Erfüllungstermin, gegebenenfalls Zwischenberichtsauftrag mit Termin
- ▷ Menschlich stimulierendes Zusammenarbeitsverhältnis zwischen Verkaufsleitung und Mitarbeitern sowie der Gruppen unter sich
- ▷ Festlegung der nötigen Kontrollen im Interesse einer optimalen Leistungserbringung und Bekanntmachung dieser Punkte
- ▷ Unterscheidung wo, je nach Notwendigkeit, gründlich oder nur mit Stichprobenkontrollen überwacht werden soll
- ▷ Ausrichtung von Kontrollen auf festgestellte Schwächen der Kontrollierten – Begründung und Analyse von Fehlresultaten
- ▷ Verzicht auf überdimensionierten Papieraufwand in der Kontrollarbeit
- ▷ Offene Besprechung der Resultate, unter Abstimmung des Gesprächs auf gegebene Empfindsamkeiten der Mitarbeiter – Lob für gute Arbeit
- ▷ Gemeinsames Erarbeiten von Verbesserungsmassnahmen im Gespräch mit dem Mitarbeiter
- ▷ Spätere Überprüfung, ob die Fortschritte auch tatsächlich erzielt werden konnten

Kontrollpunkte für die Überwachung von Aussendienstmitarbeitern

a) Interne, administrative Kontrollen

1. Rapportformular

▷ Wird der Rapport in vorgeschriebener Regelmässigkeit eingereicht?
▷ Wie steht es mit der Vollständigkeit/der
▷ Klarheit der Angaben?
▷ Entspricht die Zahl der Besuche ungefähr den Erwartungen?
▷ Werden Neubearbeitungen im Formular vermerkt?
▷ Ist die Zahl der Neubearbeitungen ausreichend?
▷ Wird die Route rationell eingeteilt? Ist die Fahrkilometer-Angabe notiert?
▷ Erfolgt telefonische Nachbearbeitung von Angeboten?

2. Wochenplan des Vertreters

▷ Reicht er ihn regelmässig auf Beginn der Woche ein?
▷ Sind eventuelle Sonderaufgaben darin vermerkt?

3. Spezialberichte des Vertreters

▷ Sind sie klar und objektiv abgefasst?
▷ Sind evtl. darin enthaltene Direktiven für Weiterverarbeitung unmissverständlich formuliert?

4. Kontrolle der Kundenkartei

▷ Sind die Karten vollständig ausgefüllt?
▷ Werden sie vom Vertreter regelmässig benützt und retourniert?
▷ Erfolgt laufende Nachführung von Mutationen?
▷ Werden abgesprungene Kunden gemeldet?
▷ Wird die Ausstellung von Neukarten beaufsichtigt?
▷ Reagiert der Vertreter selbständig auf auffallende Umsatzrückgänge seiner Kunden?
▷ Ist die Besuchsdichte in Ordnung?
▷ Werden faule Zahler und Kleinstkunden nicht über Gebühr besucht?

5. Anregungen des Vertreters

▷ Bemüht er sich, gute Anregungen einzureichen (Qualitäts-, Organisations-, Sortiments-Verbesserungen usw.)?

6. Marktbeobachtungen des Vertreters

▷ Beobachtet er selbständig die Konkurrenz / ihre Taktik / ihre Artikel / Kauftendenzen / Käuferwünsche / Anklang von Neuheiten / Wirkung der eigenen und fremden Werbung?
▷ Rapportiert er wichtige Beobachtungen sofort und objektiv?
▷ Nützt er die ihm weitergegebenen Beobachtungen seiner Vertreterkollegen?

7. Statistiken

▷ Wie sieht die Umsatzentwicklung in den einzelnen Vertretergebieten aus?
▷ Wie das Verhältnis zwischen direkten und indirekten Bestellungen?
▷ Wie die Artikelstatistik?
▷ Werden mindestens Stichproben gemacht über die Zahl der Bestellungen pro Vertreter, Durchschnittsgrösse der Aufträge, Umsatz pro Kunde, Akquisition von Neukunden in jedem Vertretergebiet, Verkäufe von Gelegenheitsposten, von Neuheiten?
▷ Wie sehen die Guthabenverluste pro Vertretergebiet aus?
▷ Was kostet der Vertreter in Prozenten seines Umsatzes? (Ausserordentliche Abwesenheit wie Militärdienst, Ferien und Krankheit berücksichtigen!)
▷ Was kostet ein Vertreterbesuch, ein Auftrag durchschnittlich?
▷ Sind einzelne Rayons zu gross, um vom Vertreter noch gründlich bearbeitet werden zu können?

b) Interne persönliche Kontrollen

1. Mündliche Einzelrapporte mit den Vertretern

▷ Wie ist die Stimmung des Vertreters?
▷ Wo hat der Vertreter in letzter Zeit gute Erfolge erzielt?
▷ Wo ist er auf besondere Schwierigkeiten gestossen?
▷ Liegen Wünsche vor betreffs Unterstützung durch die Firma?
▷ Hat er Anregungen irgendwelcher Art zu machen?

2. Verkaufskonferenzen und -rapporte mit allen Vertretern

▷ Mit welchem Interesse nimmt der einzelne an den Konferenzen teil?
▷ Wie steht es mit dem Fachwissen bei den einzelnen Herren?

- ▷ Lässt die Ausdrucksfähigkeit gewisser Vertreter zu wünschen übrig, wenn sie sich vor allen Anwesenden formulieren müssen?
- ▷ Können bei dem einen oder anderen fachliche oder verkäuferische Fortschritte festgestellt werden?

c) Externe persönliche Kontrollen

1. Reisebegleitung des Vertreters durch den Verkaufschef

- ▷ Wie schneidet der Vertreter ab in bezug auf Erscheinung, Auftreten, Ausrüstung, Besuchsvorbereitung, Verkehrston mit der Kundschaft, Argumentation und Vorführtechnik, Fachwissen, Dienstbereitschaft und Korrektheit der Kundschaft gegenüber, Gesprächs- und Verhandlungsführung?
- ▷ Wie steht es mit seiner Stimmung, seiner Einstellung der Firma und seinen internen Mitarbeitern gegenüber?
- ▷ Wo hat er besondere Schwierigkeiten im Verkauf oder mit der Kundschaft?

2. Kundenbesuche ohne den Vertreter

- ▷ Wie steht es mit dem Ansehen des Vertreters bei der Kundschaft? (Fachliches Ansehen, Beliebtheit dank Dienstbereitschaft und Korrektheit)
- ▷ Hat der Kunde Wünsche in bezug auf die Beratung oder Bedienung durch den Vertreter?
- ▷ Liegen Reklamationen über den Vertreter vor?

d) Indirekte Kontrollen durch Aufgabenstellung an den Vertreter

1. Einholen von schriftlichen Rapporten

Die Meinung eines Vertreters zu bestimmten Fragen oder Problemen, Plänen usw. kann wo nötig in der Weise erforscht werden, dass man ihm einen schriftlichen Rapport (evtl. mit Kritik und Vorschlägen) abfordert.

2. Beauftragung mit einer Probe-Aufgabe

Ist man sich über die Eignung eines Vertreters für eine spezielle neue oder besonders heikle Aufgabe nicht im klaren, so wird man ihn vorerst evtl. mit einer Probeaufgabe auf Bewährung prüfen.

Das sind nun insgesamt gute 80 Tips, um extern Vertreter und Vertreterarbeit zu kontrollieren. Von Branche zu Branche mögen weitere Punkte hinzukommen oder gewisse, bereits erwähnte Kontrollen können auch gegenstandslos sein, je nach den Erfordernissen einer Organisation.

e) Nebenzwecke von Kontrollen

Vergessen wir zum Schluss nicht, die verschiedenen Nebenzwecke einer sorgfältig und objektiv durchgeführten Vertreterüberwachung anzudeuten:

- ▷ Einmal wird die Autorität des Verkaufsleiters durch eine gerechte, aber mit gewisser Strenge gehandhabte Kontrolle wesentlich gefördert.
- ▷ Der Vertreter seinerseits läuft bei straffer Überwachung nicht Gefahr, seine Aufgabe zu leicht zu nehmen; er wird ihre Vielseitigkeit und die dahinter steckende Verantwortung klar erkennen. Es ist ihm so eine Berufsaufgabe gesetzt, die seinen ganzen Einsatz verlangt, die ihm bei Bewährung aber auch entsprechend grosse Genugtuung verschafft.
- ▷ Eine straffe Kontrollorganisation ist dem Vertreter nicht zuletzt auch Beweis, dass er Mitarbeiter einer Firma ist, die ihre Marktposition mit Entschiedenheit zu sichern und noch weiter auszubauen versteht.
- ▷ Die auf aktive Unterstützung hinzielende Vertreterüberwachung verleiht dem Mitarbeiter die Überzeugung, dass er in seiner Persönlichkeitsentfaltung massgeblich gefördert wird, bei gleichzeitig zunehmender Verdienstmöglichkeit.
- ▷ Je positiver eine Leistungsüberwachung gehandhabt wird, um so eher vermag sie in den Mitarbeitern Leistungsreserven zu mobilisieren und Vorsätze zu verwirklichen, die sonst unentwickelt blieben.

f) Erziehen durch Vorbild

Unsere Gedankengänge haben gezeigt, dass die Kontrollaufgabe des Vorgesetzten eine ebenso wichtige wie vielschichtige und heikle Funktion darstellt, wohl weil es beim Kontrollieren um mehr geht als um blosses Kontrollieren: es geht ums Erziehen. Charakter fordern und fördern kann nur, wer sich entscheidend um den eigenen Charakter bemüht hat und es noch weiter tun will. Novalis hat den Charakter in kühner Kürze definiert als den «vollkommen ausgebildeten Willen». Ja, es lässt sich hieraus abwandeln: Den guten Willen geschickt herausfordern, ihn beispielhaft selber pflegen und für jeden die Ziele setzen, an welchen er sich erprobe und weiterbilde – das ist Überwachung, wie wir sie uns und unseren Mitarbeitern schuldig sind!

2.7 Anerkennung und Kritik als wichtige Führungsinstrumente

Checkliste mit 62 Empfehlungen

Folgende Aussprüche sollen uns ins Thema einführen:

«Der Ausdruck der Zufriedenheit und die sachliche Fehlerkorrektur sind gewissermassen die Geländer, zwischen denen der normale Weg des Betriebslebens verläuft.»

«Nur Faulenzer und Dummköpfe machen keine Fehler – die einen, weil sie nichts tun, und die anderen, weil sie ihre Fehler nicht merken oder nicht einsehen.»

«Leicht vergessen wir unsere Fehler, wenn nur wir allein um sie wissen.»

«Jeder Fehler erscheint unglaublich dumm, wenn andere ihn begehen.»

«Tadeln ist leicht – deshalb versuchen sich so viele darin. Mit Verstand loben ist schwer – darum tun es so wenige.»

«Es ist immer ein Zeichen von Mittelmässigkeit, wenn ein Mensch nicht aus vollem Herzen loben kann.»

«Eine schöne Handlung aus vollem Herzen loben, heisst in gewissem Sinne, an ihr teilhaben.»

«Gute Taten, die immer ungepriesen verhallen, frustrieren und rauben den guten Willen, sie weiter zu tun.»

Grunderkenntnisse

- ▷ Wer leistungsbewusst ist, schätzt es, wenn man ihn auf Fehler aufmerksam macht, vorausgesetzt, dass es in angepasster Form geschieht.
- ▷ Wer Besonderes leistet, möchte auch Anerkennung finden.
- ▷ Unter Psychologen wird zwischen Anerkennung und Lob in dem Sinne unterschieden, dass sich *Lob auf die Person* und *Anerkennung auf die Leistung* beziehe. Sie sind auch der Meinung, man solle vornehmlich die Leistung anerkennen, den Menschen aber nur selten loben. Begründung: jeder Mensch sei im Verhalten Schwankungen unterworfen; wenn nun an einem Tag ein Lob ausgesprochen würde, später indessen der gleiche Mensch getadelt werden müsse, so sei das widersprüchlich. An dieser Auffassung ist sicher Wahres, und im allgemeinen tun wir besser, mit auszeichnenden Worten die Leistung des Mitarbeiters anzuvisieren, statt ihm Lob zu spenden im Sinne von «Sie sind ein grossartiger Kerl» oder ähnlichen mehr oder minder lobakzentuierten Bemerkungen.
- ▷ Falsch wäre sicher auch die Meinung «wenig tadeln und viel loben führt zum Ziel». Alle wertenden Urteile, die wir, positiv oder negativ, abgeben, verlangen einen *objektiven Massstab,* soweit ein solcher überhaupt einem Menschen möglich ist. Der mit Anerkennung oder Tadel bedachte Mitarbeiter hat ein feines Sensorium dafür, ob ein solches Urteil auf wahrer Einschätzung beruht oder nur aus Zweckgründen ausgesprochen wird. Unangebrachte, d.h. nicht verdiente Komplimente sind daher fast ebenso gefährlich, wie allzu bewusst zum Ausdruck gebrachte Strenge. Beides wird als Zweckmanöver durchschaut, wenigstens auf die Dauer, und geht daher am Ziel vorbei.
- ▷ Der Anspruch des Mitarbeiters auf gerechte Behandlung durch den Vorgesetzten schliesst einen objektiven Beurteilungsmassstab automatisch ein.
- ▷ Sind Anerkennung oder Tadel der Freiwilligkeit des Vorgesetzten anheimgestellt? Nein, es ist ebenso Pflicht des Vorgesetzten, besondere Leistungen anzuerkennen, wie ungenügende Leistungen oder Fehler des Mitarbeiters durch förderliche Kritik zu beheben. Wir nützen niemandem, dessen Fehler wir kritiklos passieren lassen, aber wir schaden der Firma, wenn wir ihre Wiederholung nicht zu vermeiden trachten.
- ▷ Anerkennung und Lob können auch indirekt ausgesprochen werden und vermögen so oft sogar stärker anzuspornen, als wenn durch zu direktes Aussprechen ein Verdacht aufkommen könnte, es würde aus «erzieherischen» Zwecken noch etwas «aufpoliert».

- ▷ Ist Anerkennung und Lob nur auf die persönliche Aussprache angewiesen? In der Regel wohl schon, aber es gibt Ausnahmen, wo eine Anerkennung in der Gruppe besondere Dankbarkeit ausdrücken soll. Dann allerdings sollten die Anwesenden den Verdienst klar erfassen, d.h. die Berechtigung der Anerkennung verstehen können. Sonst sind Missgunst und Neid derjenigen rasch geweckt, die sich gegenüber dem Gelobten zurückgesetzt fühlen.
- ▷ Für die Beanstandung haben wir zwei Stufen anzuführen: Kritik und Tadel. Im allgemeinen Sprachgebrauch versteht man unter *Kritik* die mildere Form der Beanstandung, unter *Tadel* eine akzentuierte. Psychologen unterscheiden auch hier indessen wieder etwas differenzierter: *Kritik beziehe sich auf eine Sache, Tadel auf eine Person.* Diese Interpretationsschwierigkeiten brauchen uns aber nicht zu beeindrucken. Hauptsache man wendet beides in richtiger Form an.
- ▷ Die Abneigung gegen Kritik und Tadel gehört zu den menschlichen Grundzügen. Die grosse Mehrzahl reagiert darauf «sauer», oder man kann auch sagen: persönlich. Diese Grundtatsache lässt uns einsehen, dass die Beanstandung als Führungsinstrument sehr *heikel* ist und *subtiles Einfühlungsvermögen* voraussetzt. Vor allem reagiert der Kritisierte mehr *gefühlsmässig* als *vernunftsmässig,* wenigstens im ersten Augenblick. Er fühlt sich – mindestens momentan – in seinem Selbstwertgefühl verletzt. Das ist verständlich auch aus dem Grunde: unsere Arbeit ist ein Stück von uns selbst. Und bekanntlich liebt man selbst die missratenen Kinder!
- ▷ Am geschicktesten stellt sich wohl *der* Vorgesetzte zur Aufgabe der Kritik ein, der es versteht, den anderen zur Kritik seiner selbst zu bringen. Aber das ist natürlich nicht immer möglich.
- ▷ In Anbetracht der heiklen psychologischen Situation, die wir oben schilderten, empfiehlt es sich, eine Beanstandung im *persönlichen Gespräch* anzubringen.
- ▷ *Kritik oder Tadel vor «versammelter Gemeinde»* kann nur ganz ausnahmsweise in Frage kommen: wenn z.B. der Sünder in Präsenz der anderen krass oder mehrmals disziplinarische Regeln verletzt hat.
- ▷ Würde man ihn in solchen Fällen unbemerkt auf die Seite nehmen und öffentlich noch gute Miene zum bösen Spiel machen, so entstünde der Eindruck, der Betreffende werde aus unerfindlichen Gründen geschont. Dann könnte sich auch das Vorbild im negativen Sinn übertragen, oder mindestens käme das Gefühl unberechtigter Bevorzugung respektive Benachteiligung der Gruppe auf.
- ▷ Der *eigentliche Tadel* richtet sich gegen die *innere Haltung,* gegen *nachteilige Eigenschaften* oder *schlechte Gewohnheiten.* Vielleicht will man mit ihm ein deplaziertes Selbstgefühl bewusst treffen. L. Kroeber-Kenth bemerkt dazu sehr treffend: «Sinnvoller Tadel ist ein kleiner operativer Eingriff ins seelische Gefüge, und zwar ohne Lokalanästhesie. Ob anschliessend ein schmerzlinderndes Mittel angezeigt ist, richtet sich nach der psychischen Konstitution des Patienten. Meist liegt seine Verabreichung im beiderseitigen Interesse, denn der Tadel ist ein *Misstrauensvotum hinsichtlich der Leistungsgesinnung.* Er unterbricht gewissermassen den Vertrauenskontakt zwischen den Partnern. Damit entgleitet aber der Getadelte leicht der Führung. Schon deshalb empfiehlt es sich, den Tadel *versöhnlich ausklingen zu lassen,* sei es mit einer sachlichen Belehrung, oder mit dem persönlichen Ausdruck der Hoffnung und Zuversicht, dass es von nun an besser werden möge.» (Und Goethe an Oeser: «Aufmunterung nach dem Tadel ist Sonne nach dem Regen, fruchtbares Gedeihen.») Eine leicht geknickte Haltung des Getadelten ist – wenn sie nicht gemimt ist – kein schlechtes Zeichen; es bedeutet, dass das spröde Selbstgefühl weich und aufnahmebereit geworden ist. Scheidet der Getadelte aber in Gefühlen der Bitterkeit und im Bewusstsein erlittener Ungerechtigkeit, so liegt ein Fehler der Menschenführung vor.
- ▷ Ein im Kollektiv unangebracht ausgesprochener Tadel kann leicht zu einer ungewollten Sympathisierung der anderen mit dem Getadelten führen, ja sogar zu einer feindlichen Einstellung dem Tadelnden gegenüber.
- ▷ Daher sei man mit öffentlichem Tadel sehr spärlich und beschränke sich auf jene Fälle, die nichts anderes zulassen, z.B. wenn der Betroffene einen Mitarbeiter öffentlich kränkt oder misshandelt.

Voraussetzungen für ein fruchtbares Kritikgespräch:

- ▷ Ziel der Kritik ist nicht Strafe, sondern Besserung. Daher muss auch zuerst eine Atmosphäre der Bereitschaft zur Aufnahme der Kritik geschaffen werden. Oft wird vor dem Tadel Anerkennung für etwas anderes ausgesprochen, um die Kritik zu objektivieren.

▷ Es soll so der Eindruck vermieden werden, man sei als Vorgesetzter von einer schlechten Laune beherrscht oder man kritisiere aus Lust am Kritisieren. Natürlich verlangt diese Taktik eine elastische Überleitung der nachherigen Kritik. Ferner ist besonders wichtig, dass nie mit Vermutungen, Vorhaltungen und Anklagen begonnen wird, für die der tatsächliche Beweis nicht unbedingt erbracht ist. Dann dient allein die vorsichtige Fragestellung zur Abklärung des Tatbestandes, bevor überhaupt eigentlich Kritik geübt werden kann. Man hüte sich strikte, Beschreibungen von Dritten zum vornherein als erwiesene Tatsachen hinzunehmen; nie sollte man auf bloss Gehörtes hin zu Vorwürfen schreiten. Oft wurde die Situation einseitig, unvollständig und sogar gefälscht dargestellt; nur eine sorgfältige Analyse ergibt eine verlässliche Ausgangslage. Nicht selten stösst man dabei auf Umstände, die das Ganze in völlig anderer Beleuchtung erscheinen lassen. Unerlässlich ist ferner ein gutes Zuhörenkönnen, wenn der Mitarbeiter Stellung bezieht. Auf keinen Fall sollte man ihn unterbrechen, selbst wenn er im Moment etwas abschweift. Notfalls kann man mit geschickt eingeblendeter Frage straffen. Ebenso ist direktes Widersprechen ein Verhandlungsfehler.

▷ Am Schluss sollte ein versöhnliches Wort gefunden werden, oder man kann wiederum mit *Anerkennung anderer Leistungen* aufzeigen, dass man objektiv zu sein bestrebt ist. (Sandwich-Taktik: Anerkennung – Kritik – Anerkennung).

▷ Der «*Krach*» sollte absoluten Seltenheitswert besitzen. Er stellt sozusagen das letzte Mittel dar und kommt nur dann in Frage, wenn vorher andere, behutsamere Mittel versagt haben. Lautpsychologisch ist «Krach» ein treffender Ausdruck, weil er etwas von der jähen Explosion vermittelt, die sich in solchen Fällen gern vollzieht. «Krach» wird man selten spielen, aber unbewusst steht doch wohl vielfach der Gedanke hinter ihm, dass mit einer *Schockwirkung* – wenigstens bei gewissen Leuten – oft viel zu erreichen ist. Bei anderen Leuten wiederum kann er den Zweck völlig verfehlen. Ausserdem kostet der Krach Nerven und Gallenabsonderung, was beides ungesund ist.

Zusammenfassung der fehlerhaften Vorgehen beim Anbringen von Anerkennung oder Kritik:

a) Falsche Wege der Anerkennung

▷ Lob an die falsche Adresse
▷ Lob unter Umgehung des Dienstweges ohne Information des betreffenden Vorgesetzten
▷ Allgemein gehaltene Lobhudelei oder Schmeichelei
▷ Lob verbunden mit Anschwärzung eines Dritten
▷ Zu häufiges Lob: Lob sollte nur bei besonderer Leistung oder regelmässiger guter Leistung ausgesprochen werden
▷ Längeres Warten, bis Anerkennung ausgesprochen wird
▷ Reines Zwecklob, mit dem man etwas hintenherum zu erreichen versucht
▷ Lob als Ersatz für andere Leistungen von oben wie z.B. Beförderung, Lohnerhöhung usw. (billiges Lob)
▷ Zuleitung von Lob via Drittpersonen, statt es als Vorgesetzter direkt zu vermitteln
▷ Lob an die Adresse einzelner, wo doch eine ganze Gruppe eine lobenswerte Leistung vollbracht hat
▷ Lob der Person statt ihrer Leistung, ihres guten Verhaltens usw.
▷ Lob in vager Form statt präzise definiertes Verdienst

b) Falsche Wege der Kritik

▷ Kritik im Affekt (macht ungerecht, führt zu Übertreibung)
▷ Kritik vor Drittpersonen (stellt bloss, ist peinlich für die anderen)
▷ Kritik via Drittpersonen (wird durch Zuleitenden gerne abgeschwächt oder mit «Pfeffer» versehen – Kritisierter kann sich nicht rechtfertigen)
▷ Kritik gegenüber einer Gruppe, wenn nicht alle wirklich mitschuldig sind (Verletzung Unschuldiger in der Gruppe)
▷ Unsachliche Kritik (ist ungerecht, übertreibt)
▷ Entmutigende Kritik (demotiviert und frustriert)
▷ Herabsetzende Kritik (zerstört den guten Willen, schafft Hass)
▷ Kritik ohne genaue Klärung des Verschuldens oder der Hintergründe der Fehlhandlung (Kritisierender blamiert sich selbst; kann zu Ungerechtigkeit führen)
▷ Kritik zum falschen Zeitpunkt (setzt Aufnahmebereitschaft herab)
▷ Kritik am falschen Ort (behindert freie Auseinandersetzung)

- ▷ Stillschweigende Kritik (sich verstimmt geben genügt nicht, ein Aussprechen ist unerlässlich)
- ▷ Indirekte ironische, sarkastische oder zynische Kritik (verletzt, ruft Hass hervor)
- ▷ Aufbauschende Kritik (wird als unsachlich und herabsetzend empfunden)
- ▷ Kritik im Monologstil (es fühlt sich einer überfahren, wenn er sich nicht wehren kann)
- ▷ Nachträgerische Kritik (Zurückkommen auf alte Sünden, die sich nicht wiederholt haben, wirkt kleinlich, destruktiv)
- ▷ Kritik an Person statt an ihrer Leistung, ihrem Verhalten (wirkt pauschalisierend, menschlich herabsetzend)
- ▷ Aufgestaute Kritik statt baldige, fallbezogene Aussprache (gibt keine vorherigen Verbesserungschancen – riecht nach Antipathie)
- ▷ Moralisierende und pedantische Kritik (wirkt unehrlich und kleinlich)
- ▷ Aufforderung zur Selbstkritik (Blossstellung macht uneinsichtig)

2.8 Qualifikationswesen für den Innen- und Aussendienst

Checkliste mit 62 Anregungen und Liste der Beurteilungsmerkmale

Warum überhaupt ein Qualifikationswesen?

▷ Leistungs- und Verhaltens-Bewertung ist ein wichtiger Bestandteil moderner Führung
▷ Leistungsoptimierung ist Voraussetzung für längerfristige Existenz im Verdrängungswettbewerb
▷ Ein gutes Qualifikationswesen zeigt, wo geholfen und gefördert werden muss, wo die Erfahrung vermehrt und die Führung effizienter gestaltet, wo Anerkennung ausgesprochen werden kann
▷ Es ist auch Bestätigung des Partnerschaftsverhältnisses zwischen Vorgesetztem und Mitarbeitern, Ebene für offene Aussprache und gleichzeitig Standortbestimmung für die Qualifizierten
▷ Ein gutes Qualifikationswesen bedeutet auch Förderung des eigenverantwortlichen Denkens und Handelns auf beiden Seiten
▷ Gerechte Mitarbeiter-Beurteilung schafft die Basis für eine leistungsgerechte Entlöhnung
▷ Leistungs- und Verhaltens-Bewertung ist schliesslich auch Grundlage für eine systematische und gerechte Nachwuchsförderung
▷ Selbstbeurteilung reicht in der Regel nicht aus, weil man oft eigene Fehler nicht bemerkt und vier Augen mehr zu erfassen vermögen als nur zwei
▷ Dem Tüchtigen ist ein gutes Qualifikationswesen Garant dafür, dass seine Fähigkeiten erkannt, er gefördert und auch entsprechend besser bezahlt werden kann als andere mit weniger guten Leistungen

Nach welchen modernen Erkenntnissen qualifiziert man heute?

▷ In der Regel jährlich
▷ Nach entsprechender Erläuterung der Vorteile des Qualifikationswesens gegenüber den zu Qualifizierenden und Erklärung des systematischen Ablaufes einer Mitarbeiter-Beurteilung
▷ Unter Einsatz eines Qualifikationsbogens, der massgearbeitet Beurteilungsmerkmale enthalten muss, die in ihrer Gesamtheit den fachlichen und verhaltensmässigen Anforderungen einer Position zu entsprechen haben und so dokumentarische Form erlangen
▷ Nach Massgabe systematischer Beobachtung der Leistungen und Verhaltensweisen des Qualifizierten in der betreffenden Qualifikationsperiode
▷ In offener Aussprache über die vorgenommene Beurteilung, zu welcher sich der Qualifizierte im einzelnen äussern soll zwecks Feststellung des Grades der Übereinstimmung,
▷ wobei der Qualifizierte gleichzeitig einzuladen ist, zur direkten Zusammenarbeit mit seinem Vorgesetzten auch seinerseits Stellung zu beziehen (Anregung von Verbesserungen, falls solche aus der Sicht des Mitarbeiters angestrebt werden sollten und Bestätigung der guten Zusammenarbeit dort, wo sie – wiederum aus seiner Sicht – angenehme Formen gefunden hat)
▷ Es qualifiziert immer der direkte Vorgesetzte, evtl. zusammen mit einem möglicherweise noch zusätzlich vorhandenen Fachvorgesetzten für dessen Zusammenarbeitsbereich mit dem zu Qualifizierenden (Ausnahme: der nächst höhere Chef, wenn das Zusammenarbeitsverhältnis zwischen dem zu Qualifizierenden und seinem direkten Vorgesetzten momentan sehr angeschlagen erscheint und emotionsloses Qualifizieren durch letzteren nicht gewährleistet wäre)
▷ Dem Qualifizierten ist volle Einsicht in den ausgefüllten Qualifikationsbogen zu geben und er hat die Kenntnisnahme der getroffenen Beurteilungen zu visieren, wobei er das Recht hat, eine mögliche andere Ansicht auf dem Qualifikationsbogen zu vermerken
▷ Es hat sich bewährt, den Qualifikationsbogen unausgefüllt dem zu Qualifizierenden 10 Tage vor Durchführung des Qualifikationsgesprächs auszuhändigen, damit er sich selbst auch Gedanken machen kann, wie man ihn objektiv in den einzelnen Punkten einstufen sollte (Förderung der Selbstbeurteilung und bessere Vergleichsbasis für die Besprechung der nachher vonseiten des Vorgesetzten vorliegenden Beurteilungen)
▷ Ein brauchbares Qualifikationssystem umfasst die Beurteilung aller Mitarbeiter, also auch der Vorgesetzten selbst durch deren Vorgesetzte
▷ Eine Verkürzung des Bewertungszeitraumes ist dann am Platz, wenn bei einem Mitarbeiter oder Vorgesetzten eine auffallende Leistungsverschlechterung festzustellen ist und Verbesserung mit allen Mitteln anzustreben ist (drei- oder sechsmonatliche Bewertung)

▷ Ein Beizug früherer Beurteilungsunterlagen sollte zu gewünschtem Vergleich erst erfolgen, wenn die neue Beurteilung unbeeinflusst von den letzten Ergebnissen schon stattgefunden hat
▷ Ein Beizug der Stellenbeschreibung des zu Qualifizierenden ist vorteilhaft für die Lückenlosigkeit der Beurteilung und deren Zuspitzung auf die Haupt- und Nebenaufgaben sowie Stellvertretungsfunktionen
▷ Der Qualifizierende muss sich hüten vor Beeinflussung durch Sympathien und Antipathien gegenüber dem betreffenden Mitarbeiter oder vor Beeinflussungen von seiten Dritter, es sei denn, dass diese Beeinflussungen auf überprüfte Fakten zurückgehen
▷ Niemals darf er unter Zeitdruck den Qualifikationsbogen ausfüllen und/oder das Qualifikationsgespräch führen
▷ Das Qualifikationsgespräch sollte in gelockerter Atmosphäre stattfinden, keinesfalls im Monologstil geführt werden, sondern den aufrichtigen Meinungsaustausch anstreben
▷ Vorgesetzte müssen vor dem ersten Qualifizieren mit dem Beurteilungssystem in allen Aspekten vertraut gemacht und für die Führung von Beurteilungsgesprächen intensiv geschult werden (Übungsstil)
▷ Einen sehr strengen eigenen Leistungsmassstab darf der Vorgesetzte nicht uneingeschränkt auf den Mitarbeiter übertragen wollen, schliesslich hat der Vorgesetzte ja höhere Verantwortungen zu tragen und zudem wird er dafür auch besser bezahlt.
▷ Manipulierte Beurteilungen (z.B. um Schwierigkeiten mit einem zu kritisierenden Mitarbeiter aus dem Weg zu gehen) sind ein ganz bedenklicher Verstoss gegenüber Treu und Glauben, sowohl der Firma wie dem Mitarbeiter gegenüber – sind nicht zuletzt Beweis der Führungsunfähigkeit des betreffenden Vorgesetzten
▷ Der Qualifikationsbogen ist nach dem Qualifikationsgespräch dem nächsthöheren Vorgesetzten zur Visierung zuzuleiten. Liegen auseinanderklaffende Beurteilungsauffassungen zwischen Qualifiziertem und seinem direkten Vorgesetzten vor, so hat ein Gespräch zwischen den 3 Personen stattzufinden, unter Leitung des höheren Vorgesetzten, zum Zwecke eines Ausgleichs der Standpunkte, wo immer möglich
▷ Qualifikationsunterlagen sind von der Personalabteilung unter Diskretionsverschluss aufzubewahren
▷ Qualifikationsgespräche dürfen nicht kurz oder unmittelbar vor der Neufestlegung von Löhnen durchgeführt werden, weil man so den zu Qualifizierenden fast automatisch zum Lohnkämpfer im Beurteilungsgespräch macht – zeitliche Absetzung um 2–3 Monate empfiehlt sich somit
▷ Wichtige Schlusserkenntnis, die ernst zu nehmen ist: wer qualifiziert, der qualifiziert sich auch selbst!

Beurteilungsmerkmale für den Aussendienst

a) Persönlichkeitsmerkmale

▷ Kontaktvermögen
▷ Einsatzfreudigkeit
▷ Selbständigkeit
▷ Einfühlungs- und Identifikationsvermögen
▷ Überzeugungskraft/Begeisterungsvermögen
▷ Repräsentationsvermögen/Auftreten
▷ Allgemeinbildung
▷ Ausdrucksvermögen/Wortschatz

b) Berufskenntnisse

▷ Fachwissen
▷ Anwendungswissen/Fachkönnen
▷ Konkurrenzkenntnisse

c) Arbeitstechnik/Verkaufstechnik

▷ Planungsvermögen/Arbeitssystematik
▷ Akquisitions-Technik (Gewinnung neuer Kunden, Rückgewinnung verlorener Kunden)
▷ Beratungstechnik/Argumentationstechnik
▷ Verhandlungstechnik
▷ Demonstrationstechnik
▷ Abschlusstechnik

d) Verhaltensmerkmale

▷ Einstellung zu Aufgabe und Firma
▷ Verhalten gegenüber Kollegen im Innen- und Aussendienst
▷ Verhalten gegenüber Vorgesetzten

e) Führungsmerkmale

(wenn zu Beurteilender auch Vorgesetzter, zum Beispiel Chefvertreter ist)

▷ Führungstechnik
▷ Autorität
▷ Entscheidungsvermögen
▷ Delegationsvermögen
▷ Informationsbefähigung
▷ Motivationsbefähigung
▷ Instruktionstalent
▷ Kontaktfähigkeit

▷ Überzeugungskraft
▷ Überwachungstechnik

f) Statistische Ergebnisse

(Merkmale je nach Möglichkeit statistischer Erfassung wichtiger Fakten wie Umsatz, neugewonnene Kunden, verlorene Kunden, Zahl der Reklamationen über den Vertreter usw.)

Schlussbemerkung

Für den Verkaufs-Innendienst müssen Beurteilungsmerkmale ausgelesen werden, die den dortigen Funktionsanforderungen ebenso genau entsprechen.

2.9 Vorbereitung, Steuerung und Auswertung von Beurteilungsgesprächen

Checkliste mit 55 Tips – gültig auch für das Qualifizieren des Innendienstes

Merkpunkte für die Vorbereitung des Qualifikations-Gesprächs

▷ Während der Qualifikationsperiode systematisch beobachten, wesentliche Fakten notieren, besonders auch typische Verhaltensweisen
▷ Qualifikations-Datum dem Mitarbeiter rechtzeitig bekanntgeben
▷ Ihn auffordern, sich durch Notizen auf das Gespräch seinerseits vorzubereiten, oder gleiches Qualifikationsblatt zum vergleichsmässigen Ausfüllen aushändigen
▷ Stellenbeschreibung des Mitarbeiters studieren, um auch daraus Anhaltspunkte für die Beurteilung der Aufgabenerledigung im einzelnen zu gewinnen
▷ Ort und Zeit so bestimmen, dass Störungen ausgeschlossen sind
▷ Bei Vorhandensein einer momentanen Spannung in der Beziehung zum Mitarbeiter, Qualifikations-Gespräch lieber verschieben, damit Spannung oder Ressentiments erst abklingen
▷ Qualifikations-Unterlage sorgfältig ausfüllen
▷ Einstimmenden Gesprächsbeginn vorbereiten
▷ Besondere Schwächen oder Stärken eruieren
▷ Falls Versetzung, Beförderung oder Erweiterung der Aufgabe in Frage steht, Möglichkeiten mit übergeordnetem Chef vorgängig des Qualifikationsgesprächs besprechen
▷ Besondere Fragen notieren, auch Zielsetzungen, sofern gegeben

Merkpunkte für die Durchführung des Beurteilungs-Gesprächs

▷ Freundlich begrüssen, aber natürlich bleiben
▷ Mitarbeiter nicht tiefer plazieren oder so, dass er ins grelle Licht blicken muss
▷ Partner auf Zweck der Aussprache einstimmen
▷ Einleitung aber nicht zu lange dehnen
▷ Nicht monologisieren
▷ Fragetechnik benützen, um den Mitarbeiter zu aktivieren
▷ Mitarbeiter ausdrücklich bitten, am Schluss auch seine Wünsche und Kritik auf den Tisch zu legen
▷ Keine unangenehmen Suggestiv-Fragen stellen, die den anderen unter Zwang setzen
▷ Nur Zahlen und Fakten einsetzen, keine unbeweisbaren Behauptungen aufstellen
▷ Verständlich bleiben
▷ Wichtige Einzelheiten notieren, aber nicht laufend notieren
▷ In bestimmten Punkten den Mitarbeiter zur Selbstbeurteilung einladen
▷ Steuern, aber nie vergewaltigen
▷ Besondere Empfindlichkeiten berücksichtigen
▷ Nie selbst affektiv reagieren
▷ Gespannte Atmosphäre vermeiden
▷ Keine Unterbrechungen, keine Verhöratmosphäre
▷ Verdientes Lob aussprechen
▷ Nie in Palaver oder pedantische Wortklauberei ausarten
▷ Gegenkritik nicht übelnehmen, aber grundsätzlich begründen lassen
▷ Eigene Fehler zugeben
▷ Sich nicht um den Brei herumdrücken
▷ Sich nicht zeitknapp geben, höchstens unmerklich straffen
▷ Intimsphäre des anderen respektieren
▷ Beim Formulieren helfen, wenn der andere ungelenk oder gehemmt ist
▷ Neue Zielsetzungen miteinander erarbeiten, sofern angezeigt
▷ Meinungsausgleich in Streitfragen anstreben
▷ Massnahmen für Verbesserungen aufzeigen oder gemeinsam erarbeiten
▷ Gerüchten auf den Grund gehen
▷ Zuträgerei weder dulden, noch herausfordern: nicht zulassen, dass zur Hauptsache über andere gesprochen wird
▷ Keine Nachträglichkeit zeigen, keine «alten Schubladen» herausziehen, wenn Fehler inzwischen nicht mehr passiert ist
▷ Sich klares Bild auch über die Handlungsmotive des anderen verschaffen
▷ Beurteilung des Zusammenarbeitsverhältnisses aus seiner Sicht ausdrücklich anregen, wenn der Untergebene nicht von selbst darauf zu sprechen kommt
▷ Wichtige Punkte am Schluss nochmals zusammenfassen

- ▷ Das Gespräch auch dann versöhnlich ausklingen lassen, wenn der Mitarbeiter in gewissen Punkten eine andere Meinung vertreten hat
- ▷ Beurteilungs-Bogen visieren lassen, wenn er ergänzt ist oder Fehlansichten des Qualifizierenden korrigiert werden konnten

Merkpunkte für die Auswertung des Qualifikations-Gesprächs

- ▷ Allenfalls nötig erscheinende Kommentare zum Beurteilungs-Bogen ausarbeiten
- ▷ Beurteilungs-Bogen dem nächsthöheren Vorgesetzten zum Visieren geben
- ▷ Konsequenzen der Beurteilungsresultate überdenken, Massnahmen verwirklichen
- ▷ Begangene eigene Fehler (Führungs-, Einschätzungs- und Behandlungsfehler) sich nochmals klarlegen und ihre Behebung konsequent anstreben
- ▷ Kontrollen vormerken, die nötig sind, um dem Mitarbeiter die von ihm zugegebenen Mängel «abzugewöhnen»
- ▷ Sich überlegen, ob die durchgeführte Beurteilung den guten Regeln entsprochen hat, oder welche Punkte man sich im Sinne einer Verbesserung merken muss
- ▷ Kopie des Beurteilungs-Bogens an Personalabteilung weiterleiten
- ▷ Beurteilungs-Bogen grundsätzlich unter Verschluss aufbewahren, bis sie beim nächsten Bewertungs-Durchgang wieder gebraucht werden (vergleichsweise)

Schlussgedanken

Die Praxis zeigt, dass Leistungsbewertung von allen Beteiligten (Arbeitnehmer, Arbeitgeber, Vorgesetzten, ja sogar Gewerkschaften) sehr geschätzt und nicht mehr gemisst werden möchte, wenn sie nur einigermassen nach vernünftigen Regeln durchgeführt wird. Indessen lässt sich jedes System mit der Zeit noch verbessern. Jedenfalls sollte man – nach Einführung und auch später in grösseren Abständen – durch Erfahrungsaustausch unter den Vorgesetzten wie auch durch Befragen der Mitarbeiter ohne Führungsfunktion gewisse noch vorhandene Mängel ausfindig machen und zu beheben trachten.

2.10 Kampf der Personalfluktuation im Innen- und Aussendienst

Checkliste mit 61 Anregungen

Grundsätzliches

Personalfluktuation bedeutet eigentlich Personal-Umschwung, -Wechsel, -Verlust. Fluktuation meint als Wort Hin- und Herfluten.

Eine *kleine Fluktuation* bedeutet Stabilität im Personalkörper, ist Ausdruck guter Führung und sozialer Atmosphäre.

Eine *grosse Fluktuation* sollte als Alarmzeichen verstanden werden. Sie ist Ausdruck davon, dass im menschlichen Bereich vieles nicht stimmt, dass mangelhaft geführt wird und es im sozialen Bereich an wichtigen Erkenntnissen und konsequenter Haltung fehlt. Vor allem kostet eine grosse Fluktuation auch viel Geld für Anwerbung und Einführung neuer Kräfte, die im übrigen erst nach geraumer Zeit zu einer vollen Leistung anlaufen können – wenn sie nicht schon vorher wieder kündigen...

Überbetriebliche Ursachen der Fluktuation können sein

▷ Konjunkturabschwächung mit sich änderndem Arbeitsangebot
▷ Verkehrs- und Wohnverhältnisse mit unterschiedlicher Anziehungskraft
▷ Technologische Entwicklungen
▷ Jahreszeitlich bedingte Einflüsse

Persönliche Ursachen der Fluktuation

▷ Tätigkeit gefällt nicht, man fühlt sich am falschen Platz
▷ Wunsch nach materieller Besserstellung, besseres Angebot von einer anderen Firma
▷ Streben nach besseren Wohnbedingungen (kürzerer/bequemerer Arbeitsweg, grössere Wohnung)
▷ Günstigere Steuerverhältnisse in anderen Gemeinden
▷ Wunsch nach mehr Weiterbildungsmöglichkeiten (Schulen, Ausland)
▷ Fehlende persönliche Fachkenntnisse oder andere fehlende Fähigkeiten
▷ Änderung in den Familienverhältnissen

Betriebliche Ursachen

▷ Schlechte Führung
▷ Differenzen mit Vorgesetzten oder Kollegen
▷ Schlechtes Betriebsklima
▷ Überforderung am Arbeitsplatz
▷ Ungenügende Bezahlung, unterdurchschnittliches Lohnniveau
▷ Fehlende Aufstiegsmöglichkeiten
▷ Unzureichende Einführung neuer Mitarbeiter
▷ Informationsmanko, besonders im Kaderbereich

Abhilfemöglichkeiten gegenüber grösserer Fluktuation

▷ Statistische Erfassung der Grösse der Fluktuation und Vergleich mit ähnlich gelagerten Unternehmen
▷ Analyse der Austrittsursachen, Führen diesbezüglicher Austrittsgespräche
▷ Mitarbeiterbefragung, periodisch, hinsichtlich Zufriedenheit und möglicher Verbesserung der Führung, Organisation, des Klimas, des Sozialwesens, der Zusammenarbeit
▷ Anstreben eines gerechten Lohnsystems
▷ Ehrliche Versprechungen in Anstellungsverhandlungen
▷ Offenheit in der Zusammenarbeit
▷ Pflege des Menschlichen
▷ Optimierung des Betriebsklimas
▷ Vorbildliche Haltung von Geschäftsleitung und Vorgesetzten
▷ Optimierung der Organisation, um Reibungsflächen auszuschalten
▷ Verdiente Anerkennung aussprechen
▷ Konflikte realisieren, rasch, aber vorsichtig eingreifen
▷ Verbesserungsvorschläge ernst nehmen
▷ Führungsgespräche führen
▷ Klima in der Gruppe beachten und als Vorgesetzter positiv beeinflussen
▷ Mitarbeiter gründlich einführen, auch menschlich eingliedern

- ▷ Bevorzugung eigener Mitarbeiter bei Besetzung oder Neuschaffung von Stellen, sofern Befähigung im wünschbaren Ausmass erbracht
- ▷ Gutes bieten in Sachen Aus- und Weiterbildung
- ▷ Versprechen in der Zusammenarbeit halten
- ▷ Leistungs- und Verhaltensbewertung einführen, wenn nicht schon geschehen – Karriereplanung damit verbinden, wo angebracht
- ▷ Kritik nur in förderlicher, helfender Form anbringen
- ▷ Sich auch persönlicher Sorgen der Mitarbeiter annehmen
- ▷ Verselbständigung der Mitarbeiter anstreben, sie mitreden und mitbestimmen lassen, wo immer möglich
- ▷ Periodisch Zielvereinbarungsgespräche durchführen
- ▷ Sozialwesen im Rahmen des Vernünftigen pflegen
- ▷ Geregeltes Beschwerdewesen (3 Stufen: Gesuch um Wiedererwägung, Rekurs an den nächsthöheren Vorgesetzten, Beschwerde an die Geschäftsleitung) institutionalisieren
- ▷ Mittel- und langfristige Personalplanung einführen
- ▷ Personalpolitik formulieren
- ▷ Systematische Nachwuchsförderung betreiben
- ▷ Gesundheitszustand bei Neueinstellungen und Beförderungen mitberücksichtigen
- ▷ Beauftragter verantwortlich machen für ein gutes betriebliches Informationswesen
- ▷ Stellenbeschreibungen für klare Kompetenzabgrenzung und Verhinderung von Konflikten erarbeiten
- ▷ Vorgesetzte in der Technik des Instruierens, des Delegierens, des Kommunizierens und des Motivierens ausbilden
- ▷ Geschäftsleitung das Zusammenspiel zwischen oberem und unterem Kader, zwischen den Abteilungen überwachen lassen
- ▷ Über- und Unterbelastungen einzelner erfassen
- ▷ Möglichen Kündigungswünschen auf die Spur kommen und rechtzeitig den Dialog einleiten
- ▷ Sicherheits- und Unfallverhütungsvorschriften strikte beachten
- ▷ Aushilfspersonal sinnvoll zur Engpassbewältigung einsetzen
- ▷ Arbeitshygienisch und arbeitsphysiologisch das Nötige tun, um unzumutbare Arbeitsbedingungen auszuschliessen
- ▷ Vorschlagswesen einführen und fortgesetzt anregen
- ▷ Arbeitsvorbereitung und Einsatzplanung in allen Bereichen organisieren

Alle diese Punkte sind direkt oder indirekt von Einfluss auf die Personalfluktuation!

2.11 Austrittsgespräche richtig führen

41 Tips

Warum Austrittsgespräche?

- ▷ Überblick über Fluktuationsgründe
- ▷ Kontrolle über Arbeitsverhältnis eines Kündigenden
- ▷ Kontrolle über direkten Vorgesetzten
- ▷ Massstab für Personalpolitik
- ▷ Dito für Organisation und Betriebsklima
- ▷ Möglichkeit einer Rückgängigmachung der Kündigung
- ▷ Verhinderung des «Domino-Effektes» (Austritts-Psychose)
- ▷ Jahresstatistik über Fluktuationsrate

Durch wen sollen Austrittsgespräche geführt werden?

- ▷ Durch direkten Vorgesetzten
- ▷ Durch Personalchef oder im kleinen Betrieb durch Firmeninhaber/Direktor
- ▷ In Problemfällen evtl. durch Betriebspsychologen, Personalfürsorgerin, freien Personalberater

Wann ist ein Gespräch fällig?

- ▷ Anlässlich Kündigung (durch Vorgesetzten oder je nach Fall durch Personalchef oder im kleinen Betrieb durch Inhaber, nicht aber ohne vorheriges Gespräch mit dem direkten Vorgesetzten, um gut vorbereitet zu sein)
- ▷ In Spezialfällen (Verlieren eines sehr guten, langjährigen Mitarbeiters, dessen Austrittsgrund nicht ausreichend klargestellt werden konnten) kann freundschaftlich ein Kontakt nach Wochen oder Monaten angestrebt werden, vielleicht am besten durch einen Kollegen, der noch in der Firma arbeitet. Evtl. liessen sich die Austrittsgründe zu diesem Zeitpunkt auch durch einen Unternehmensberater oder Psychologen ventilieren.

Wie will ein Austrittsgespräch geführt sein?

- ▷ Freundlich zum Gespräch einladen
- ▷ Zu Beginn das Gespräch positiv einstimmen
- ▷ Bedauern, dass es zur Kündigung kam
- ▷ Bezug nehmen auf die angegebenen Gründe oder diese erfragen
- ▷ An Bereitschaft zur rückhaltlosen Aussprache appellieren
- ▷ Fragen, was er sich vom Wechsel verspreche, ob er Gelerntes weiterverwenden könne
- ▷ Nach vorbereiteter Checkliste abtasten, wo evtl. Mängel empfunden werden (Organisation, Vorgesetzter, Betriebsklima, Informationswesen, Zusammenarbeit mit Kollegen/anderen Abteilungen/Chefs, Eingliederung, Förderung, Gehalt/Lohn, Selbständigkeit, zu hohe Anforderungen, uninteressante Arbeit)
- ▷ Fragen, unter welchen Umständen er sich evtl. eine Rückkehr in die Firma vorstellen könnte (Frage, die natürlich nur an wertvolle Mitarbeiter gestellt werden kann)
- ▷ Wenn opportun, sich späteren Kontakt vornehmen
- ▷ Nochmals Bedauern aussprechen und freundlich verabschieden

Auswertung des Austrittsgesprächs

- ▷ Evtl. begangene Fehler analysieren
- ▷ Vorgesetzten orientieren, sofern angebracht
- ▷ Aktennotiz in Dossier
- ▷ Berücksichtigung des Falles in der Fluktuations-Statistik
- ▷ Konsequenzen ziehen aus wichtigen Beobachtungen oder Mitteilungen
- ▷ Massnahmen treffen, falls die Kündigung einen Anstoss zu Verbesserungen gegeben hat
- ▷ Vormerknahme für Personalmutationen
- ▷ Evtl. Hauszeitschrift weiter an Ausgetretenen zustellen, um auf diesem Wege Kontakt zu wahren
- ▷ Evtl. persönlichen späteren Kontakt planen und terminieren zwecks Sondierung einer Mitarbeiter-Rückgewinnung
- ▷ In periodischen Übersichten an Chef-Konferenzen über bedauerliche Austritte orientieren und diskutieren, wie solche Fälle nach Möglichkeit vermieden werden können
- ▷ Sich versichern, dass neue Mitarbeiter gut eingeführt und auch nachher menschlich gepflegt werden

Schlussbemerkungen

- ▷ Wenn ein Mitarbeiter im Streit ausscheidet, so ist das immer schlecht (aber nicht immer vermeidbar, denn die Schuld kann ja auch einseitig beim Ausscheidenden liegen).
- ▷ Schon oft ist es vorgekommen, dass Kündigende ihre Kündigung nach freundschaftlichem Gespräch zurückzogen.
- ▷ Es ist erwiesene Tatsache, dass viele ausscheidende gute Mitarbeiter später in ihren Erwartungen getäuscht werden und gerne wieder zurückkehren würden, wenn sie nicht befürchteten, dabei ihr Gesicht zu verlieren (Voraussetzung natürlich, dass der frühere Betrieb zu keinen wesentlichen Klagen Anlass gab).
- ▷ Ebenso sind jedoch in Abertausenden von Fällen frühere Mitarbeiter wieder in die alte Firma zurückgekehrt, wenn man es ihnen durch Kontaktnahme erleichterte.
- ▷ Es zahlt sich für das Image der Firma aus, wenn man versucht, auch mit weniger angenehmen Mitarbeitern freundlich auseinanderzugehen.
- ▷ Wenn jeder Vorgesetzte weiss, dass man aus Prinzip gründliche Austrittsgespräche führt, so gibt sich jeder auch mehr Mühe, durch persönlichen Kontakt mit den Mitarbeitern deren Zufriedenheit im Rahmen des Möglichen zu sichern und evtl. Austrittsgedanken rechtzeitig zu erspüren.

2.12 Optimierung der Information im Verkaufsbereich

Checkliste mit 55 Anregungen

Warum nötig?

- ▷ Informationsvorsprung im umstrittenen Markt von heute entscheidet über Erfolg oder Misserfolg
- ▷ Informationsbewusstsein ist unabdingbare Soll-Eigenschaft des Verkaufsverantwortlichen
- ▷ Informationsbereitschaft ist Bestätigung für vorhandenes Partnerschaftbewusstsein als Ausdruck richtigen Marketing-Denkens
- ▷ Ausreichende Information ist Voraussetzung für zielgerichtetes Handeln gegenüber den Marketing-Partnern
- ▷ Laufende gute Information ist dem Mitarbeiter Beweis für unternehmerisches Denken der Firma, Sicherung somit auch der Zukunft
- ▷ Nur wer sich gut informiert fühlt, kann selbst als Mitarbeiter eigene Informationsqualität entfalten

Welche hauptsächlichsten Informationen benötigen wir im Verkauf?

a) betriebsintern

- ▷ Zielsetzungen der Geschäftsleitung als Leitbild für die unternehmerische Tätigkeit
- ▷ Informationen über betriebliche Vorhaben von Bedeutung kurz-, mittel- und langfristig gesehen (Entwicklung/Forschung/Organisation/Investitionen/Marketing/Schulungsaktivitäten)
- ▷ Erfolgs- und Misserfolgsresultate
- ▷ Budget-Vorgaben in realistischer Form
- ▷ Sachliche und personelle Informationen von Bedeutung

b) vom Markt her

- ▷ Trends und technologische Entwicklungen
- ▷ Neuheiten
- ▷ Neue Konkurrenz
- ▷ Information über Einführung und Bewährung neuer Produkte
- ▷ Zusammenarbeitsmöglichkeiten mit anderen Marktpartnern
- ▷ Branchenbesonderheiten
- ▷ Exportchancen
- ▷ Abnahmekapazitäten der Kunden
- ▷ Umsatzzahlen
- ▷ Werbeerfolge
- ▷ Ausstellungserfolge
- ▷ Personelle Mutationen bei wichtigen Kunden

c) zum Markt hin

- ▷ über neue Produkte und neue Technologien
- ▷ über neue Anwendungstechniken
- ▷ über Kundenpersonal-Schulungen
- ▷ über neue Dienstleistungen
- ▷ über Preisänderungen
- ▷ über organisatorische Änderungen, die Kundschaft betreffend
- ▷ über Markterfolge besonderer Art
- ▷ über personelle Wechsel, die Kundschaft in der Zusammenarbeit betreffend
- ▷ über Leistungserweiterungen
- ▷ über Zusammenarbeit mit anderen Marktpartnern (Vorteile für die Kundschaft)

d) über die Konkurrenz

- ▷ ihre Leistungsfähigkeit (Erfolge und Misserfolge)
- ▷ ihre neuen Leistungen und neuen Produkte
- ▷ ihre Strategien
- ▷ ihre Werbung
- ▷ ihre Preispolitik
- ▷ Zusammenarbeit mit ihr

Wie schafft man die nötigen Informationserfolge?

- ▷ durch bewusstes, systematisches Beobachten der Mitbewerber (ihrer Werbung, ihres Verhaltens im Markt, ihrer Erfolge und Misserfolge, Beschaffung ihrer Personalzeitung, Konkurrenzbeobachtung an Ausstellungen, Schaffung persönlicher Kontakte zur Konkurrenz, Sondierung bei der eigenen Kundschaft über Leistungsfähigkeit der Konkurrenz, deren Aktionen und Strategien)

▷ durch klare Aufträge an Innen- und Aussendienst zur Beobachtung von
bestimmten Konkurrenzfirmen und ihrem Verhalten im Markt
bestimmter Konkurrenzprodukte (Kundenurteile, Werbung, Verbreitung, Absatzkanäle); Beschaffung von Prospekten und Spezifikationen über Konkurrenzprodukte von Bedeutung, evtl. Mustern, Konkurrenzmaschinen und -apparate)
(unter Terminierung des Auftrages – Abgabe einer Fragenliste – Abgabe eines Rapportformulars – evtl. verbunden mit einer Schulung des Vorgehensmodus z. B. an Messen)

▷ durch Erarbeitung und à-jour-Haltung von Konkurrenzdokumentationen (aufgrund welcher z. B. auch neue Mitarbeiter über Mitbewerber und deren wichtiger Produkte informiert werden können)

▷ durch Teilnahme an Branchentagungen, Fachtagungen, überbetrieblichen Erfahrungsaustausch-Gruppen

▷ durch Befragung von Aussen- und Innendienstmitarbeitern an persönlichen Rapporten oder an Konferenzen (mündliche Informationsbeschaffung im eigenen Kreis)

▷ durch Testen von Konkurrenzprodukten im eigenen Betrieb (Leistungsanalysen, Konstruktionsbesonderheiten im Sinne einer Vorteil-Nachteil-Bilanz)

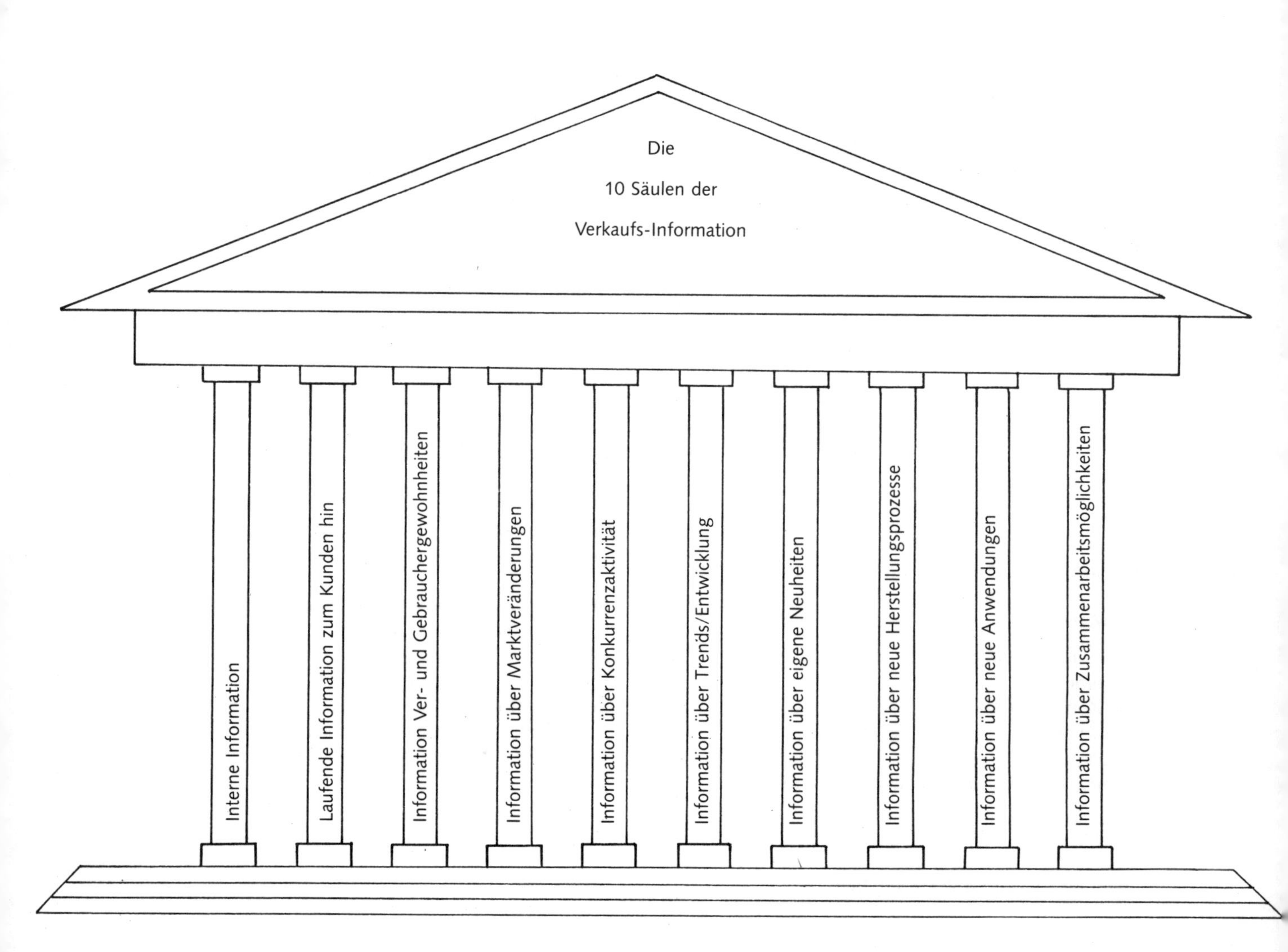

- ▷ durch laufendes Anregen des Informationsbewusstseins und der Informationsbereitschaft aller eigenen Mitarbeiter (Motivation, auch über die Verdankung erhaltener nützlicher Informationen)
- ▷ durch systematische Vermittlung erhaltener Informationen an ausgewählte Mitarbeiter oder Zielgruppen
- ▷ durch Überprüfung des Informationserfolges (Kenntnisnahme und Verankerung erhaltener Informationen durch die Zielpersonen)

Achtung auf folgende Merkpunkte von grosser Wichtigkeit

- ▷ Erhaltene Informationen müssen wo immer möglich auf Wahrheitsgehalt überprüft werden und dürfen nicht in manipulierter Form weitergeleitet werden
- ▷ Die Informanten wollen richtig ausgelesen sein (Objektivität)
- ▷ Informanden (Personen, die informiert werden) nicht überfüttern. Verdaubarkeit der Information sichern (Verständlichkeit, Gliederung, farbliche Unterscheidung verschiedener Informationsbereiche)
- ▷ Aktuelle Richtigkeit älterer Informationen periodisch überprüfen, überholte Informationsdokumente aus dem Verkehr ziehen unter Orientierung derjenigen, die betroffen sein könnten
- ▷ Immer die bestangepassten Kommunikationswege für Informationen wählen
- ▷ Ihre Dringlichkeit rechtzeitig überlegen, Rechtzeitigkeit der Informationsabgabe sichern
- ▷ Geheimhaltungspflichten klarstellen
- ▷ Plumpe Formen der Beschaffung von Informationen vermeiden, Geschicklichkeit der Informanten ist Erfolgsvoraussetzung

2.13 Problemlösungs- und Entscheidungstechnik

Checkliste mit 34 Tips

Wie geht man vor, wenn man Probleme rationell und möglichst richtig lösen will?

Wer Probleme lösen will, muss sich entscheiden können. Viele fallen im Leben dadurch auf, dass sie Probleme bei sich fortbestehen lassen, weil sie sich nicht zur Abhilfe entschliessen können. «Ich verschiebe nie etwas auf morgen, wenn ich es übermorgen ebenso gut tun kann» (Wilde). Und dann tun sie es natürlich auch übermorgen nicht. Gelegentlich argumentieren sie auch mit dem Hinweis, dass sich das meiste von selbst erledigt, man müsse nur lange genug warten können. Dass aber gerade das Zuwarten oft viel Nerven und gelegentlich auch eine Menge Geld kostet, übersehen solche Leute. Bequemlichkeit und Mangel an Zivilcourage haben schon manche von Entscheidungen abgehalten, die nachher andere für sie trafen: Misserfolg und Schaden für die ersteren, Erfolg und Ruhm für die letzteren.

Entscheidungsvoraussetzungen

Entscheiden kann man nur, wenn man

- ▷ Probleme oder Mängel erkennt
- ▷ so fortschrittlich ist, dass man sie nicht weiterbestehen lassen will
- ▷ an die eigene Fähigkeit, Probleme lösen zu können, glaubt
- ▷ sich selbst für das Treffen einer Entscheidung zu motivieren vermag
- ▷ sich einen Selbstbefehl geben kann
- ▷ sich in Entscheidungstechniken auskennt

Robert Jungk, ein Kulturphilosoph unserer Zeit, sagte schon vor Jahren: «Mir scheint, dass die Verbreitung der Problemlösungsfähigkeit – dass also mehr Menschen lernen, kreativ zu denken, Antworten auf ungewohnte, unvorhergesehene Situationen zu finden – von wachsender Bedeutung wird, da wir durchaus nicht in eine Zeit hineinkommen, die vorhersehbar ist, wie manche Zukunftsforscher behaupten, sondern gerade in eine Zeit, die viel unvorhersehbarer wird, als sie bisher war.» Tatsächlich: Überall im Leben und menschlichen Schaffen geht der Gestaltungsprozess immer nur dann vorwärts, wenn vor einer neuen Phase Entscheidungen getroffen werden. Wir kennen im Berufsleben Klagen von Mitarbeitern bei mangelndem Entscheidungsvermögen ihrer Vorgesetzten: «Unser Chef verlangt von uns Entscheidungsvermögen, aber er selbst schiebt seine Entschlüsse meist auf die lange Bank – die Firma wird für uns zum Wartezimmer».

Warum Entscheidungsträgheit?

Wenn es also oft an der Entschlussfähigkeit oder an der Qualität des Entscheides fehlt, woher kommt denn die Mühe des Menschen, rechtzeitige und richtige Entscheidungen zu treffen? Einige Gründe seien als Beispiel erwähnt:

- ▷ angeborene menschliche Trägheit macht das Sich-Entscheiden zur mühsamen Handlung
- ▷ Entscheiden heisst Verantwortung tragen; die Angst vor einer möglichen Fehlentscheidung bremst
- ▷ Entscheiden setzt voraus, dass der Mensch immer wieder in die Zukunft blickt; erfordert Aufmerksamkeit und Anstrengung
- ▷ Entscheidungsarbeit verlangt gründliche Auseinandersetzung mit Umständen und Möglichkeiten, eine Fleissarbeit, zu welcher Fleiss- und Konzentrationsleistung viele nicht bereit sind
- ▷ das Durchsetzen von Entscheidungen kann (bei sich oder bei anderen) oft mühsam sein; Selbstmotivation und Motivation anderer ist anspruchsvolles Tun

Sich entscheiden können ist eine spezifische *Leistungsfunktion*. Es kann aber keine Leistung Tatsache werden ohne Entscheidungen vor und während des Gestaltungsprozesses. Diese Entscheidungen sind eigentlich die Antworten auf die Fragen: Ist Leistung nötig? Warum ist sie nötig? Wann soll sie zustande kommen und in welcher Frist? Wie kann sie gestaltet werden? Wer und was kann unter welchen Umständen helfen?

Entscheidungen sind angewiesen auf:

1. den Impuls, also den eigentlichen Willensentschluss, den es braucht, um die Entscheidung treffen zu wollen, und
2. die Entscheidungstechnik, praktisch identisch mit dem, was man als Problemlösungstechnik bezeichnet.

Ein Impuls – wenn er nicht «zufälliger» Natur ist, und hier geht es ja um gezieltes Tun – kommt durch Selbstmotivation zustande oder im noch einfacheren Fall durch Befehl einer Vorgesetzteninstanz. Uns interessiert aus dem Blickwinkel der Persönlichkeitsentfaltung eher der selbstgewählte Willensakt. Motivation dafür sind immer wieder die folgenden Gedanken:

▷ sinnvolles, erfülltes Leben ist erfolgreicher Kampf um den eigenen Fortschritt
▷ jeder Fortschritt erfordert einen Willensakt, eine Leistung
▷ positive Willensakte sind Selbstverwirklichungsmassnahmen, denn jede gute Leistung ist auch ein Gut-Tun an sich selbst
▷ Selbstverwirklichung ist die beste Erfolgsgarantie, denn Persönlichkeit wirkt auf andere und zieht den Erfolg automatisch an sich.

Der aufgrund des Entscheidungsvermögens zustande gekommene Akt «ich will mich entscheiden» ergibt mit der Problemlösungstechnik zusammen die Realisierung des Fortschrittes oder die Behebung eines Problems oder Mangels. Die Technik, Probleme zweckabgestimmt und systematisch zu lösen, ist ein Stufenprozess.

Problemlösungstechnik

Nachfolgend eine Anleitung, aufgeteilt in 17 Schritte.

1. Klare Definition des Problems, welches eine Entscheidung verlangt (schriftliche Definition ist besser als nur mündliche, weil so gründlicheres Denken zustande kommt)
2. Definition der angestrebten Verbesserung bzw. des Problemlösungsziels
3. Studium der Nachteile der bisherigen Situation oder Lösung
4. Fakten sammeln, auf welchen man eine neue Lösung aufbauen kann
5. Wege, Mittel und Personen bestimmen, die der Entscheidungsrealisierung dienen können
6. Entsprechende Literatur studieren, um zu weiteren Anregungen zu kommen
7. Überlegen, welcher Personenkreis Erfahrungen hat, Anregungen geben oder mitüberlegen/mitwirken könnte
8. Hypothesen ausdenken und ausprobieren
9. Grundsätzlich nicht nur eine Lösung suchen, sondern Varianten erarbeiten
10. Die Erfolgschancen der verschiedenen Lösungsvarianten abschätzen und gewichten
11. Die möglichen Nachteile der einzelnen Lösungsvarianten ebenfalls eruieren
12. Bestimmung der bestgeeignet erscheinenden Lösung aufgrund einer Vor- und Nachteil-Bilanz
13. Anwendung der Lösung bzw. Ausprobieren derselben
14. Erfolgskontrolle durchführen und evtl. noch bestehende Nachteile festhalten
15. Verbesserungsmöglichkeiten definieren, sofern Verbesserungen überhaupt noch möglich sind
16. Korrektur der Lösung
17. Ableiten zusätzlicher Perfektionierungsmöglichkeiten in der weiteren Praxis, spätere periodische Überprüfung.

Wo eine Lösung nicht eilt, sollte man zwischen Schritt 7 und 8 sowie zwischen 11 und 12 eine Frist einbauen; zwecks sporadischem geistigem Bebrüten der bisher erarbeiteten Möglichkeiten und Ideen, ohne dass im Moment zielstrebig weitergemacht wird. Oft löst so das Unterbewusstsein weitere schöpferische Impulse aus, und nicht selten gelangt man eines Tages fast von selbst zu einer ausgezeichneten Lösung.

«Ein Entscheid, der alle Wünsche befriedigen will und nirgends Anstoss erregen soll, ist kein Entscheid, sondern ein Gebet um ein Wunder!» (A. Schaefer). Mit unserem 17-Schritt-Schema sind sicher auch nicht alle Probleme absolut befriedigend zu lösen. Aber mit einem mutigen Entschluss lässt sich mancher nachteilige Zustand doch wenigstens in einen erträglichen umwandeln. Wer Probleme andauern lässt, suggeriert sich Unfähigkeit und Mangel an Entschlossenheit. Und wenn der Minderwertigkeitskomplex einmal perfekt ist, so überwindet das Problem eher den Mann als der Mann das Problem. Das Gesetz des Handelns ist das einzige taugliche Gesetz, solange Menschen Problemwesen sind. «Jetzt!» und «Heute!» sind die Zauberschlüssel für das Treffen von Entscheidungen. Sie können zum entscheidenden Wendepunkt im Leben eines Menschen werden.

2.14 Gehaltserhöhungs-Begehren richtig behandeln

Checkliste mit 35 Tips

Ein Vorgesetzter muss sich in zwei Situationen für seinen Mitarbeiter bzw. seine Firma lohnmässig einsetzen

a) wenn er der Überzeugung ist, dass ein Mitarbeiter aufgrund seiner besonderen Leistungen eine Lohnaufbesserung verdient

b) wenn er sieht, dass des Mitarbeiters Leistungen dem bezahlten Lohn nicht entsprechen

Dessenungeachtet kann es passieren, dass Mitarbeiter von sich aus Gehaltserhöhungen verlangen. Im Prinzip sind in solchen Fällen folgende *Überlegungen* am Platze:

▷ Womit begründet der Mitarbeiter seine Forderung?
▷ Ist eine Gehaltserhöhung im Hinblick auf die wirtschaftliche Lage des Betriebes gerechtfertigt?
▷ Riskiert man durch Entsprechen, dass das Lohnklassen-System (sofern ein solches vorhanden) durcheinandergerät?
▷ Erscheint die Gehaltserhöhung durch die Leistung des Mitarbeiters gerechtfertigt?
▷ Sprechen nicht nur fachliche Tüchtigkeit, sondern auch sein Charakter und das kollegiale Verhalten im Betrieb für eine Gehaltsaufbesserung?
▷ Was ist ihm zuletzt versprochen worden?

Die möglichen Folgen eines positiven oder negativen Entscheids sind genau zu überlegen.

Mögliche Folgen eines abschlägigen Bescheids

a) negative Folgen

Kündigung – Verärgerung – Resignation – Stimmungsmache gegen die Firma bei Kollegen – Leistungsnachlass – Vorbereitung eines späteren Wechsels (Bewerbung bei anderen Firmen)

b) positive Möglichkeiten

Ansporn zu Leistungsverbesserung, um *später* eine Gehaltserhöhung zu bekommen – selbstkritischere Einstellung – Arbeit an sich selbst

Mögliche Folgen eines positiven Bescheids

a) negative Folgen (Möglichkeiten)

Selbstüberschätzung – relativ baldiges Verlangen nach weiteren Lohnerhöhungen – Prahlen vor Kollegen und Stimulierung derselben zu gleichem Vorgehen

b) positive Möglichkeiten

Ansporn zu besserer Leistung – stärkere Bindung an Firma – Firma kann höhere Anforderungen stellen

Empfehlungen für richtiges Verhalten im Gespräch

1. Anhören, ohne zu unterbrechen
2. Begründung der Forderung verlangen, wenn der Mitarbeiter seinen Wunsch nicht von selbst motiviert
3. Klarstellen, ob man selbst befugt ist, dem Wunsch stattzugeben, oder ob eine obere Stelle dafür zuständig ist
4. Sachlich Stellung beziehen unter Erwähnung aller Gründe, die aus der Sicht des angesprochenen Vorgesetzten für eine positive oder negative Entscheidung oder Antragstellung sprechen
5. Reaktion entgegennehmen
6. Angepasste weitere Massnahmen treffen (für Einsatz danken, Freude an der angenehmen Zusammenarbeit ausdrücken, evtl. noch offene Wünsche geschickt unterstreichen und zur Abrundung der Leistung auffordern – oder im Abweisungsfall: Beschwichtigung, nochmaliges Begründen der negativen Stellungnahme gegenüber dem Lohnforderungsbegehren, Zielsetzung und Versprechen eines späteren Entgegenkommens unter der Voraussetzung, dass Leistungen entsprechend ausfallen)
7. Im Problemfall Rücksprache mit zuständigem Vorgesetzten versprechen

8. Rücksprache durchführen, evtl. zuständigen Vorgesetzten nach Orientierung ins Gespräch einbeziehen (somit Weiterführung des Gesprächs zu dritt)
9. Darlegung des endgültigen Bescheids unter sorgfältiger Begründung
10. Aktenmässige Verankerung des Lohnforderungsbegehrens mit angegebenen Gründen und der erfolgten Stellungnahme

Mögliche Sonderprobleme

Im Zusammenhang mit Lohnerhöhungsbegehren können sich weitere Probleme stellen wie:

▷ Drohung seitens des Mitarbeiters mit Austritt bei Nichtentsprechung
▷ Vorwurf des Mitarbeiters, bestimmte Kollegen wären besser bezahlt
▷ Vorwurf der Hintanstellung gegenüber neu eingetretenen Mitarbeitern
▷ Vorwurf, die Firma hätte ihrerseits Veranlassung gehabt, eine Lohnerhöhung anzubieten
▷ Möglichkeit, dass zwar eine ausgezeichnete fachliche Leistung geboten wird, der betreffende Mitarbeiter jedoch charakterlich nicht den Wünschen guter Zusammenarbeit entspricht
▷ Kollegen erfahren von der Lohnaufbesserung und treten ihrerseits mit Begehren an
▷ Mitarbeiter erhebt Anspruch, an der positiven wirtschaftlichen Entwicklung des Betriebes zu partizipieren
▷ Mitarbeiter verbindet Lohnaufbesserungsbegehren mit Beförderungswunsch
▷ Mitarbeiter ist in finanziellen Schwierigkeiten und verlangt eigentlich deswegen Lohnerhöhung
▷ Mitarbeiter steht in älteren Jahren und seine Leistungen gehen – vielleicht auch gesundheitlich bedingt – wesentlich zurück
▷ Mitarbeiter setzt Firma unter Druck, ohne Sonderleistungen zu bieten; er ist aber an seinem Posten praktisch nicht zu ersetzen
▷ Mitarbeiter ist tüchtig, versteht sich aber menschlich mit seinem direkten Vorgesetzten nicht gut; das Lohnaufbesserungsbegehren findet bei letzterem daher keine freundliche Aufnahme
▷ Mitarbeiter verbindet sein Begehren mit unbegründeter oder begründeter Kritik an Organisation oder Chefs oder gegenüber beiden

Alle diese Probleme verlangen nach einer individuellen Prüfung und Lösung. Mit Schemaregeln kann nicht gedient werden. Nur eine Empfehlung sollte immer beachtet werden: Immer erst sorgfältig zuhören, gründlich analysieren und erst anschliessend Stellung beziehen; das Ganze im Zusammenhang beurteilen und die Interessen der Firma nicht übersehen; die eigenen Kompetenzen nicht überschreiten.

2.15 Chef-Entlastungsmassnahmen

Checkliste mit 41 Möglichkeiten zur Perfektionierung der Arbeitstechnik

Sich selbst rationalisieren

Unrationeller Umgang mit der uns zur Verfügung stehenden Zeit ist immer darauf zurückzuführen, dass man sich zeitsparender Vorgehensweisen und anderer Techniken der Selbstentlastung zu wenig klar ist. Eine Verbesserung der Selbstrationalisierung muss stets damit beginnen, sich der Güte der eigenen Arbeitsweise bewusst zu werden, was auf dreierlei Art und Weise geschehen kann:

1. die *Möglichkeiten der Selbstentlastung* vollumfänglich ins Auge zu fassen und sie bei sich so gut wie möglich zu verankern
2. *sich selbst zu beobachten,* was man davon nützt oder *noch nicht nützt*
3. *sich mit anderen,* die in bezug auf Arbeitstechnik als besonders tüchtig gelten, *zu vergleichen* und so auch *von anderen zu lernen*

Die wichtigsten Möglichkeiten der Chefentlastung

1. Vor jeder Aufgabe überlegen, wie man sie am rationellsten anpackt
2. Kurzfristig planen (Tagesplanung) und längerfristig planen (Wochenplanung und Planung auf einen Monat oder länger je nach Art und Dringlichkeit der Aufgaben)
3. Pendenzen ebenfalls einteilen in a) dringende, b) mittelfristige und c) längerfristige – für leichten bzw. raschen Zugriff sorgen
4. Organisationsmittel schaffen und nützen:
   – Organigramm mit klaren Aufgaben- und Verantwortungsabgrenzungen
   – Stellenbeschreibungen mit Haupt- und Nebenaufgaben, Über- und Unterordnung, besondere Kompetenzen, Ordnung der Stellvertretung nach oben, unten und seitwärts
5. Informationspläne schaffen für Aufgabenbereiche, bei denen viel Pflichtinformation anfällt, mit Regelung wer, wen, wann, wie zu informieren hat
6. Machen Sie sich zum Meister der Delegation in vernünftigem Ausmass und durch sukzessive Verselbständigung der Mitarbeiter
7. Gliedern Sie Ihre Mitarbeiter so rationell wie möglich ein und bilden Sie sie im wünschbaren Ausmass dauernd weiter
8. Erziehen Sie sie zur Eigenkontrolle und so weit wie möglich auch zur Selbstbefehlstechnik (Vorteil: Reduktion der Kontrollen und Korrekturen dank erhöhter Zuverlässigkeit der Mitarbeiter)
9. Bereiten Sie jede neue Operation gut vor, denn gut vorbereitet ist halb geschafft (Überlegen aller Teiloperationen, ihrer besten Reihenfolge, der Hilfsmittel, die zu nützen sind, der Personen, die helfend einzusetzen sind, der Zeiträume, innert welcher die wichtigsten Teiloperationen realisiert werden müssen, der Zwischenerfolgskontrollen)
10. Nützen Sie Ihre Agenda als wichtiges Planungsinstrument, mit Nachschlageseiten für wichtige Gesprächspartner, ihrer Adressen und Telefonnummern
11. Richten Sie eine Ideenkartei ein und nützen Sie dazu auch die in der Agenda eingegliederte Zettelkartei, um alles sofort zu notieren, was später zu machen oder zu regeln oder neu zu gestalten ist
12. Lagern Sie auf Ihrem Nachttisch einen Leuchtkugelschreiber mit Zettelkartei, um Einfälle, die während schlafloser Stunden in der Nacht gerne auftauchen, sofort fixieren zu können
13. Schaffen Sie sich selbst einen wirklich tüchtigen und entscheidungsfreudigen Stellvertreter und halten Sie ihn ständig auf dem laufenden
14. Beachten Sie die Regeln guter Beauftragungstechnik (Delegation, Auftragserklärung, Ziel- und Resultatdefinition, Terminierung, evtl. Zwischenbericht und Schlussrapport)
15. Setzen Sie sich nicht mit Kritik auseinander, ohne dass der Kritisierende einen eigenen Vorschlag in petto hat (Erziehung zur konstruktiven Kritik)

16. Perfektionieren Sie Ihre Arbeitstechnik durch Besuch von einschlägigen Kursen, Studium von passender Literatur und Selbstkontrolle
17. Nutzen Sie das Geisteskapital Ihrer Mitarbeiter (Brainstorming, Projektgruppen-Arbeit, Vorschlagswesen, Zielvereinbarungsgespräche, schöpferische Konferenztechnik, gezielte Fragestellungen im Zwiegespräch)
18. Verbessern Sie Ihre Konzentration – überfordern Sie sich aber nicht durch zu langes ununterbrochenes Arbeiten an schwierigem Thema (Pausen – vorübergehendes Arbeiten an leichterem Thema)
19. Arbeiten von beschränkter Länge möglichst zu Ende führen, weil sonst späteres «Wiedereintauchen» in die Materie zusätzlichen Aufwand bedeutet
20. Prüfen Sie, wer unter Ihnen unter seinem Wert eingesetzt ist und wer sein Soll nicht schaffen kann aus Gründen der Unfähigkeit oder des schlechten Willens
21. Beachten Sie bei allen Arbeiten deren Prioritätsrang, bevor Sie sie beginnen
22. Lassen Sie sich nicht Belastungen aufhalsen, wenn Sie sonst schon zu sehr unter Druck sind
23. Schaffen Sie sich ein eigenes «Anti-Ärger-System», damit Sie keinen psychischen Energieverschleiss betreiben, der Sie in Ihrer Leistungsfähigkeit einschränkt
24. Analysieren Sie öfters vorkommende Engpässe und suchen Sie bessere Lösungen zu deren Bewältigung
25. Nützen Sie das heutige Instrumentarium psychologisch richtiger Führung
26. Studieren Sie die Gesetze der Problemlösungs- und Entscheidungstechnik und nützen Sie sie
27. Analysieren Sie Ihre Bremsfaktoren und versuchen Sie durch richtige Einstellung zu Ihren Problemen diese Bremsen loszuwerden
28. Wenn Ihr Beruf viel Lesearbeit abfordert, besuchen Sie einmal einen Schnellesekurs, der die Techniken rascheren Lesens und besserer Verankerung des Lesestoffs schult
29. Versuchen Sie Störungen durch Telefonate oder Drittpersonen bei Arbeiten, die höchste Konzentration und schöpferisches Überlegen abfordern, auszuschalten
30. Möglichst selten Mitarbeitergespräche improvisieren, sondern sie vorbereiten, straffen und steuern, so dass auch die andere Seite dazu erzogen wird, mit wenig Worten viel zu sagen und sich selbst auf solche Gespräche gut vorzubereiten
31. Kämpfen Sie im Rahmen des Möglichen gegen Konferenzitis und beachten Sie die guten Regeln optimaler Konferenztechnik (siehe unsere diesbezügliche Checkliste)
32. Nützen Sie überhaupt Checklisten aller Art für Routineabläufe anspruchsvollerer Art (käufliche Checklisten ebenso wie selbst aufbereitete)
33. Gute Kurse für kreatives Denken helfen, schöpferische Abläufe rascher, leichter und mit besserem Resultat zu bewältigen
34. Straffen Sie Ihre Telefoniertechnik durch bessere Vorbereitung heikler Telefonate, durch Reden in kurzen Sätzen, durch Verzicht auf überflüssige Wiederholungen, durch Konzentration aufs Wesentliche
35. Studieren Sie wichtige Beeinflussungstechniken und die Kunst, auch mit schwierigen Partnern geschickt und zeitsparend umzugehen (Fragetechnik, Psychologie der Reklamationsbehandlung, Techniken eleganten Überwindens von Einwänden und Widerständen)
36. Schaffen oder beschaffen Sie sich gute Hilfsmittel für rationelles Arbeiten (Checklisten, Formulardrucke, Stenographie, Diktiertechnik, Beratungsfragen-Listen, Nachschlagebücher usw.)
37. Prüfen Sie von Zeit zu Zeit, ob Ihre Ablage wichtiger Unterlagen noch einen schnellen Zugriff erlaubt oder etwas daran verbessert sein will
38. Führen Sie eine Erledigungskontrolle, um Ihre Mitarbeiter zu termingetreuer Ausführung von Aufträgen zu verpflichten und Pannen von hängengebliebenen Aufträgen zu vermeiden
39. Zwingen Sie sich dazu, Korrespondenz nach dem Motto «kurz, klar, wesentlich, freundlich» zu diktieren
40. Regen Sie an, dass in Ihrer Firma dem Kader einmal ein guter Kurs über Arbeitstechnik geboten wird
41. Nutzen Sie Kommunikations-Hilfsmittel wie Gegensprechanlagen, Rufanlagen, Autoruf, drahtlose Telefonsysteme, umschaltbare Telefonapparate, Telefax, Computer-Hilfsgeräte, Telefondiktiersysteme usw., je nach Möglichkeiten

Wählen Sie sich unter diesen Punkten jene aus, in denen Sie noch Zeit durch Verbesserung der Systematik herausholen können und optimieren Sie sich stufenweise so, dass Sie auch Zeit für die schöpferischen Seiten Ihres Berufes haben. Alles auf einmal schafft niemand. Aber Systematik und Selbstkontrolle können Ihnen helfen, wesentliche Schritte in bezug auf Perfektionierung Ihrer Arbeitstechnik zu vollziehen.

2.16 Methodisches Anlernen in der Aus- und Weiterbildung interner Verkaufsmitarbeiter

Checkliste mit 50 Tips

1. Vorbereitung

Klare Zielsetzung

▷ Was muss der Mitarbeiter wissen/tun können (Endverhalten)?
▷ Wie genau muss er es wissen/tun können? Unter welchen Bedingungen (z. B. mit Hilfe von ...; auswendig usw.)? Qualität – Fehlerquoten
▷ Bis wann (innerhalb welcher Zeit) muss er es wissen/tun können?
▷ In welcher Zeit (mit welcher Geschwindigkeit) muss er die neue Arbeit leisten? (Quantität)

Programm

▷ Das benötigte Stoffprogramm zusammenstellen und in überschaubare, leicht fassliche Lernschritte (Phasen) aufteilen
▷ Lernziele formulieren
▷ Phasen und Schlüsselpunkte fixieren
▷ Dringlichkeitsstufen (Reihenfolge) festhalten und Zeitplan bestimmen

Wie vorgehen?

▷ Kurze mündliche Anleitung?
▷ Ausführliche Anleitung in mehreren Stufen, evtl. mit Hilfsmitteln?
▷ On-the-job-training?
▷ Längerfristige Ausbildung nach einem Lehrplan

Zu berücksichtigen sind dabei

▷ Vorkenntnisse, Fähigkeiten (auch Aufnahmefähigkeit), Neigungen, Einstellung
▷ Art und Schwierigkeitsgrad des aufzunehmenden Wissens und der zu erlernenden Tätigkeiten

Bereitstellung von Hilfsmitteln

▷ Zweckmässige Unterlagen bereitstellen; Demonstrationsmittel anfertigen (*Reden* ist Silber, *Zeigen* ist Gold!)
▷ Unterrichtsraum (ohne Störungen) und benötigte Apparate so optimal wie möglich herrichten
▷ Auf günstige Sitzordnung achten

Motivation des «Schülers»

▷ Sinn und Zweck des benötigten Wissens und der auszuführenden Tätigkeiten erklären; Lernbereitschaft fördern
▷ Grösserer Zusammenhang zwischen seiner Arbeit und Firmenziel (oder Teilziel) herstellen
▷ Interesse für das notwendige Wissen und die auszuführende Arbeit wecken
▷ Bedeutung der neuen Arbeit betonen; zeigen, was alles vom geforderten Wissen und der guten Ausführung der verschiedenen Tätigkeiten abhängt

2. Vormachen und erklären

▷ Evtl. zuerst den ganzen Arbeitsvorgang vorführen
▷ Dann – Phase auf Phase präzise ausführen und erklären; jeden Schlüsselpunkt (worauf es ankommt) betonen, evtl. aufschreiben lassen (Arbeitsablauf)
▷ Die zweckmässigste Arbeitsweise zeigen: klar, vollständig und geduldig vorführen und laufend erklären
- Was machen Sie?
- Wie machen Sie es?
- Warum machen Sie es so? (Gelegenheit zum Mitdenken!)

▷ Nicht schneller instruieren und nicht mehr als die Beteiligten aufnehmen können
▷ Die Instruktionen (wenn nötig) wiederholen

3. Nachmachen und erklären lassen

▷ Mitarbeiter versucht schrittweise die vorgeführte Tätigkeit selber (bei Fehlern nicht zu schnell eingreifen, er sollte daraus lernen können)
▷ Sich überzeugen, dass der Mitarbeiter alles verstanden hat
- Jede Phase und jeden Schlüsselpunkt genau erklären lassen: was, wie, warum, wo, wann, wieviel?
- Ihn anregen, von sich aus Fragen zu stellen

▷ Zuerst Schwergewicht auf Qualität legen, dann Tempo und Schwierigkeitsgrad sukzessive erhöhen

▷ Fehler sofort verbessern (lassen); im Korrigieren zunehmend strenger werden
▷ Zuerst jede einzelne Tätigkeit, dann ganze Arbeit wiederholen lassen; weiterfahren, wenn sie verstanden wird und das Lernziel erreicht ist

4. Üben lassen und kontrollieren

▷ Mitarbeiter allein oder in Gruppen üben und arbeiten lassen (möglicherweise bereits produktiv in der Praxis); kontrollieren, besprechen der Resultate
▷ Ihn verpflichten, Fehler sofort zu melden; ihm sagen, wer ihm helfen kann
▷ Ermutigen, Positives herausstreichen, ihm Anerkennung geben
▷ Die Arbeit zuerst öfters überprüfen, dann immer seltener, bis sie ohne besondere Hilfe und Kontrolle verrichtet werden kann
▷ Kontrollieren, wenn Lernziel erreicht ist (Wissen z. B. mit Tests)

Für eine richtige Abwechslung von Erklären und Vormachen sowie von Überlegen, Nachmachen und Übenlassen sorgen

Nochmals das Wichtigste

▷ Eigenart des Anfängers berücksichtigen; sich auf ihn einstellen
▷ Angenehme Atmosphäre schaffen
▷ Interesse wecken und wachhalten
▷ Schrittweise vorgehen, klar sein
▷ Schlüsselpunkte betonen
▷ Zuerst auf Genauigkeit und Sorgfalt achten
▷ Mitarbeiter überlegen und arbeiten lassen, so dass Fehler möglichst vermieden werden
▷ Selbstvertrauen stärken, Selbständigkeit fördern
▷ Planmässig kontrollieren und verbessern (lassen)
▷ Fehler bei sich selber suchen

Für den Könner ist alles leicht, für den Anfänger alles schwer!
Eine Tätigkeit ausführen und sie lehren ist zweierlei!
Hat der Anfänger schlecht «kapiert», dann wurde schlecht instruiert!

2.17 Möglichkeiten der Kostenbekämpfung im Aussendienst-Verkaufsbereich

Checkliste mit 42 Tips

Salarierung

- ▷ Leistungsanreiz schaffen durch Provisionierung, soweit nicht schon stattgefunden
- ▷ Begrenzung der Provisionierung auf eine obere Grenze, hernach stark abfallende Anreizprämie
- ▷ Gehaltsabmachungen bei Neueinstellungen vorsichtig handhaben
- ▷ Gratifikationszahlungen der Leistungsfähigkeit des Betreffenden anpassen, sofern überhaupt Gratifikationen bezahlt werden
- ▷ Überhaupt einen echten Leistungslohn anstreben

Optimierung der Gebietsaufteilung

- ▷ Zu grosse Gebiete mit nebenliegenden kompensieren oder zusätzliche Gebietsverkäufer einstellen
- ▷ Bestimmte Grosskunden der Verkaufsleitung reservieren
- ▷ Unterentwickelte Gebiete durch zusätzliche Verkäufer bearbeiten lassen
- ▷ Nicht leistungsfähige Händler in bestimmten Gebieten durch eigene Verkäufer ersetzen
- ▷ Akquisition dort verstärken, wo zu sehr auf alter Kundschaft ausgeruht wird, evtl. dort Zweitvertreter einsetzen
- ▷ Prüfen ob die Hauptabsatzgebiete von den Reisenden relativ schnell zu erreichen sind
- ▷ Gebietsaufteilung und Kundenbesuchsrhythmus miteinander harmonisieren
- ▷ Bequemere Vertreter und solche, die ihre Gespräche zu wenig straffen, zu intensiverer Bearbeitung ihres Gebietes erziehen oder sie notfalls ersetzen
- ▷ Vertriebskosten in allen Gebieten mit den Umsatzleistungen vergleichen, notfalls Konsequenzen, je nach Ergebnissen, ziehen
- ▷ Planmässige Steigerung des Kundenfrankens in allen Reisegebieten
- ▷ Einschränkung der administrativen Tätigkeiten von Gebietsvertretern zugunsten vermehrter Reisetätigkeit

Kostensenkung bei den Reisefahrzeugen

- ▷ Firmenwagen privatisieren bei kleinem Fuhrpark – Monatspauschale und angepasstes km-Geld bezahlen – Privatnutzung beschränken
- ▷ Bei grösserer Wagenflotte auf Leasing umstellen
- ▷ Bei Neuanschaffungen auf kostengünstigere und evtl. kleinere Fahrzeuge umstellen, evtl. für Diesel- oder Normalbenzin bzw. bleifreies Benzin
- ▷ Vorschriften erlassen für Billig-Tanken und preisgünstigen Unterhalt
- ▷ Wagenwartung überwachen inkl. Waschpreise
- ▷ Für teure Reparaturen Kostenvoranschlag unterbreiten lassen
- ▷ Wagen mit gutem Wiederverkaufswert im Rahmen des Möglichen berücksichtigen
- ▷ Komfort im vernünftigen Massstab begrenzen
- ▷ Parkgebühren optimieren
- ▷ Wartungsarbeiten soweit möglich mit Stadtbearbeitung per Tram verbinden
- ▷ Aussendienst bei grobfahrlässiger Selbstverschuldung von Unfällen an den Kosten beteiligen

Kampf der Spesen- und Arbeitszeitmanipulation

- ▷ Für Kundeneinladungen Vorschriften erlassen, die jedoch nicht nach Knauserigkeit riechen dürfen
- ▷ Für möglichst alle Spesen Belege verlangen
- ▷ Spesen unter den Gebietsvertretern vergleichen, um Übertreibende ansprechen zu können
- ▷ km-Spesen im Zusammenhang mit der Rapportkontrolle überwachen
- ▷ Telefonspesen im Vergleich zur Umsatzleistung kontrollieren
- ▷ Autospesen pro km ausrechnen, vergleichen mit anderen Aussendienstleuten, die in vergleichbaren Gebieten (Kundendichte) tätig sind
- ▷ Übernachtungsreglement aufstellen
- ▷ Besuchszeiten überwachen und ins Verhältnis zur Besuchszahl setzen
- ▷ Musterabgabe dosieren
- ▷ Arbeitszeit durch Anrufe überwachen
- ▷ Konsumationsspesen auf Normalität überwachen

- ▷ Arbeiten zu Hause und in der Firma auf Normallänge überwachen
- ▷ Ausgedehnte Gespräche mit Kollegen in der Firma bekämpfen
- ▷ Krankheitsabsenzen überwachen, notfalls Gespräche darüber führen
- ▷ Ferienabsprachen rechtzeitig vornehmen, damit nicht in Hauptbelastungszeiten Ferien gemacht werden
- ▷ Überzeitverrechnung kontrollieren

Motto:

Fairness in kostenbegrenzenden Massnahmen ist unerlässlich, und die Spesen müssen immer auch im Verhältnis zur gebotenen Leistung beurteilt werden.

2.18 Aktive Kundenpflege

Checkliste mit 28 Möglichkeiten

Kundenpflege als Marketing-Aufgabe

So wie im immer härter umstrittenen Markt die Akquisition viel aktiver an die Hand genommen werden muss, so kommt auch der Kundenpflege erhöhte Bedeutung zu. Kundenpflege ist ein wichtiger Teil der Dienstleistung der Firma. Sie erfüllt aber daneben vor allem auch einen psychologischen Zweck: dem Kunden zu zeigen, dass wir ihn nicht vergessen haben, dass uns an seiner Zufriedenheit auch nach getätigten Verkäufen stets gelegen ist.

Grundsätzlich muss unterschieden werden zwischen:

a) Kundenpflege vor dem Einsteigen ins erste Geschäft
b) Kundenpflege während der Bearbeitung des Kunden
c) Kundenpflege nach erfolgtem Geschäftsabschluss

Die Organisation der Kundenpflege ist eine kaufmännische Aufgabe. Nicht selten aber ist der Aussendienstmitarbeiter dabei auf den technischen Dienst angewiesen, oder er macht im Rahmen der Kundenpflege von dessen Möglichkeiten Gebrauch. Die Zusammenarbeit entscheidet in diesem Fall über den Erfolg. Koordination und «obere Verantwortung» liegen dabei auf der Seite des kaufmännischen Funktionärs, nicht des technischen.

Möglichkeiten der Kundenpflege

1. Gesprächskontakt durch persönlichen Besuch, evtl. auch der Direktion
2. Telefonische Kontakte im richtigen Moment (z.B. Nachfassen bei vorliegendem Angebot, Vermittlung von technischen Anregungen, Fixierung eines Rendez-vous)
3. Einladung in die Firma (Studium gewisser Fragen, Produktionsabläufe usw.)
4. Ausstellungen an Messen, in Fachkreisen, an Verbandstreffen
5. Einladung zum Essen und andere persönliche Aufmerksamkeiten (Kalender, Briefmarken für Philatelisten, Eintrittsbillett an kulturelle Veranstaltungen, Zeitungsabonnement ins Ausland, Zusenden von Zeitungsausschnitten, Reportagen, Fachaufsätzen, Spezialliteratur usw., je nach Branche und vorhandener Beziehung)
6. Redaktion und Verteilung von technischen Abhandlungen an die Kundschaft
7. Abgabe der Firmenzeitung an ausgewählte Kunden
8. Kundenbriefe oder Kundenzeitung
9. Werkbesichtigungen für bestimmte Adressatengruppen
10. Serviceaktionen (periodische besondere Dienstleistungen im Service)
11. Besichtigung von Kundenfirmen und -ausstellungen (Werkbesichtigungen im umgekehrten Sinn)
12. Schaffung von Spezialdiensten (Laboruntersuchungen für Kunden, Testeinrichtungen, Spezialreparaturdienst usw.)
13. Publizität am Fernsehen, am Radio, in der Fach- und anderen Presse, an Jubiläen
14. Film-, Video- und Tonbildschau-Leihdienst
15. Vortragstätigkeit bei besonderen Gelegenheiten
16. Kundenpersonalschulung
17. Begrüssungsschreiben am Erstbesteller
18. Montageanleitung/Gebrauchsanweisungen so klar und anschaulich (Kundenperspektive!) gestalten, dass sie als Sonderleistung verstanden werden
19. Umtauschaktionen durchführen bzw. anbieten
20. Über Neuheiten zuvorkommend gut orientieren
21. Bestimmung einer Kontaktperson für wichtige Kunden, die für optimale Kundenbedienung verantwortlich ist
22. Abgelegene Kunden, die man nur selten besuchen kann, telefonisch «pflegen»

23. Bei Kontakten das Hobby des Kunden ansprechen, um mit ihm auch auf der nichtberuflichen Ebene ins Gespräch zu kommen
24. Kunden gratulieren, die an der Öffentlichkeit über besondere Erfolge berichteten – Anerkennung auch im Gespräch aussprechen, wo besondere Leistungen mit Lob versorgt werden können
25. Der Kundschaft alle 3 Jahre einen Erhebungsbogen zustellen, worin er die wichtigsten Dienstleistungen des Lieferanten beurteilen kann wie Telefonservice, Angebotswesen, Beratung, Lieferdienst usw. (siehe meine Checkliste 1.2 über Kundenbefragung mit Begleitbrieftext)
26. Rasche, kulante Behandlung von Reklamationen
27. Optimierung des Briefstils punkto Freundlichkeit, Dienstbereitschaft, Klarheit, Kürze und guter Gliederung
28. Pannenhilfe für die Kundschaft

Anregung:

Führen Sie über dieses Thema mit Ihrem Innen- und Aussendienst einen Brainstorm durch, um zu weiteren Kundenpflege-Ideen zu kommen.

2.19 Bearbeitungsplan für die Pflege von Grosskunden

Checkliste mit 37 Anregungen

Basiserkenntnis

Grosskunden zu verlieren kann sich niemand leisten. Regelmässige Belieferung wichtiger Kunden schliesst die Gefahr in sich, dass man ihre Aufträge mit der Zeit als selbstverständlich anschaut. Automatische Folgen: Routinebearbeitung, Servicevernachlässigung. Gegenmittel:

Planmässige dienstbereite Bearbeitung nach speziellem Konzept

- ▷ Angepasst häufige Besuche
- ▷ Nominierung spezieller Betreuer im Innen- und Aussendienst
- ▷ Zwei-Mann-Besuche mit Spezialisten
- ▷ Orientierung der Telefonzentrale über interne zuständige Betreuer, damit Grosskunden von Anfang an mit der richtigen Person verbunden werden
- ▷ Preispolitik gegenüber Grosskunden abstimmen
- ▷ Überwachung von Reklamationserledigungen (Speditivität, Kulanz, Sorgfalt)
- ▷ Periodische Orientierung des Kunden, wer für was zuständig ist
- ▷ Sich telefonisch versichern, ob grössere Lieferungen tadellos erfolgten
- ▷ Pflege des Kontaktes mit direktem Gesprächspartner beim Kunden wie auch mit wichtigen Personen im Verwendungsbereich
- ▷ Einladungen ins Werk
- ▷ Optimierung des Kundendienstes
- ▷ Optimierung der Personalschulung beim Kunden
- ▷ Serviceprogrammierung
- ▷ Einladung an Ausstellungen
- ▷ Alle 2 bis 3 Jahre Zufriedenheit des Kunden mit unseren Leistungen erfragen, zusätzliche Wünsche erfassen und eindecken (siehe Checkliste 1.2)
- ▷ Gezieltes Verkaufstraining der Aussendienstberater
- ▷ Terminüberwachung bei Lieferungen und rechtzeitige Meldung von Verzögerungen
- ▷ Orientierung über Änderungen bei Lieferterminen, wie auch über bevorstehende Preisaufschläge, sorgfältige Begründung derselben
- ▷ Rigorose Kontrolle der Ablieferung inkl. Fertigungskontrolle
- ▷ Angebote möglichst persönlich überbringen und besprechen
- ▷ Periodisch einmal eine Fachtagung im Hause des Grosskunden organisieren
- ▷ Präsentation von Neuheiten
- ▷ Dokumentation beim Grosskunden à jour halten
- ▷ Servicetechniker auf korrektes Verhalten schulen, sie selektiv einsetzen, ihrem Rapport alle Aufmerksamkeit schenken
- ▷ Fotos über gelieferte Anlagen herstellen
- ▷ Aus allen Grosskunden eigentliche Vollreferenzen machen
- ▷ Sie als Vollreferenzen nutzen, indem neue Interessenten zu ihnen geführt werden (Vorführung, Gedanken- und Erfahrungsaustausch)
- ▷ Geeigneten Mitarbeiter des Grosskunden für Kundenpool nominieren (Erfahrungs-Austausch-Gruppe von Kunden mit gesteuerten Sitzungen, durch uns zu leiten)
- ▷ Vermittlung von Fremderfahrungen, die der Grosskunde nutzen kann
- ▷ Vermittlung von interessierender Fachliteratur
- ▷ Einladungen zum Essen und damit verbundene Kontaktpflege
- ▷ Persönlich abgestimmte Kundengeschenke
- ▷ Besuche auch durch die Geschäfts- und Verkaufsleitung (nicht nur AD-Berater)
- ▷ Hauszeitschrift persönlich dem Kontaktmann beim Grosskunden abgeben
- ▷ Gegengeschäftsmöglichkeiten überlegen und anbieten
- ▷ Ausreichende Orientierung der eigenen Mitarbeiter über Verkaufserfolge bei unseren Grosskunden (Motivation für zuvorkommende Behandlung)
- ▷ Überlegen, welche speziellen Dienstleistungen dem Grosskunden angeboten werden können

2.20 Einsatz eines computergesteuerten Verkaufsmanagement-Systems

Checkliste mit 68 Prüfüberlegungen

Vorerst die Begriffsdefinition

Unter *computergesteuertem Verkaufsmanagement-System* versteht man ein Informations- und Kommunikations-System, welches mit Computern, Telefonnetz und anderen technischen Hilfen – kombiniert mit massgeschneiderten Software-Programmen – die Marktbearbeitung und Kundenbedienung optimiert.

Welche Systemvorteile und -anforderungen habe ich auf Anwendbarkeit für unsere Firma zu überprüfen?
(Beratung in diesen Fragen durch einen spezialisierten Lieferanten wird unerlässlich sein)

- ▷ Erhöhte Informationsbereitschaft des Aussendienstes?
- ▷ Verlängerter Arm für unsere Technik zum Kunden hin?
- ▷ Optimierung des Datenflusses zwischen Innen- und Aussendienst?
- ▷ Wegeinsparung im Aussendienst durch bessere Kommunikation?
- ▷ Bessere, schnellere und umfänglichere Marktinformation durch die Verkaufsleitung?
- ▷ Kostenverringerung dank erhöhter Wirtschaftlichkeit des Innen- und Aussendienstes?
- ▷ Effizientere Verkaufsförderung und Verkaufskoordination?
- ▷ Raschere Information zum Kunden hin?
- ▷ Bessere Unterstützung des Aussendienstes hinsichtlich Kundenbearbeitung und Administration?
- ▷ Besserer und schnellerer Zugriff auf Kundenadressen für gezielte Kundenbearbeitung und Verkaufsaktionen?
- ▷ Beschleunigung der Kaufentscheidung in vielen Fällen?
- ▷ Besseres Kostenmanagement im Verkauf?
- ▷ Individuellere Beratungsmöglichkeit?
- ▷ Optimierung der Kommunikation mit der Kundschaft?
- ▷ Bessere Wettbewerbsfähigkeit durch Informationsvorsprung gegenüber der Konkurrenz?
- ▷ Verbesserung der Selbsteinschätzungsmöglichkeit des AD-Mannes?
- ▷ Verbesserung der Leistungsbeurteilung des AD-Mannes durch die Verkaufsleitung?
- ▷ Gerechtere Entlöhnung des Aussendienstes?
- ▷ Leichtere Erreichbarkeit des AD-Mannes in Dringlichkeitsfällen?
- ▷ Mehr Prestige des AD-Mannes beim Kunden (überlegene Dispositionsfähigkeit)?
- ▷ Verbesserung der Pflege der Grosskunden?
- ▷ Entlastung des Aussendienstes in seiner Arbeit?
- ▷ Rationalisierung der Gebietsbearbeitung für den AD-Mann?
- ▷ Bessere Marktstrategie und Kundenpflege insgesamt?
- ▷ Welche spezifische Literatur muss ich zur Erweiterung meiner Systemkenntnisse noch lesen?
- ▷ Verfügt der Lieferant über aussagekräftige Referenzen, die ich zwecks Gedanken-Austausch noch kontaktieren sollte?
- ▷ Welche Hardware ist in unserem Fall angepasst? Mobile Kleincomputer – Autotelefon mit Modem – Telefax-Mobil-Station – Telefonbeantworter im Wagen – Kopiergeräte – Drucker – Rechner – evtl. Wagen «als rollendes Büro» ausgerüstet – Bürogerät wie Hefter, Mäppchen, Papier etc.
- ▷ Welche Software ist masszuschneidern? Kundenverwaltung – Kundengeschichte? – Produkteverwaltung? – Angebots- und Projektverwaltung? – Besuchs- und Routenplanung? – Verkaufsplanung und -kontrolle? – Rapportsystem? – Bestellwesen? – Statistische Auswertungen? – Werbe- und Verkaufsförderung? – Mailing-Planung? – Telemarketing? – Konkurrenzanalyse? – Formular- und Textverarbeitung? – Kommunikation/Datenaustausch (Vernetzung mit EDV-Anlage der Firma oder weiteren Datenträgern)?
- ▷ *Vorgehen zur Verbesserung der Akzeptanz-Problematik*
  – Absicherung des Vorhabens durch die Geschäftsleitung, verbunden mit deren detaillierter Information
  – Umfassender und verständlicher Ideenverkauf gegenüber Innen- und Aussendienst (getrennt, um besser auf die bezüglichen Perspektiven einzugehen und die Vorteile gezielt zu umschreiben, je nach Bereich)
- ▷ *Ideenverkauf auch der EDV-Abteilung gegenüber – Präsentation einer gut vorbereiteten und realistischen Vorteil-Nachteil-Bilanz*

▷ *Schulung der in den verschiedenen Abteilungen betroffenen Mitarbeiter unter der Regie des Lieferanten und der Verkaufsleitung:*
  - Programmausarbeitung durch den Lieferanten mit Zeitplan
  - Absegnung durch die Verkaufsleitung
  - Erfolgsüberprüfung für die vermittelte Ausbildung
  - Bildung einer Projektgruppe für die Einführung des Systems und die nötigen Anfangskorrekturen
  - Erfahrungsaustausch-Sitzungen nach 1, 2 und 4 Wochen zwecks Feststellung und Behebung von möglichen Startproblemen
  - Erfolgsbericht in der Firmazeitung
  - Erfahrungsaustausch mit einigen Verkaufsleitern anderer Firmen frühmöglichst, um von wichtigen Fremderfahrungen zu profitieren

Wie aus dem Ganzen hervorgeht, handelt es sich um ein komplexes Vorhaben, das entscheidend auf gute Vorbereitung, sorgfältige Aufbauarbeit und auch die Nutzung von wertvollen Fremderfahrungen angewiesen ist. Eine Risikominderung empfiehlt sich in dem Sinne, dass man darauf verzichtet, von Anfang an alle Möglichkeiten auszuschöpfen; im Stufenverfahren ist der Systemaufbau auch denkbar, und die anfangs schon gewonnenen Erfahrungen befruchten den weiteren Ausbau des Systems.

Unsere Checkliste sollte auch zur Informationsbeschaffung beim Systemlieferanten benutzt werden; verlangen Sie zu jedem Punkt Erfahrungen, Beispiele aus der Praxis oder Empfehlungen.

3. Teil

29 Checklisten für Verhandlungskunst und Serviceleistungen

3.1 Gewinnend verhandeln

Checkliste mit 129 Spielregeln der Verhandlungskunst

Bedeutung der Verhandlungstechnik

1. Ob beruflich, ob privat – Verhandeln wird immer wieder nötig sein, wenn wir irgendwelche, nicht gerade leichte Ziele erreichen wollen.
2. Verhandeln ist dann nötig, wenn gegen die Meinung oder den Widerstand anderer Ziele durchzusetzen sind oder Interessen verfochten werden sollen.
3. Verhandeln ist also identisch mit Beeinflussen, Überzeugen, Beweisen – und natürlich auch Widerlegen des anderen.
4. Der Lebenskampf des einzelnen bringt es mit sich, dass er gelegentlich mit anderen kollidiert, auf Widerstand stösst, sich also durchsetzen muss, wenn er es nicht vorzieht, einfach zu kapitulieren.
5. Verhandeln kann man geschickt oder ungeschickt. Erfolgreiche Menschen zeichnen sich immer aus durch Geschicklichkeit im Vertreten eigener Meinungen und im Überwinden von Gegenauffassungen.
6. Ein Unterschied zwischen privatem Verhandeln und beruflichem Verhandeln existiert grundsätzlich nicht. In beiden Fällen sind sich Menschen gegenübergestellt, mit ihren Stärken und Schwächen, Wünschen, Interessen und Strebungen.
7. Die Strebungen können materieller oder ideeller Art sein. Auch dies macht im Prinzip keinen Unterschied im Verhandeln. Es kann ebenso schwierig sein, in einem Erziehungsgespräch mit einem jungen Menschen einen ideellen, vielleicht sogar moralischen Zweck zu verfolgen, wie es schwierig sein kann, in einer geschäftlichen Verhandlung den anderen dazuzubringen, einen materiellen Opfergang zu unseren Gunsten anzutreten.
8. Es gibt Berufe, in welchen das Führen von Verhandlungen Hauptaufgabe ist, z. B. in der Funktion des Diplomaten, des Juristen, des Unternehmers, des Verkäufers usw.
9. Gibt es Begnadete, denen es ohne weiteres gegeben ist, im Verhandeln meist zu selbstverständlichen Erfolgen zu gelangen? Sicher nicht, denn Verhandeln ist eine differenzierte Funktion, die eine ganze Reihe von Fähigkeiten erfordert, die erarbeitet sein wollen. Auch gewisse Eigenschaften sind dazu nötig, charakterliche und geistige.

Welche Voraussetzungen gelten für gute Verhandlungsführung?

Sicher z. B. folgende, im einzelnen entwicklungsfähige Eigenschaften und Techniken:

- ▷ Bewegliche Intelligenz
- ▷ Selbstsbeherrschung
- ▷ Positive Ausstrahlung
- ▷ Verständnis für andere
- ▷ Gesprächstechnik
- ▷ Umgangspsychologie
- ▷ Zielstrebigkeit
- ▷ Geduld
- ▷ Menschenkenntnis
- ▷ Kontaktfähigkeit
- ▷ Gute Allgemeinbildung
- ▷ Elastizität
- ▷ Freundlichkeit
- ▷ Sensibilität
- ▷ Formuliervermögen
- ▷ Fairness und Anstand
- ▷ Zähigkeit
- ▷ Sachlichkeit
- ▷ Beeinflussungstechnik
- ▷ Geschickte Fragetechnik
- ▷ Suggestive Art im entscheidenden Moment
- ▷ Abschlusstechnik

Verhandlungstechnische und -psychologische Tips

- ▷ Immer freundlich bleiben, selbst wenn der andere es nicht unbedingt ist oder gar Druck auf uns ansetzt
- ▷ Kontakt schaffen durch nette, zuvorkommende Art und Aufgelockertheit

- ▷ Situation beim Kunden zuerst abklären, bevor argumentiert und Empfehlungen gegeben werden
- ▷ Nicht im Monologstil einwirken – den Partner immer wieder mittels geschickter Fragetechnik aktivieren
- ▷ Unaufdringliche Gesprächssteuerung anstreben, um Gesprächszweck möglichst optimal erfüllen zu können
- ▷ Bildungsniveau des Partners berücksichtigen, um verständlich zu bleiben
- ▷ In Beratung und Instruktionsarbeit SIE-Sprache sprechen, um den Partner in seinem Vorteildenken überzeugen zu können
- ▷ Nie drängen, sondern überzeugen, mit Beweisführungen, Demonstration, mit Versuchen oder Probelieferung, wo möglich
- ▷ Dabei immer von seiner Situation, von seinen Wünschen oder Bedingungen ausgehen
- ▷ Fachsprache nicht überziehen, verständlich bleiben, besonders wenn der Kunde nicht Spezialist ist oder erstmals mit einer neuen Möglichkeit konfrontiert wird
- ▷ Nie direkt widersprechen, sondern elastisch mit Abfangformulierungen antworten und unaufdringlich parieren, d.h. sachlich informieren und gleich Beweise dafür mitliefern
- ▷ Humor und Witz einsetzen, um nicht verkrampft zu wirken und den anderen auf nette Art geistig zu beleben und aufzuheitern
- ▷ Grundsätzlich positiv überlegen und aus der Wunschperspektive des Partners argumentieren, sich von negativen Gedankengängen des anderen nicht anstecken lassen
- ▷ Richtige Auffassungen des Partners lobend bestätigen, ihn zitieren, wo er schon vorher Wissen oder Können offenbart hat
- ▷ Superlative nur gebrauchen, wo Aussergewöhnliches gleichzeitig angeführt bzw. bewiesen werden kann
- ▷ Den Partner nicht kritisieren, höchstens Fragen stellen und im Dialog Besseres erarbeiten
- ▷ Druck vermeiden, z.B. mit Formulierungen wie «Das müssen Sie doch begreifen, verstehen, zugeben» oder «Das können Sie sich doch nicht leisten» – «Sie werden doch nicht gegen die Vernunft ankämpfen wollen»
- ▷ Nie mit unbelegten Behauptungen provozieren – überzeugen lässt sich nur mit Beweisführungen
- ▷ Drittpersonen als Referenzen einsetzen – Selbstlob stinkt!
- ▷ Nie drängen, sondern mit verlockenden Erkenntnissen oder Hinweisen Vorteile suggerieren
- ▷ Tüchtigkeit so nebenbei beweisen – sich bewusst bescheiden geben
- ▷ Namen des Partners von Zeit zu Zeit beehrend aussprechen, ihn in den Mittelpunkt des Geschehens stellen, von seinen Wünschen ausgehen, seine Vorteile betonen
- ▷ Guter Zuhörer sein, richtige Aussagen des Partners, die er vorher gemacht hat, bestätigen
- ▷ Nicht wortlos zuhören – Bestätigungsworte gebrauchen («Richtig, stimmt, das ist auch meine Erfahrung, allerdings, sehr zutreffend!)
- ▷ Konkurrenz nicht heruntermachen, höchstens Beweisbares vergleichen und Kunden selbst die richtigen Schlüsse daraus ziehen zu lassen
- ▷ Sich bei allzu kühnen Behauptungen des anderen etwas dumm stellen und durch Frage um näheren Aufschluss bitten, so dass der andere selbst eine Korrektur anbringen muss
- ▷ Gerade schwierige Partner durch doppelte Anstrengung und in zuvorkommender Art überzeugen, statt sich von ihnen provozieren zu lassen
- ▷ Gesicht auch in schwierigen Phasen wahren, keine Unsicherheit verraten, nur mit Beweisbarem begegnen
- ▷ Verdiente Komplimente nicht nur denken, sondern in angenehmer Form vermitteln – aber nie dick auftragen!
- ▷ Nie lange im Monologstil einwirken, den Dialogstil anstreben, um auch den anderen seine Rolle spielen zu lassen
- ▷ Einen evtl. Denkfehler zugeben, sich dafür entschuldigen und die Fehlüberlegung durch konstruktiven neuen Gedanken wettmachen
- ▷ Schwieriges langsam vermitteln und Gelegenheit zu Fragen geben
- ▷ Nicht mit eigener Überlegenheit bewusst brillieren wollen, lieber dem Partner Gelegenheit geben, sich gescheit vorzukommen, indem man ihn durch geschickte Fragetechnik zu intelligenter Aussage bringt, die in beider Interesse liegt
- ▷ Keine Antworten geben, für die man nicht die Hand ins Feuer legen kann – sonst lieber ein späteres Zurückkommen auf die Frage des Kunden in Aussicht stellen, «nach Befragung unserer Fachspezialisten»
- ▷ Nie Wortklauberei betreiben – besser den anderen wissbegierig herausfordern mit anspruchsvoller Fragestellung, um selbst gegebenenfalls dazulernen zu können
- ▷ Heiterkeit nie mit Ironie, Sarkasmus oder gar Zynismus verwechseln, da dies negative oder aggressive «Humor»-Sorten sind, die Überheblichkeit suggerieren
- ▷ Vor Preisnennungen immer Nutzen, Qualität, Sicherheit und andere qualifizierende Elemente belegen – so empfindet der andere den Preis als verhältnismässig günstig

- ▷ Das gemeinsame Interesse überzeugend ansprechen, wo immer möglich
- ▷ Verständnis zeigen, wenn der andere wegen einem Fehler von uns oder unserer Firma verärgert ist – für kritische Hinweise danken
- ▷ Rabattbegehren qualitativ kontern, Nutzen ausrechnen, spezielle Vorteile des Kunden belegen, gerechten Marktpreis beweisen, Preiswürdigkeit im besonderen Fall des Kunden nachweisen, Markterfolg unterstreichen
- ▷ Konkurrenz auch einmal loben, dann aber geschickt auf besondere Stärke von uns eingehen
- ▷ Wortkarge Partner mit Bestätigungsfragen aus dem Busch holen, gegen Schluss zusammenfassend Vorteile bündeln und den anderen um Beurteilung bitten, ihn unentwegt freundlich-erwartungsvoll anschauend (Schweigepause auf ihm lasten lassen)
- ▷ Evtl. getroffene Vereinbarung schriftlich ausfertigen und beidseitig unterschreiben
- ▷ Dem anderen für das Gespräch danken, sich nett verabschieden, ihm evtl. zu getroffenem Entscheid gratulieren, eigene jederzeitige Verfügbarkeit zugunsten des anderen bestätigen
- ▷ Tabus für berufliche Gespräche beachten: politische und religiöse Themen, Konkurrenzverunglimpfung, Schimpfen über eigene Firma oder Mitarbeiter, Geschenkangebote, die einen Bestechungscharakter haben

Sackgassen – und wie man sich daraus befreit

Von Sackgassen spricht man beim Verhandeln, wenn Partner festgefahren sind, wenn keiner weiter entgegenkommen will, wenn plötzlich Hindernisse auftauchen, von welchen man nicht weiss, wie man sie beseitigen will oder kann, oder wenn plötzlich von einer Seite her neue Forderungen gestellt werden, die unerfüllbar erscheinen.

Techniken, die der Befreiung aus Sackgassen dienen, sind:

- ▷ Man ignoriert im Moment die Schwierigkeit und spricht unverbindlich mit Formulierungen wie:
  - Gesetzt den Fall, wir würden uns einigen...
  - Gegebenenfalls...
  - Mal diesen Fall ausgeklammert, ...
  - Nehmen wir an, eine Einigung wäre doch möglich, so...
  - Sollten Sie doch noch zu einer Annahme meines Vorschlages kommen, so ...

  Dann fährt man positiv weiter und belegt Vorteile für die andere Seite, bis der Widerstand abgeschwächt oder behoben ist.
- ▷ Man trifft Vorab- oder Teilentscheide:
  - man schiebt den Hauptentscheid zugunsten von Teilentscheiden (Farbe, Lieferfrist, Zahlungsmodus, Typ, Ausrüstung usw.) hinaus, um den Partner in Nebenpunkten zu gewinnen
  - man schafft mit Wirtschaftlichkeits-Rechnungen, um die Vorteile des Partners bei einer positiven Entscheidung in barem Geld auszurechnen und die Vorteilhaftigkeit eines Entscheides zu belegen
- ▷ Man rechnet die Nachteile für den anderen aus, die bei negativer Seite ins Gewicht fallen würden
- ▷ Man klärt die Möglichkeit einer Sondervereinbarung, um einer überraschend aufgetauchten Schwierigkeit zu entsprechen
- ▷ Man schiebt den Entscheid hinaus, um durch Versuche, Demonstrationen, Besichtigungen, Tests, Probeläufe im Stufenverkauf später zu einer Einigung zu kommen
- ▷ Man mobilisiert irgendwelche mögliche Helfer, um von einer dritten Seite her einzuwirken, bis die Festung fällt
- ▷ Man bietet schriftliche Garantien an, um dem anderen zu beweisen, dass er bei einem Sofortentscheid kein Risiko eingeht
- ▷ Man bietet einen Kompromissvorschlag an (siehe nächstes Kapitel über Kompromiss-Technik)

Kompromiss-Technik

1. Volle Erfolge kann niemand immer zustande bringen. Hin und wieder liegt die letzte Chance in einem Kompromiss.
2. Kompromisse soll man aber niemals zu früh anbieten. Probieren geht über Studieren. Schon mancher Kompromiss, den man nahen sah, musste doch nicht geschlossen werden, weil es gelang, den ganzen Punkt zu buchen.
3. Wo letztlich ein Kompromiss unumgänglich ist, müsste schon in der Vorbereitung der Verhandlung entschieden werden, bis an welche Grenzen man im äussersten Fall gehen will. Schon mancher hat mit überraschenden Vorschlägen mehr erreicht, weil sich der andere unter Druck setzen liess und im Moment keinen anderen Vorschlag bereit hatte.
4. Kompromisse kann man – wenn nichts mehr anderes übrigbleibt – verkaufen, indem man nochmals
   a) die Vorteile für den anderen beleuchtet, andererseits aber

b) die Nachteile herausstellt, die man selbst bei einem Arrangement in Kauf nehmen muss

5. Zähes Kämpfen mit stufenweisem gegenseitigen Entgegenkommen kann im einen oder anderen Fall noch zusätzlich nötig sein. Dabei ist es oft empfehlenswert, dem anderen klarzumachen, dass man «bereits wesentlich über das hinausgegangen sei, was eigentlich vertretenswert erscheine, dank Verhandlungs-Talent der anderen Seite, dass jedoch nun der Punkt erreicht sei, wo man konsequenterweise auf weiteres Verhandeln verzichten müssen, wenn nicht auch die andere Seite etwas Kompromissbereitschaft zeige». Oft kann so unter der Drohung der Verhandlungs-Sistierung doch noch ein positiver Abschluss zustande gebracht werden.
6. Ein Kompromiss ist manchmal möglich durch Entgegenkommen in Bereichen, wo keine grossen Kosten anfallen.

Protokollierung aus sachlich-juristischen Gründen in Sonderfällen

In Fällen, wo erhebliche materielle Werte oder Zeiteinsatz im Spiel sind, sollte man Verhandlungs-Vereinbarungen gleich schriftlich fixieren, unterschriftlich bestätigt von beiden Seiten. Wie oft wurden schon Vereinbarungen später widerrufen oder bestritten. Sicherheit ist die Mutter der Weisheit – gerade bei heiklen Kompromissen und mühsamer Einigung. Gelegentlich unterlässt man solche Absicherungen, aus Angst der andere könnte den Vorschlag einer schriftlichen Fixierung des Vereinbarten als eklatanten Misstrauensbeweis anschauen. Da hilft sicher ein Hinweis wie: «Um der Ordnung halber und weil Ihnen so gut wie mir morgen etwas passieren kann, wäre es sicher angebracht, das Vereinbarte festzuhalten. Ein paar Zeilen genügen ja, was übrigens auch spätere Missverständnisse oder abweichende Interpretationen ausschalten würde. Sie haben doch sicher nichts gegen eine korrekte schriftliche Abmachung einzuwenden!»

Niederlagen sind Lehrmeister!

▷ Der Mensch kann aus Fehlern viel lernen, wenn er es bewusst und systematisch tut.

▷ *Allerdings lernt er erst aus seinen Niederlagen, wenn er sie sorgfältig analysiert und ihre Ursachen zu erfassen vermag.*

▷ Argumentations- und Verhandlungsfehler im Verkaufsgespräch werden von den einen erfasst, von den anderen übersehen. Warum? Weil viele nicht ausreichend sich selbst beobachten und auch die Reaktionen des Partners nicht in den Griff bekommen. Man ist zu sehr auf die eigene gedankliche Arbeit konzentriert. Oft fehlt der Blickkontakt. Die Entgegnungen des Partners werden zu wenig analysiert. Man liest nicht zwischen den Zeilen, überhört die Untertöne, geht am Hintergründigen vorbei, kombiniert zu naiv.

▷ *Es gilt somit für den guten Verkäufer, die Selbstbeobachtung und auch die Beobachtung des Partners zu verbessern.*

▷ Der Aufmerksame erfasst den leisesten Zweifel oder Widerstand, der sich im Gesicht, in der Haltung und Gestik des Gesprächspartners ausdrücken kann.

▷ Er spürt sozusagen die Wirkung, die seine Gedanken – präzis und gut formuliert – im anderen wachrufen. Er merkt, wann der entscheidende Moment naht. Er erfasst, ob der Kunde sich seinen Ausführungen anschliesst oder gegenteiliger Meinung zu sein scheint.

▷ Das setzt natürlich Routine im Entwickeln von Verkaufsgesprächen voraus. Sonst ist man wie gesagt mit der eigenen Arbeit zu sehr beschäftigt, um auch die Reaktionen des anderen laufend subtil zu erfassen. *Wer sich im Argumentieren trainiert, ist im Vorteil; einen Teil seiner Aufmerksamkeit kann er dann auf den Partner richten, ohne den eigenen Aufbau und das schöpferische Denken vernachlässigen zu müssen.*

▷ Der Amerikaner hält etwas von den sogenannten Randsteingesprächen. Damit sind die Gespräche gemeint, die der begleitende Verkaufsleiter mit seinem Vertreter unmittelbar nach durchgeführtem Kundenbesuch führt, um mit ihm zusammen zu analysieren, was gut und was weniger gut bewältigt wurde. In der Regel ist man aber allein dem Kunden gegenübergestellt – trotzdem lässt sich in der nachherigen sorgfältigen Selbstanalyse meist recht genau erfassen, wo sich im Gespräch mit dem Kunden Schwierigkeiten einstellten, wo die Argumentation versagte oder auch die Kunst des Überwindens von Einwänden.

▷ *Es kann nur von grossem Vorteil sein, wenn man diese Analysen systematisch durchführt, denn dadurch schärfen wir unsere Beobachtungsgabe auch für das Gespräch selbst, formulieren gezielter, überlegen selbstkritischer. Das ist beste Erziehung an sich selbst!*

- ▷ Dabei sollte man sich einmal sehr darüber klar werden, wie viele Fehler im Gespräch auf nichts anderes zurückgehen als auf eine *ungenügende Gesprächsvorbereitung.* Wer die farbige Palette der Argumentationsmöglichkeiten im voraus überdenkt, Schwerpunkte festlegt und den vernünftigen Gesprächsaufbau optimal vorsieht, der wird manchen Fehlern nicht zum Opfer fallen, die sonst unterlaufen, wenn man spontan auftauchenden Schwierigkeiten *nur die Improvisation* gegenüberstellen kann.

Fragen zur Erfolgs- und Misserfolgs-Analyse nach Verkaufsgesprächen

- ▷ War es richtig, den Kunden zu besuchen?
- ▷ Tag/Uhrzeit glücklich gewählt?
- ▷ Habe ich mich rechtzeitig/richtig angemeldet?
- ▷ Klare Verkaufsziele/Nebenziele/Ersatzziele gehabt?
- ▷ Mit dem richtigen Mann gesprochen?
- ▷ Das Gespräch gut eröffnet?
- ▷ Bin ich rasch auf den Nutzen des Kunden zu sprechen gekommen?
- ▷ Habe ich genügend produktive Fragen gestellt?
- ▷ Alle vorgesehenen Themen angesprochen?
- ▷ Argumente gezielt/informativ eingesetzt?
- ▷ Wirksame optische «Begleitmusik» geboten?
- ▷ Muss ich Kenntnislücken über Markt/Konkurrenz nachträglich ausfüllen?
- ▷ Habe ich Demonstrations-Material ausreichend eingesetzt?
- ▷ Gezielte Referenzen eingesetzt?
- ▷ Welche Fragen/Einwände überforderten mich?
- ▷ Wo hatte ich Erfolg, wo nicht? Warum?
- ▷ Was ist in der Besuchsauswertung noch zu tun?
- ▷ Wie bleibe ich am Ball? Was tun beim nächsten Besuch?
- ▷ Wann und mit welchen Zielen ist er durchzuführen?
- ▷ Aktennotizen vorgenommen? Kundenkarte à jour?
- ▷ Ist einem unterbreiteten Angebot nachzufassen? Wann?
- ▷ Müssen andere bei uns über etwas informiert werden?
- ▷ Müssen abgegebene Unterlagen/Muster usw. nachgefasst werden?

3.2 Gezielte Fragetechnik als Steuerungs- und Beeinflussungs-Instrument

95 Einsichten und Anregungen

Grunderkenntnisse

- ▷ Kluge Taktiker heben immer wieder zu Recht hervor, dass die Fragetechnik das A und O der Verhandlungsführung ist
- ▷ Wer fragt, führt weg vom Monolog und hin zum Dialog
- ▷ Wer fragt, aktiviert den Partner und spricht ihm Kompetenz zu, die richtige Antwort zu finden
- ▷ Wer fragt, erlaubt dem andern, seine Rolle zu spielen und sein Wissen imponierend zum Ausdruck zu bringen – tut ihm also Ehre an
- ▷ Mit geschickten Fragen lassen sich auch heikle Situationen abfangen
- ▷ Emotionelle Partner kann man damit versachlichen, aufs Wesentliche reduzieren, auf die realistische Ebene zurückführen
- ▷ Wer fragt, vermeidet Leerlauf und gewinnt Zeit
- ▷ Schwätzer können mit Fragen sinnvoll gestrafft und gesteuert werden
- ▷ Mit Fragen lässt sich der andere aus dem Busch holen
- ▷ Wer fragt, vermeidet eigene Blossstellung als Folge vorschneller Annahme oder unklugen Antizipierens des Partners
- ▷ Wer fragt, läuft nicht Gefahr, direkt zu widersprechen
- ▷ Fragende lernen immer noch dazu (der gescheite Kipling sagte einmal: «Ich habe sechs Bedienstete, die mich alles gelehrt haben, was ich weiss. Ihre Namen sind: Wer und Was, Wie und Warum, Wo und Wann.»)
- ▷ Mit geschickten Fragen lassen sich Ideen verkaufen
- ▷ Wer gezielt fragt, macht den andern zum Mitgestaltenden, lässt ihn die richtigen Lösungen «mitfinden» – so überzeugt er sich selbst und muss nicht mehr von uns überzeugt werden
- ▷ Mit geschickten Fragen kann man unaufdringlich überzeugen, ja sogar verführen, Bedürfnisse wecken, an Kauftriebe appellieren
- ▷ Der Fragende vermag gewünschte Antworten oder Reaktionen herauszufordern
- ▷ Mit Fragen kann man Zustimmung erwirken
- ▷ Durch ein Netz geschickter Fragen lässt sich ein Geständnis entlocken, auf dem ein Verkaufsvorschlag aufgebaut werden kann
- ▷ Mit Fragen können Widerstände, Motivationen, Hemmungen, bremsende Erfahrungen oder von Drittseite her suggerierte Auffassungen analysiert oder herausgefunden werden
- ▷ Mit Fragen lassen sich Verlegenheitsmomente überbrücken
- ▷ Durch Fragen vermag man beim Verhandeln Zeit zu gewinnen, um Entscheidungen nicht unter Druck treffen zu müssen
- ▷ Mit Fragen kann man überlegenes Wissen und grosse eigene Erfahrung beweisen, imponierend herausstellen
- ▷ Mit guten Fragen fördert man die Entschlussfreudigkeit des Partners
- ▷ Durch Fragen kann man Abschweifende elegant zum Kernpunkt der Sache zurückführen
- ▷ Mit Fragen lässt sich, ohne zu schulmeistern, Kritik anbringen, lassen sich Standpunkte richtigstellen
- ▷ Fragen, die der Urteilsfähigkeit des andern schmeicheln, führen dazu, dass er auch unseren Auffassungen Gewicht beilegt
- ▷ Mit guten Fragen lässt sich geschickt auf weitere Verkaufschancen überleiten
- ▷ Fragen dienen der optimalen, unaufdringlichen Gesprächssteuerung, denn wer fragt, der bestimmt, worüber gesprochen wird
- ▷ Gute Fragen helfen, Einwände zu überwinden
- ▷ Durch Fragen lässt sich Verkaufsdruck vermeiden
- ▷ Fragen geben uns Gelegenheit, die Reaktionen des andern zu beobachten
- ▷ Fragen zeigen die eigene Bescheidenheit
- ▷ Fragen führen oft zu neuen, unerwarteten Möglichkeiten, die sonst nicht genutzt werden könnten
- ▷ Fragen lassen uns den Partner besser einschätzen (Intelligenz, Vorurteile, Fachwissen, Bildung, Interesse)
- ▷ Fragen gestatten uns, indirekt aber wirksam Lob und Anerkennung auszusprechen
- ▷ Mit Fragen können wir den andern den Kropf leeren lassen
- ▷ Fragen gestatten den Einfluss der Konkurrenz abzutasten
- ▷ Mit Fragen lässt sich die Abschlussbereitschaft des Partners herausfinden
- ▷ Fragen lassen Mängel des Kunden erfassen, die identisch mit Verkaufschancen von uns sind

- ▷ Mit Fragen lässt sich Spannung lösen oder Ärger abbauen
- ▷ Gute einfühlende Fragen schaffen ein persönliches Klima
- ▷ Fragen bringen Anregung für neue Argumente
- ▷ Fragen dienen der Ablenkung des andern, in Verbindung mit einem Themawechsel
- ▷ Mit gezielter Fragetechnik können wir die Initiative wieder auf unsere Seite bringen
- ▷ Durch die gestellten Fragen wird das Denken des Kunden – oft auch unser Denken – klarer
- ▷ Durch geschicktes Fragen verwandeln sich unsere Ideen zu vermeintlichen «eigenen» Ideen des Käufers (druckloses Verkaufen heisst den Kunden kaufen zu lassen, statt ihm etwas zu verkaufen)
- ▷ Mit Fragen lässt sich indirekt informieren und auch Marktinformation beschaffen

Voraussetzungen guter Fragen sind:

- ▷ Gute Vorbereitung des Verkaufsgesprächs
- ▷ Intelligenz
- ▷ Menschenkenntnis
- ▷ Interpretationsfähigkeit (den andern richtig interpretieren, zwischen den Zeilen lesen oder auch Hintergründe erfassen zu können)
- ▷ Erfahrungs- und Fachwissen
- ▷ Formuliervermögen
- ▷ Reaktionsvermögen
- ▷ Schlagfertigkeit
- ▷ Einfühlungsvermögen/Identifikationsvermögen

Fragen sind nicht immer goldene Schlüssel – z.B. wenn folgende Fehler gemacht werden:

- ▷ Aufdringliches Fragen
- ▷ Kompliziertes Fragen
- ▷ Fragestellungen, die den andern abwerten, ihn herabsetzen
- ▷ Fragen, die andere brüskieren
- ▷ Fragen, die den andern als dumm verkaufen
- ▷ Fragen, die ein Geständnis erpressen sollen
- ▷ Indiskrete Fragen, die der andere nicht gerne beantwortet
- ▷ Negativ statt positiv formulierte Fragen (Glauben Sie nicht auch, dass...? Finden Sie nicht, dass...? Sind Sie nicht der Meinung, dass...? – statt: Sie können doch sicher bestätigen, dass...? Sie haben wohl auch die Erfahrung gemacht, dass...? Sicher legen Sie Wert darauf, dass...? Bestimmt sind Sie auch der Meinung, dass...?)
- ▷ Fragen, die so kinderleicht zu beantworten sind, dass der andere Hemmungen hat, darauf zu reagieren
- ▷ Plumpe Fragestellungen wie z.B. «Warum wollen Sie denn nicht kaufen?»
- ▷ Fragen, durch die man dem andern ins Messer läuft
- ▷ Fragen, die nach fehlender Erfahrung oder nach fehlendem technischen Wissen riechen.

Typen von Fragestellungen

Aufschliessende Frage

Mit ihr schliesst man den Partner für ein Gespräch oder eine Idee auf (Beispiel: «Darf ich fragen, wie Sie bisher das Problem... zu lösen versucht haben?»)

Bedarfserfassende Frage

Dient der Annäherung über ein mögliches Problem des Kunden (Beispiele: «Setzen Sie in Ihrem Betrieb auch pneumatische Werkzeuge ein?» – «Ist bei Ihnen auch ein Bedarf Richtung... gegeben?»)

Kontroll-Frage

Sie soll einen Sachverhalt oder eine Vermutung bestätigen. (Beispiel: «Sind die Bedienungselemente und Relais starker Verschmutzung ausgesetzt?»)

Alternativ-Frage

Mit ihr schmeichelt man dem «Richter» im Kunden; unbestechlich soll er entscheiden, welche Möglichkeit günstiger für ihn ist. (Beispiel: «Bevorzugen Sie für diesen Arbeitsprozess eher Hydraulik oder Pneumatik?»)

Vergleichende Frage

Sie dient der Klarstellung einer Situation oder holt den Kunden aus dem Busch heraus. (Beispiel: «Haben Sie berücksichtigt, dass man hier die Anforderungen eigentlich mit dem Fall X vergleichen kann, wo man auch absolute Sicherheit anstrebt?»)

Suggestiv-Frage

Mit ihr holt man eine positive Antwort aus dem Kunden heraus. (Beispiel: «Das ist doch sicher die richtige Lösung für Ihren Betrieb?»)

Zweifels-Frage

Man provoziert den Kunden mit ihr zu einem Zugeständnis oder klärt einen von ihm noch nicht eingestandenen Nachteil ab. (Beispiel: «Ist die bisher von Ihnen bevorzugte Lösung aber wirklich so ideal? Sind nicht auch Nachteile hinsichtlich... zu verzeichnen, insofern als...?»)

Antithetische Frage

Antithesen sind gegensätzliche Feststellungen, die dazu anregen, dass der Kunde seine eigene Meinung bekanntgibt. (Beispiel: «Viele Fachleute behaupten, dass..., andere wieder sagen, es sei durchaus möglich, so oder so vorzugehen? Was ist eigentlich richtig? Wie beurteilen Sie die Möglichkeiten?»)

Beurteilungsfrage

Eine solche kann nicht nur mit Ja oder Nein beantwortet werden, sondern veranlasst den Kunden zu ausführlicherer Information (Beispiel: «Es würde mich nun interessieren, was Sie von unserem Lösungsvorschlag halten?»)

Bestätigungsfrage

Sie soll möglichst eine Zustimmung des Kunden erbringen (Beispiel: «Erbringt Ihnen diese massgeschneiderte Lösung was Sie sich erhofften?»)

Abtastfrage

Man tastet den Kunden ab, um nachher gezielt argumentieren oder vorführen zu können (Beispiel: «Haben Sie denn die Möglichkeit, auch Benzinkompressoren in privaten Wohnhäusern einzusetzen?»)

Prüffrage

Man prüft die Auffassung des Kunden zuerst, bevor weiter argumentiert wird (Beispiel: «Und wie sind denn nun Ihre Versuche inzwischen ausgefallen?»)

Reizfrage

Meist nach vergeblichen Anknüpfungsversuchen zu stellen (Beispiel: «Ganz offen gefragt, gibt es denn einen gewichtigen Grund, der gegen uns als Lieferant sprechen könnte?»)

Vergewisserungsfrage

Man fühlt sich noch etwas im Dunkeln und strebt Gewissheit an (Beispiel: «Sie scheinen einiges gegen elektronische Ausrüstungen zu haben – gibt es denn einen Grund für Ihre Ablehnung?»)

Ja-Sammel-Fragen

Man veranlasst damit Kunden zu verschiedenen Aspekten Ja zu sagen, um ihn positiv zu beeinflussen und abschlussgeneigt zu machen (Beispiele: «Sie haben vorher offensichtlich bemerkt, dass das Resultat ausgezeichnet ist, wenn genau nach Anweisung vorgegangen wird?» / «Ja, sicher» / «Sie erwähnten auch, dass gerade in Ihrem Fall... – ist das nach wie vor für Sie ausschlaggebend?» / «Absolut!» / «Dann gehen Sie eigentlich nicht das geringste Risiko ein, wenn Sie sich zu dieser preisgünstigen und Ihren Verhältnissen genau angepassten Ausführung entschliessen?» / «Ja, ich denke auch, dass dieses Modell für uns geeignet ist!»)

Persönliche Frage

Bei längerer bewährter Beziehung zum Kunden kann er auch recht persönlich befragt werden (Beispiel: «Darf ich annehmen, dass Sie sich in Anbetracht unserer langjährigen guten Beziehung bei Ihrer Geschäftsleitung persönlich einsetzen werden, um unserem Angebot gegenüber den andern zum Durchbruch zu verhelfen?»)

Abfang-Fragen

Vor allem nach Einwänden des Kunden anzuwenden (Beispiele: «Ich habe noch nicht ganz begriffen, welchen Nachteil Sie konkret befürchten?» – «Sie sagen ‹teuer› und vergleichen dabei wohl mit einem anderen Produkt – darf ich fragen mit welchem?» – «Warum glauben Sie denn, dass...?» – «Habe ich richtig verstanden, dass Sie eigentlich die Frage beantwortet haben möchten, ob es auch möglich sei...?»)

Abschliessende Frage

Mit ihnen – der Begriff sagt es schon – versucht man den Verkaufsabschluss einzuleiten. (Beispiele: «Sind Sie mit unserem Vorschlag einverstanden?» – «Zu welcher Alternative bekennen Sie sich nun lieber?» – «Ist Ihnen mit Typ X oder Y besser geholfen?» – «Das ist doch wohl eindeutig die richtige Lösungsvariante für Ihr Problem: erhöhter Ausstoss bei niedrigeren Stückkosten?» – «Ist der elektronisch gesteuerte Vollautomat nicht eine sinnvolle Ergänzung Ihres bisherigen Programmes?» – «Somit dürfen wir Ihnen die drei benötigten Apparate liefern?»)

Kombinationen verschiedener Fragetypen

Von den vorerwähnten Typen von Fragestellungen lassen sich viele miteinander kombinieren, z.B. kann die Abschlussfrage mit der Kontrollfrage oder Suggestiv- oder Alternativfrage kombiniert werden. Eine suggestive Abschlussfrage könnte heissen: «Das ist doch sicher eine patente Lösung Ihres Problems?» Und unser unter dem Stichwort «Antithetische Frage» gegebenes Beispiel hat in der Schlussphase noch die klassische Beurteilungsfrage «Wie beurteilen Sie die Möglichkeiten?» einbezogen.

Gewisse Fragetypen liegen sehr nahe beieinander, z.B. die Prüffrage und die Kontrollfrage. In der Verkäuferterminologie soll die Prüffrage den Kunden hinsichtlich seiner Wünsche, Bedingungen, Erwartungen usw. prüfen, während die Kontrollfrage eigentlich gestellt wird, um eigene Annahmen von der Gegenseite bestätigen zu lassen.

Wie wird man als Verkäufer zum Meister der Fragetechnik?

- ▷ Gewöhnen Sie sich an, beruflich wie privat Dialoge mit anderen mit guten Fragen zu durchsetzen
- ▷ Bereiten Sie Ihre Verkaufsgespräche vor, indem Sie im Gesprächskonzept auch alle Fragen verankern, die Sie im Gespräch zu bringen haben
- ▷ Nehmen Sie bei Telefongesprächen mit Kunden das, was Sie sagen, mit einem Diktier- oder Kassetten-Tonbandgerät auf und prüfen Sie nachher, ob Sie ausreichend das Gespräch durch geschickte Fragen gesteuert haben
- ▷ Führen Sie in der Verkäuferschulung Rollenspiele durch mit Tonband- oder Videoaufnahmen und prüfen Sie aufgrund derer Ihre Fragetechnik – überlegen Sie sich gleichzeitig, wo Fragen noch hätten gestellt werden können – welche Fragen nicht gut genug formuliert waren
- ▷ Arbeiten Sie mit Beratungs-Checklisten, die ja vorkonzipierte Fragen schon im voraus enthalten (gültig für komplexere Produkt- oder Dienstleistungsbereiche)
- ▷ Prägen Sie sich die Vorteile gezielter Fragetechnik einige Male ein, um sich selbst optimal dafür zu motivieren
- ▷ Prägen Sie sich auch die verschiedenen Fragetypen gut ein, um sie automatisch sinnvoll zu gebrauchen

3.3 Zum besseren Menschenkenner werden

Checkliste mit 38 Tips

Ziele guter Menschenkenntnis

- ▷ Andere rasch und relativ präzis zu erfassen
- ▷ Sich zu ihnen richtig einstellen
- ▷ Sie angepasst beeinflussen zu können
- ▷ Ihr Denken und Handeln verstehen zu können
- ▷ Daraus die richtigen Schlüsse zwecks angepasstem eigenen Verhalten zu ziehen

Wirkungsfeld der Menschenkenntnis

Menschenkenntnis ist wichtig:

a) im *Privatbereich* im Umgang mit Familienangehörigen, Freunden, Bekannten, Verwandten, Vereinskollegen usw.
b) im *Berufsbereich* im Umgang mit Kollegen, Vorgesetzten, unterstellten Mitarbeitern, Kunden, Lieferanten usw.
c) im öffentlichen Bereich im Umgang mit Politikern und anderen Partnern

Was erschwert den Erwerb von Menschenkenntnis?

- ▷ Vorurteile
- ▷ Sympathien
- ▷ Antipathien
- ▷ Verallgemeinerungen
- ▷ Unsichtbares/Hintergründiges
- ▷ Projektion eigener Meinungen auf andere
- ▷ Falsche Erwartungshaltungen
- ▷ Sturheit
- ▷ Kontaktunfähigkeit
- ▷ Emotionale Reaktionsweise
- ▷ Subjektive Massstäbe
- ▷ Nicht erkannte Motive anderer
- ▷ Komplexität der menschlichen Persönlichkeit
- ▷ Umweltbeeinflussungen des anderen, die uns nicht bewusst sind
- ▷ Grundsätzlich negative Einstellung zu andern
- ▷ Fehlende Sensibilität
- ▷ Fehlendes psychologisches Gespür

Auf welchen Wegen kann man systematisch besserer Menschenkenner werden?

- ▷ Besserer Beobachter sein
- ▷ Sich mit Psychologie befassen
- ▷ Kurse besuchen
- ▷ Menschliche Kontakte bewusster pflegen
- ▷ Spontaneindruck mit späterem Erfahrungseindruck vergleichen
- ▷ Körpersprache beachten
- ▷ Eigene mit anderen Urteilen vergleichen
- ▷ Charakterrollen studieren
- ▷ Vorbilder studieren und analysieren
- ▷ Vorurteile bei sich bekämpfen
- ▷ Gruppenpsychologie studieren
- ▷ Menschen in kritischen Situationen studieren
  In kritischen Situationen verstellt man sich weniger, weil man sehr mit sich selbst beschäftigt ist
- ▷ Alkoholisierte beobachten
  In vino veritas – Alkohol enthemmt
- ▷ Verhalten in Familie, unter Freunden und in der Gesellschaft beobachten
  In der Familie und im Umgang mit Freunden sind viele ungehemmt, lassen sich eher gehen
- ▷ Verhalten im Spiel und Wettkampf beobachten
  Ehrlichkeit, Fairness, Bescheidenheit und die Kunst, verlieren zu können, lassen sich in Wettkampfeinsatz und Spiel besonders gut beurteilen – das Spielen wird zum Charakterspiegel!
- ▷ Eigenes Persönlichkeitsbild in den Griff bekommen
- ▷ Erfahrungen sammeln und auswerten
- ▷ Graphologie zu Rate ziehen
- ▷ Typologien studieren
- ▷ Gespräche analysieren

> Wenn Ihr Spontaneindruck immer kongruenter wird zum Erfahrungseindruck (Verhältnis des Ersteindruckes zum Schlussbild nach x Begegnungen), so sind Sie bereits zum guten Menschenkenner geworden.

3.4 Zwei-Mann-Besuche bei Kunden richtig durchführen

Checkliste mit 13 Anregungen für richtige Besuchsgestaltung und Gesprächsführung

Anwendungssituationen

Klassische Fälle von Zwei-Mann-Besuchen können sein:

Besuche im Ausland bei Vertretungskunden, Erledigung heikler Reklamationsfälle, Besprechung techn. schwieriger Lösungen, Vorstellung von Chefs bei besonders guten Kunden, Zurückholen eines abgesprungenen Kunden mit Hilfe der Geschäfts- oder Verkaufsleitung, Einführung neuer Kundenbetreuer, heikle Akquisitionsfälle, um umfassendes Know-how einsetzen zu können, usw.

Welche Regeln gelten für den Zwei-Mann-Besuch?

▷ Überlegen, ob ein Besuch zu zweit oder dritt überhaupt sinnvoll ist (Kostenseite!)

▷ Prüfen, wer als Begleitperson im vorliegenden Fall besonders ausgewiesen wäre (Verkaufsleiter, technischer Spezialist, Anwendungstechniker, Person aus der Geschäftsleitung usw.)

▷ Besuch anmelden und erwähnen, dass man im Interesse des Kunden ausnahmsweise zu zweit sein werde, «weil der begleitende Herr X über Spezialkenntnisse/ besondere Erfahrung im Spezialbereich Y/oder über nötige Kompetenz als Geschäftsleitungs-Mitglied verfüge» (Kunde wertet das überraschende Aufkreuzen zu zweit oder gar zu dritt leicht als «Überfall» oder als den Versuch, «ihn in die Zange zu nehmen» – während er bei guter Begründung des Mitnehmens von Spezialisten den Besuch als Doppelservice interpretieren kann)

▷ Gespräch gründlich vorbereiten mit Begleitperson(en) hinsichtlich Aufbau, Regieverantwortung für die einzelnen Gesprächsabschnitte, Information, die man bieten will, Fragen, die zu stellen sind, Beweisführungen, mitzubringende Unterlagen, Vorführungen, ausgewählte Referenzen usw.

▷ Gespräch einleiten lassen durch denjenigen, der schon Kontakt mit dem Kunden hatte; Vorstellung der Begleitperson(en) mit ihren besonderen Funktionen; Dank aussprechen für den Empfang und die vom Kunden für das Gespräch reservierte Zeit

▷ Ausgewogenes Gespräch anstreben, in dem die Besucher ihre Stärken ausspielen können, ohne aber spürbar Druck anzusetzen (der andere soll sich eben nicht in die Zange genommen fühlen)

▷ Mit gezielter Fragetechnik den Kunden gebührend seinerseits zum Zuge kommen lassen

▷ Spontanes Zuspielen des Balles an die Begleitperson, dort, wo diese besonders kompetent ist, Richtiges und Wichtiges auszusagen

▷ Scharfe Konzentration auch auf das, was unsere Begleitperson jeweils sagt, nicht nur auf die Aussagen des Kunden – es darf ja nicht widersprüchlich operiert werden

▷ Gesprächsleitung gehört in die Hand des Verkäufers, der ja die Hauptverantwortung für die Beziehung zum Kunden hat, es sei denn, dass in besonders heikler Mission ein Geschäftsleitungs-Mitglied das Gespräch zu führen hat und die Kompetenzfrage entscheidend ist (vorübergehend kann natürlich auch der Techniker das Gespräch führen, dort, wo er die überragend kompetente Person ist)

▷ Kein Vorprellen mit unüberlegten Vorschlägen, so dass die Begleitperson in Schwierigkeiten kommen könnte – den anderen somit notfalls fragend «einschleusen»

▷ Wird zwischen Begleitpersonen in der Muttersprache gesprochen, die der Kunde nicht versteht, so sollte dieser vorher um Genehmigung gebeten werden, «etwas technisch Schwieriges untereinander abzusprechen, weil man dies in der eigenen Fachsprache rascher und besser bewältigen könne» (geheimnisvolles Tuscheln unbedingt vermeiden)

▷ Alle anderen verhandlungspsychologischen Anforderungen, die für Gespräche mit Kunden gelten, sorgfältig beachten, weil ein Gespräch im Kollektiv immer schwieriger ist als ein Gespräch unter vier Augen (siehe Checkliste 3.1)

3.5 Verhandlungen mit einem Kollektiv auf der Kundenseite

Checkliste mit 43 Hinweisen

Grundsätzliches

Im Gegensatz zum Zwei-Mann-Besuch, wo also zwei Mitarbeiter einer Firma einen Kunden aufsuchen, kann auch die umgekehrte Situation vorliegen, d. h. man ist in der Verhandlung einer Gruppe von Mitarbeitern des Kunden gegenübergestellt.

Erfahrungsgemäss stellt eine solche Verhandlungsaufgabe entsprechend grössere Anforderungen, weil:

- ▷ die Beobachtung aller Partner erschwert ist
- ▷ die Gefahr eines einseitigen Ansprechens gewisser Partner gegeben ist
- ▷ eine unklare Ausgangslage zu Missverständnissen und unnützem Hin und Her führen kann
- ▷ einzelne Partner andere dominieren können oder wollen
- ▷ mehr Gedanken zusammenkommen und damit die Gefahr besteht, dass die Verhandlung zu sehr in die Breite geht
- ▷ mehr Einwände und Widerstände zusammenkommen, als wenn man zu zweit verhandelt
- ▷ der Dialog erschwert ist, wie auch die Diskussionssteuerung
- ▷ das Zusammenspiel mit dem eigenen Partner (Begleiter) ebenfalls erschwert ist
- ▷ das Übergewicht der Gesprächspartner auf der Kundenseite ein ungünstiges Kräfteverhältnis ergibt
- ▷ die Einschätzung der Partner im Hinblick auf ihre Massgeblichkeit nicht immer leicht ist

Folgende Empfehlungen dürften daher mit Vorteil zu beachten sein

a) Vorbereitung der Verhandlung

- ▷ Sich darüber klar werden, welche Gesprächspartner einen erwarten (evtl. dies telefonisch vorher in Erfahrung bringen)
- ▷ Möglichst gründliche Ermittlung der zu besprechenden Probleme und ihrer Vorgeschichte vor der stattfindenden Verhandlung
- ▷ Absprache mit Begleitperson über Rollenverteilung, Aufbau, Argumentation, zu erwartende Gegenargumente und ihre mögliche Widerlegung, besondere Verhandlungsschwierigkeiten, Eröffnung, Grenzen eines möglichen Entgegenkommens
- ▷ Unterlagen, Referenzen, Demonstrationshilfsmittel, Modelle, Filme, Video, Dias, Flip-Flap-Tafel, evtl. sinnvolles Werbegeschenk vorbereiten
- ▷ Möglicherweise vorausgegangene Korrespondenz, Verträge, Gutachten usw. durcharbeiten
- ▷ Spezialliteratur (falls vorhanden) mitnehmen
- ▷ Zielsetzung festlegen
- ▷ Fragenliste aufstellen
- ▷ Zu gebende Informationen festhalten
- ▷ Konzept für Gespräch festlegen (und mit an den Verhandlungstisch nehmen)

b) Durchführung und Verhandlung

- ▷ Begrüssung einzeln
- ▷ Evtl. Verhandlungsvorgehen mit kompetentem Chef auf der Gegenseite festlegen
- ▷ Plazierung günstig wählen, sofern möglich (Partner neben sich, alle anderen im Gesichtsfeld haben)
- ▷ Namen und Funktionen der Gesprächspartner erfragen und übersichtlich notieren
- ▷ Eigene Funktionen bekanntgeben
- ▷ Ausgangssituation definieren
- ▷ Probleme (Haupt- und Nebenprobleme) definieren
- ▷ Verhandlungskonzept vorschlagen
- ▷ Dialog anstreben, alle möglichst gleichmässig ansprechen
- ▷ Optische «Begleitmusik» bieten, wo immer möglich (Skizzen, Pläne, Zeigematerial aller Art)
- ▷ Keine Behauptungen aufstellen, sondern fassbare Argumente (Beweisführungen) verwenden
- ▷ Eigenen Partner nicht aus den Augen verlieren
- ▷ Beobachtung der Kundenseite nicht vernachlässigen
- ▷ Zugpferde auf der Gegenseite geschickt mobilisieren
- ▷ Elastizität wahren, wenn Einwände auftauchen
- ▷ Wichtige Fakten oder Abmachungen notieren, evtl. auf Protokollierung dringen
- ▷ Bei auseinanderlaufenden Meinungen möglichen Kompromiss anstreben

- ▷ Am Schluss zusammenfassen oder Gegenseite zusammenfassen lassen (und prüfen, ob alles mit eigenen Notizen übereinstimmt)
- ▷ Danken für konstruktive Zusammenarbeit, verabschieden

Ist die Verhandlung auf eine kaufmännische Absprache ausgerichtet, so ist der Wortführer auf unserer Seite automatisch der Kaufmann (nicht der Techniker, der vielleicht auch noch dabei ist).

Bezieht sich die Verhandlung dagegen auf rein technische Aspekte, so soll der Techniker Wortführer sein, solange Technisches zu diskutieren ist.

Wird von der Gegenseite zuviel an Entgegenkommen verlangt, so verbleibe man unverbindlich mit dem Hinweis, dass eine höhere Stelle über die Angelegenheit letztlich entscheiden müsse (sich nicht forcieren lassen). Eigene Argumente stets aus der Sicht des Partners formulieren, d.h. sein Vorteil- und Nutzendenken ansprechen statt ich-bezogen argumentieren.

Siehe im übrigen Checkliste 3.1 «Gewinnend verhandeln».

3.6 Typologie und Behandlung schwieriger Kunden

Checkliste mit 278 Anregungen

Über Sinn und Unsinn von Typenlehren

Psychologen haben im Laufe der Zeit eine ganze Reihe von *Typenlehren* geschaffen, die indessen für die Umgangspsychologie des Alltagsmenschen kaum verwendbar sind, weil alle diese Schemata (Kretschmersche Typen, Choleriker, Sanguiniker, Melancholiker, Phlegmatiker, Verstandesmensch, Gefühlsmensch, soziale Typen, materialistische, ästhetische, integrierte und desintegrierte – um diverse wissenschaftliche Unterscheidungen beim Namen zu nennen) *gewaltsame Vereinfachungen* darstellen, wo doch eigentlich in Realität jeder Mensch ein äusserst komplizierter Verschnitt verschiedener Typen und ihrer Untergattungen ist.

Schwierige Gesprächspartner

Passiv Schwierige	Aktiv Schwierige
Wortkarger	Nörgler und Pedant
Unentschlossener oder gar notorischer Zögerer	Reizbarer/Überempfindlicher
Misstrauischer	Grobian
Konkurrenzhöriger	Erpresser
Hyperkonservativer	Preisdrücker
Neinsager	Fuchs
Pessimist	Rechthaber
Angsthase, Übervorsichtiger	Angeber und Bluffer
Sparfanatiker	Besserwisser
Unehrlicher	Nervöser
Langweiler	Schwätzer
Schwerhöriger	Aggressiver
Beeinflusster	Pressanter
Bremser	Überfreundlicher/Süsser
Zweifler	Egozentriker
Verschlossener	Eingebildeter
Kontaktarmer	Voreingenommener
Unselbständiger	Jammerer
Unsicherer	Lügner/Schwindler
Unbeweglicher	Utopist
Enttäuschter/Gebranntes Kind	Zyniker
Unnahbarer	Draufgänger
Dummer	Autoritärer
Schwerfälliger	Perfider
Vergesslicher	Emotionaler
Hinterhältiger	Voreiliger
Seniler	Überheblicher/Neureicher

Das sind 54 nicht leicht zu handhabende Partnertypen. Sicher gibt es noch weitere Varianten.

Checkliste für richtiges

Die acht häufigsten *schwierigen Partnertypen* seien hier näher kommentiert:

Typ	*Mimik, Gestik*	*Sprachl. Ausdruck*
Unent-schlossener	verhalten, oft sieht man die Qual, sich zu entscheiden in der unsicheren Mimik (Mundwinkel zurückgezogen) Schultern hochgezogen, Arme abgewinkelt, Kopf wiegend	zögernd, schleppend, wortkarg, unbeholfen
Angeber	auffallendes Äusseres, oft übertrieben, pathetisch, grossräumige Bewegungen, wichtige Miene, Augenbrauen hochgezogen, mokant, geringschätzig lächelnd	gespreizt, gestelzt, geziert, redet viel (Wörtchen «ich» häufig), Modewörter, laut, prahlerisch, oft ironisch
Grobiane	übermässige Anspannung der Muskulatur, Fäuste geballt oder Hände in den Hosentaschen, Kampfstellung	unkontrolliert, polternd, laut, oft unvollständige Sätze, Gassendeutsch
Besserwisser	wie «Angeber», dazu oft schulmeisterliche Gesten («pädagogischer Zeigfinger»), Pose des sich wichtig fühlenden Kritikers	hastig, unterbricht oft, oft gespreizt, gestelzt, oft betont «seriös väterlichweise» belehrend
Draufgänger	temperamentvolle, grossräumige Bewegungen, lebhaft, dynamisch, kräftig-vital	forsch, schnell, kurz, knapp, laut, oft unvollständige Sätze, Schlagworte
Kontaktarmer/ Verschlossener	wirkt gebremst, verklemmt, Gesicht verhalten, Blickkontakt spärlich	verhalten, gehemmt, monoton, spricht eher langsam und ruckweise, zugeknöpft, einsilbig
Misstrauischer	kritisch, zweifelndes Gesicht, herabgezogene Mundwinkel, hebt öfter abwinkend die Hand	pessimistischer Ton, gebremst oder vorlaut kritisch, unterbricht gerne mit Gegenmeinung
Emotionaler	lebhaft, gefühlsbetont, ausdrucksstark	stimmkräftig, betont stark, plastisch, oft übersteigert

Anregung: Erarbeiten Sie auch für die anderen 46 schwierigen Kundentypen Behandlungsrezepte – es gibt für jeden eines!

Verhalten gegenüber schwierigen Kundentypen

Gesamtverhalten	*Behandlung durch uns*
unsicher, wankelmütig, ratlos, schwerfällig	optimistisch, selbstbewusst, begeisternd, überzeugend, mitreissend, Vorteile klar herausstellen und beweisen. Ja-Antworten sammeln, Suggestiv-Fragen einsetzen, helfen seinen Willen zu gebrauchen.
auffallend, betont anspruchsvoll, forsch, überheblich, humorlos, sucht keinen echten Kontakt	bis zu einem gewissen Grade schmeicheln, Beachtung schenken, recht geben, wo angebracht – Kunden in seinem Selbstgefühl stärken (oft steckt hinter der Rolle «Angeber» ein mit Minderwertigkeitskomplexen belasteter Mensch), ausreden lassen, Fakten und Beweise bieten, Sachfragen stellen
aggressiv, unfreundlich, unhöflich, rücksichtslos, anderseits oft gutmütig, nicht ohne Humor, zugänglich, wenn Affekt abgeklungen	ruhig bleiben, abwarten, «Polster» einlegen, abreagieren lassen, nicht widersprechen, freundlich, höflich, humorvoll, selbstsicher und überzeugend auftreten, Hilfsbereitschaft und Sachlichkeit zeigen, zuvorkommend sein
geltungsbedürftig, eigenwillig, unduldsam, anmassend, selbstbezogen, eingebildet, engstirnig, humorlos	Objekt für sich sprechen lassen, Eitelkeit ansprechen, ausreden lassen, recht geben, wo möglich, bzw. keinen Wert darauf legen unbedingt selbst recht zu behalten, Einwände grosszügig übergehen, genau überlegen, grosszügig helfen, bescheiden-bestimmt wirken
temperamentvoll, aktiv, sorglos, leichtsinnig, unbedenklich	frisch, beherzt, sicher, bestimmt, sich nicht überfahren lassen, nicht ängstlich, aber wachsam sein, bei Blössen humorvoll einhaken, Beweisführungen offerieren, helfende Art zeigen, unkompliziert sein
unspontan, gebremst, zurückhaltend, zögernd, ungewandt	munter mit ihm reden, viele, aber nicht komplizierte Fragen stellen, loben, Überlegenszeit geben, viel zeigen, seine Erfahrungen ansprechen
ablehnend, verneinend, oft nörglerisch, negativ	sachliche Darlegung, mit viel Zeigen und Beweisen, nicht direkt widerreden, von der Praxis überzeugen, auf seine Fragen liebenswürdig-sicher eintreten
herzbetonter Empfindungstyp, zu Vorurteilen neigend, ausdrucksstark	sachliches Darlegen, sich nicht anheizen lassen, ruhige Fragen stellen, ihm Auslauf geben, Abfangformulierungen verwenden, überzeugend informieren

Humorvolle und wahre Erkenntnisse zur Behandlung schwieriger Kundentypen

«Wenn wir die Menschen nehmen, wie sie sind, so machen wir sie schlechter – wenn wir sie behandeln, als wären sie, was sie sein sollten, so bringen wir sie dahin, wohin sie zu bringen sind.» Goethe

«Die heutigen Menschen sind zum Tadeln geboren. Vom ganzen Achilles sehen sie nur die verwundbare Ferse.»
Marie von Ebner-Eschenbach

«Mit den Pilzen ist es wie mit den Menschen – direkt giftig sind nur wenige, aber mit den Ungeniessbaren ist auch nichts Rechtes anzufangen.» Es sei denn, dass wir in der Kunst der überlegenen Behandlung schwieriger Kundentypen nicht schon reife Meisterschaft erworben haben!

«Lebenskunst besteht zu 90% aus der Fähigkeit, mit Menschen, die uns reichlich schwierig erscheinen, angepasst umzugehen.»

«Sollten wir einem schlechtgelaunten Kunden gestatten, unsere guten Sitten zu verderben?»

«Die Zusammenarbeit mit den netten Leuten wird niemandem besonders honoriert – aber der Umgang mit den Unbequemen ist vergütenswert und zugleich Ausweis besonderer Befähigung.»

Der unheilbare Pessimist: «Die Hälfte aller Kunden ist zu nichts und die andere zu allem fähig!»

«Ein Dorftrottel ist ein Mensch, der früher verlacht wurde, heute aber häufig gewählt wird.»

«Niemand kann erwarten, im Leben nur mit sympathischen Menschen zusammenzutreffen. Wenn es uns aber gelingt, ein aufkommendes Gefühl der Antipathie gegenüber einem Partner abzublocken und ungestört so zu sein, wie man ist, so kann sich durchaus ein positiver Kontakt anbahnen, und zwar für beide Seiten. Im Guten vorangehen ist die stärkere Methode, als sich über den anderen nur zu ärgern – Agieren statt Reagieren beweist hier den Überlegeneren.»

«Verstand sieht jeden Unsinn – Vernunft rät, manchen davon zu übersehen.»

«Bei den wirklich kleinen Leuten kann man sich immer noch sagen: Die sollen ruhig von ihrem kleinlichen Ärger aufgefressen werden.»

«Achtung auf die Überfreundlichen: Sie sind nach allgemeiner Erfahrung immer berechnend. Sie verstehen es aber, ihre Falschheit mit Charme zu tarnen, weshalb sie immer wieder leichtgläubige Opfer finden, hungert doch jeder Mensch ein bisschen nach Nettigkeit.»

Ein sarkastischer Gedanke: «Ein eingebildeter Esel ist ein Mensch, dessen Ansichten von den eigenen stark abweichen!»

«Ein grosser Mensch zeigt seine Grösse durch die Art, wie er die kleinen Leute behandelt.»

«Wer mit der Faust auf den Tisch schlägt, dass die Gläser tanzen, sollte auch bereit sein, sie nachher wieder zurechtzurücken.»

«Gar feinen Sinn haben die Menschen für die Schwäche des Nächsten – wenn wir in allem so fein wären, so wären wir sehr feine Menschen!»
Marie von Ebner-Eschenbach

3.7 Richtiges Verhalten zur Konkurrenz

Checkliste mit 18 Tips

Basiserkenntnisse

Für viele ist der Konkurrent das «rote Tuch». Wir Verkäufer sollten uns einmal grundsätzlich über folgendes klar werden:

1. Tüchtige Konkurrenten schliessen mit ihrer Werbung den Markt auf, hämmern den Kunden immer wieder die Anwendungsmöglichkeiten unserer Produktgattungen und Dienstleistungen ein.
2. Tüchtige Mitbewerber arbeiten mit an der Weiterentwicklung unserer Branche, zum Beispiel durch Forschung, Marktstudien, Tests usw.
3. Der entschlossene Einsatz unserer Konkurrenten ist uns ständige Mahnung, auch unsererseits optimale Leistungen zu erbringen.
4. Die Leistungen anderer vermeiden, dass wir uns aufs hohe Ross setzen, überheblich werden oder uns gar einen Monopolfimmel anschaffen.
5. Von tüchtigen Konkurrenten lässt sich allerhand dazulernen; studieren wir deshalb immer wieder ihre Werbung, ihre Verkaufsmethoden, ihre Sonderleistungen, ihre Strategie, ihre Fortschritte – und analysieren wir auch ihre Fehler, die wir ja vermeiden möchten.
6. Der tüchtige Konkurrent hat ein Anrecht darauf, seine Leistungen so zu profilieren, dass der Kunde evtl. Nachteile unseres Angebots nicht übersieht, was uns nur Ansporn sein kann, seinen Vorsprung aufzuholen oder ihn gar durch eine Neuentwicklung hinter uns zu lassen.
7. Immer mehr lässt sich auch mit der Konkurrenz zusammenarbeiten, wenn aus einer Vereinbarung beiden Seiten Vorteile erwachsen. Studieren wir mögliche Vereinbarungschancen betreffend Marktaufteilung, Sortimentsabmachungen, Gemeinschaftswerbung, Gemeinschaftsausstellung, Gemeinschaftsentwicklungen usw. Sie könnten uns Drittkonkurrenten gegenüber in wesentlichen Vorteil bringen.
8. Wenn es uns durch konzentrierten schöpferischen und investitionellen Einsatz gelingt, einen echten Vorsprung der ganzen Konkurrenz gegenüber zu erarbeiten, so sind diese Konkurrenten unsere besten Helfer, denn sie werden vom gewitzten, anspruchsvollen und objektiven Kunden so gefordert, dass sie durch ihr Angebot unsere Überlegenheit zwangsweise unterstreichen. Die schöpferische Marktanstrengung ist daher unendlich stärker als jede noch so bewegliche blosse Nachahmung tüchtiger Mitbewerber.

10 Verhaltensregeln

Der erfahrene Verkäufer hält sich an folgende Regeln, um im Verkaufsgespräch nicht billiges Opfer der Konkurrenz zu werden:

1. Er wird ohne Provokation durch den Kunden grundsätzlich nie selbst die Konkurrenz im Gespräch anziehen.
2. Er vermeidet das Wort «Konkurrenz» auch dann, wenn der Kunde davon spricht. Vom Verkäufer ausgesprochen, klingt «Konkurrenz» nach Missgunst oder suggeriert dem Käufer den Verdacht, der Anbietende befinde sich in einer Verteidigungsstellung gegenüber stärkeren Mitbewerbern. Der psychologisch geschulte Verkäufer gebraucht somit anstelle des Wortes «Konkurrenz» oder «Konkurrent» Ersatzwörter wie «der Mitbewerber», «die andere Firma», «jenes Unternehmen», «die andere Gesellschaft» (bei Versicherungen), «das erwähnte Produkt», «das zitierte Fabrikat», «jener Artikel», um sich einer neutralen Sprache zu bedienen.
3. Wenn der Kunde sein Gespräch auf die Konkurrenz hinlenkt, so testet er damit vielleicht sehr bewusst unseren Verkäuferstand und unsere Objektivität. Daher muss unsere Antwort frei von unterschwelligen oder gar direkt zum Ausdruck kommenden Ressentiments sein. Nur ein sachlicher Vergleich, verbunden mit Beweisführungen, vermag den Kunden zu überzeugen.

4. Zieht der Kunde Vergleiche mit Konkurrenzangeboten, so äussere man sie nie vorschnell, wenn einem die genauen Daten der Konkurrenz nicht geläufig sind. Wenn uns der Kunde bei einer unzutreffenden Aussage erwischt, so ist sein Vertrauen in unsere Beratung dahin.
5. In Zweifelsfällen formuliert man daher beispielsweise wie folgt: «Die genauen Daten des von Ihnen erwähnten Maschinentyps sind mir leider nicht bekannt, daher möchte ich nichts sagen, was unserem Mitbewerber schaden könnte» oder «Es gibt eine solch grosse Zahl von vergleichbaren Produkten, dass einem nicht sämtliche Spezifikationen geläufig sein können – es tut mir leid, Ihnen hier eine Antwort schuldig bleiben zu müssen, aber gestatten Sie doch...» (und dann weiter auf eigenen Vorteilen aufbauen).
6. Man schenke auch einem tüchtigen Mitbewerber einmal ein verdientes Lob.
7. Wenn uns der Kunde mit einem Vergleich zu einer Aussage über das Konkurrenzfabrikat provoziert, so muss man sicher sein, auf neuesten Daten der Konkurrenz zu basieren. Es ist fatal, wenn man sich in seinen Aussagen auf eine überholte Ausführung des Mitbewerbers bezieht und der Kunde durch einen neuesten Prospekt über das Konkurrenzfabrikat besser orientiert ist als wir.
8. Im Akquisitionsgespräch (Gespräch mit einem Kunden, der noch der Konkurrenz gehört) unterschätze man den vielleicht sehr positiven Einfluss des Konkurrenten auf keinen Fall. Herabsetzende Ausdrücke oder Formulierungen sind in den Augen des Kunden Tiefschläge gegen seinen bewährten Lieferanten.
9. Reagieren Sie auch dann fair und sachlich, wenn der Konkurrent offensichtlich perfid oder einfach unwahr gegen Sie intrigiert hat. Sich in solchen Fällen moralisch zu entrüsten, passt nicht zur erfolgsgewohnten Art des überlegenen Verkäufers. Der Kunde muss sein Urteil fällen, liefern Sie ihm neutrale Fakten, dann haben Sie in der Regel leichtes Spiel gegen einen unfairen Konkurrenten.
10. Seien Sie in Gesprächen an der Öffentlichkeit, zum Beispiel in Restaurants, im Eisenbahnzug, in Vereinen, an Ausstellungen oder Branchen-Präsentationen betont vorsichtig mit Äusserungen über die Konkurrenz: Sie könnten unliebsame Zuhörer haben, oder ein konkurrenzhöriger Kunde sähe sich vielleicht veranlasst, seinem Lieferanten das Vernommene sofort zu rapportieren.

3.8 Geschickt argumentieren

Checkliste mit 26 Anregungen

1. Sich in die Lage des anderen hineindenken und sich in sein Problem einfühlen (nie allgemein argumentieren, da man so an den Bedürfnissen des anderen vorbeischiesst).
2. Wenn der Widerstand des anderen resolut ist, zuerst das stärkste Argument einsetzen, sonst ein starkes Argument als Steigerung auf den Schluss aufsparen.
3. Grundsätzlich nur Argumente benützen, die für den Gesprächspartner aussagekräftig sind.
4. Nie Druck ausüben mit Sätzen «Sie müssen», «Sie geben doch zu», «Sie können es sich doch nicht leisten», «Da haben Sie keine andere Wahl».
5. Mit Alternativen arbeiten, selbst wenn uns von Anfang an klar ist, dass es nur eine ganz gute Lösung gibt (der Partner soll nicht denken können, wir hätten nur eine Lösung, sondern er soll zwischen zwei Möglichkeiten frei wählen können, wobei natürlich die bessere von uns entsprechend zu profilieren ist).
6. Nur wirklich wahre Argumente einsetzen – die ganze zu verwendende Argumentkette darf nur aus wahren Argumenten bestehen. Ein «Fehltritt» im Argumentieren, und das Vertrauen ist beim anderen verscherzt.
7. Argumente müssen wir so rasch aus der «geistigen Schublade» ziehen können, dass keine Verlegenheitspausen eintreten. Aber man darf sie auch nicht zu schnell hintereinander abschiessen, weil sonst möglicherweise nicht alles begriffen wird.
8. Bei allen besonders wichtigen Argumenten sollten wir durch eine Frage das Einverständnis des anderen herausfordern. Ein möglicher Zweifel lässt sich dann noch mit zusätzlicher Information aus dem Weg räumen.
9. Bedenken Sie: Alle Argumente sollten beweisbar sein, sonst sind sie bloss Scheinargumente. Wo möglich, zeigen Sie zu jedem Argument etwas, belegen Sie vielleicht eine Tatsache auch zeichnerisch oder rechnerisch. Benützen Sie Prospektabbildungen, Skizzen, Fotos, Vorführungen usw., um optisch zu beeindrucken und zu beweisen.
10. Schreiben Sie einmal für alle Argumente, die Sie nutzen können, auch die möglichen Einwände/Widerstände auf – formulieren Sie darauf schriftlich Bestantworten und prägen Sie sich diese ein. Erst dann sind Sie eigentlich ausgewiesen, den Partner wirklich zu überzeugen, auch dann also, wenn er kritisch und übergenau veranlagt ist.
11. Sprechen Sie mit Ihren Argumenten nicht nur logisch, sondern auch gefühlsmässig an. Jeder ist mehr Gefühlswesen, als er selbst glauben mag.
12. Sprechen Sie im anderen den Fachmann wie den Menschen an, wenn Sie argumentieren. Motive wie Prestige, Ästhetik, Nachahmung, Luxus, Macht, Gewohnheit, Snobappeal, Originalität, Perfektion, Neugier usw. sind leicht ansprechbar, wenn man es auf die richtige Weise tut. Aber zuerst gilt es natürlich, bestimmte dieser Motive auf der anderen Seite zu erfassen. Meist ist nur eine kleinere Auswahl von diesen Motiven beim Partner vorhanden.
13. Argumentieren Sie in Zweifelsfällen in der Frageform, z.B. so: «Legen Sie auch Wert darauf, dass ...?», «Haben Sie auch die Erfahrung gemacht, dass ...?», «Haben Sie sich auch schon überlegt, dass es möglich wäre, ...?», «Sind Sie schon mal auf den Gedanken gekommen, dass ...?», «Haben Sie schon davon gehört, dass ...?». Wo man im Zweifelsfall zu sehr mit Statements (Feststellungen, direkte Argumente) arbeitet, da läuft man Gefahr, in vielen Fällen Widerspruch entgegennehmen zu müssen.
14. Sprechen Sie nicht alle Argumente selbst aus, sondern lenken Sie das Gespräch öfter so, dass der andere das Argument selbst findet und ausspricht. Loben Sie dann seine Idee.
15. Vermeiden Sie grundsätzlich Behauptungen, denn Behauptungen provozieren leicht entgegengesetzte Meinungen. Überzeugen können wir ausschliesslich mit Beweisen.
16. Argumentieren Sie nie nur technisch, sondern übersetzen Sie die technischen Finessen in klare Vorteile, also in das Nutzendenken des anderen.

17. Materiellen Nutzen kleiden Sie in Ihrer Argumentation am besten in Wirtschaftlichkeits-Berechnungen oder andere Rechnungen über Einsparungen, gewonnene Zeit usw. ein. Rechner auf den Tisch!

18. Gebrauchen Sie beim Argumentieren nicht allgemeine Versprechungen wie «Ersparnis», «Vorteilhaftigkeit», «Kostengünstigkeit», sondern beeindrucken Sie mit genauen Zahlen und Daten.

19. Sprechen Sie die bewiesenen Vorteile in der Sie-Sprache aus: «Sie profitieren somit von 10% Gewinn an Arbeitszeit», «Sie haben den Vorteil, dass ...», «Sie können den Umstand nützen, dass ...», «Sie stellen sich damit um 20% günstiger, was den Materialverbrauch anbelangt», «Ihre Firma wird es schätzen, dass ...».

20. Wiederholen Sie wichtige Argumente gegen den Schluss, um sie nochmals einzuprägen.

21. Fangen Sie Widerstände und Einwände immer elastisch ab, widerlegen Sie sie nicht direkt.

22. Betreiben Sie etwas rhetorischen Aufwand beim Argumentieren: Spannungspausen, Steigerungen, Betonungen, rhetorische Fragen, Antithesen, paradoxe Formulierungen, Vergleiche, witzige Schlagfertigkeit.

23. Beobachten Sie Gesicht und Gebärdensprache bei jedem Argument, das Sie lancieren. Wenn sich ein Zweifel ausdrückt, müssen Sie nachfassen; ist Einverständnis ersichtlich, setzen Sie das nächste Glied in Ihrer Argumentkette ein.

24. Bringen Sie auch Argumente in Form überzeugender Aussagen von Drittpersonen, Untersuchungen, Tests, wissenschaftlichen Analysen usw.

25. Erklären Sie Vorschriften, Bestimmungen und andere unbequeme Notwendigkeiten so, dass ihre sachlichen Hintergründe klar werden, begreifbar und entschuldbar sind.

26. Sprechen Sie beim Argumentieren die Sprache des anderen, überfordern Sie ihn also z. B. nicht technisch oder bezüglich allzu gewählten oder akademischen Wortschatzes.

3.9 Argumentations-Raster zur Optimierung der Argumentation bei wichtigen Produkten

Checkliste mit 57 Fragen

Artikel	
Varianten	☐
Material	☐
Konstruktion	☐
Formgebung	☐
Farbe	☐
Leistung	
Höchstleistung	☐
Dauerleistung	☐
Arbeitskrafteinsparung	☐
Lohneinsparung	☐
Amortisation	
Lebensdauer	☐
Amortisationsbetrag/Monat	☐
Amortisationsbetrag/Jahr	☐
Einsparung an Arbeitsstunden	☐
Kundendienst	
Beratung	☐
Planung	☐
Montage	☐
Service	☐
Pannendienst	☐
Instruktion	☐
Konditionen	
Preisvorteil	☐
Zahlungsziel	☐
Garantie	☐
Kulanz	☐
Reputationen	
Marktstellung	☐
Referenzen	☐
Erfahrung	☐
Forschung	☐
Zusammenarbeit	☐
Weitere Kaufmotive bzw. Argumente	
1. Sicherheit	☐
2. Präzision	☐
3. Handhabungsvorteile	☐
4. Beibehaltung bisheriger Gewohnheit	☐
5. Schönheit	☐
6. Formgerechtigkeit	☐
7. Vereinfachung	☐
8. Kosteneinsparung (zusätzlich)	☐
9. Materialeinsparung	☐
10. Rationalisierung	☐
11. Profit	☐
12. Leichte Bearbeitbarkeit	☐
13. Gewichtsvorteil	☐
14. Spezialistenwissen	☐
15. Prestige-Gewinn	☐
16. Sauberkeit	☐
17. Gesundheit	☐
18. Sozialdenken	☐
19. Wissenserweiterung	☐
20. Perfektion	☐
21. Finanzierungs-Erleichterung	☐
22. Luxus	☐
23. Beliebtheit	☐
24. Originalität	☐
25. Erbauung/Befriedigung/Vergnügen	☐
26. Unterhaltung	☐
27. Schenkmöglichkeit	☐
28. Macht	☐

Prüfen Sie nicht nur wichtige bisherige Produkte mit diesem Raster, sondern bringen Sie auch keine neuen Produkte auf den Markt, ohne sie durch diesen Raster anzuschauen und durch kritische Kunden vorher prüfen zu lassen. Ein Versager rächt sich immer durch verlorene Zeit, verlorenes Geld und verlorenes Vertrauen! Zudem ist die Konkurrenz hellhörig für solche Versager und verbreitet sie noch so gerne rasch unter der Kundschaft.

3.10 Erfolgreich taktieren in Preisverhandlungen

Checkliste mit 108 Anregungen

Mit welchen Mitteln operiert der Preisdrücker?

▷ **Dramatisierung des Preisvorbehaltes**
(Preis wird als ungerechtfertigt und masslos hingestellt)

▷ **Fiktiver Preisvergleich**
(mit angeblich günstigeren Angeboten wird der Verkäufer manipuliert)

▷ **Erstauftrag als Köder**
(ein Lieferantenwechsel sei mit Aufwand verbunden, daher verlange man Sonderkonditionen für einen Erstauftrag)

▷ **Drohen mit Einholung anderer Angebote**
(man verlangt einen Sonderrabatt und offeriert als Gegenleistung, keine anderen Wettbewerber heranzuziehen)

▷ **Infragestellen bisheriger Beziehungen**
(man habe bisher zu teuer eingekauft und könne nur bei günstigeren Preisen Kunde bleiben)

▷ **Drohen mit Gegenauftrags-Klausel**
(bei Rabattgewährung würde man darauf verzichten, sich einen Gegenauftrag auszubedingen)

▷ **Beanstanden von Konditionen, Frachtverrechung, Lieferfrist, früher erfolgter Qualitätsmangel**

▷ **Weitergeben des Preisdruckes seitens der Endkunden** an Hersteller oder Grosshändler

(Ergänzen Sie oben die Liste der Möglichkeiten mit weiteren Punkten, die in der Diskussion für Ihre Branche herauskamen)

Was muss ein optimaler Gesprächsaufbau alles berücksichtigen, um Preiskämpfen möglichst vorzubeugen?

1. Sich über die Art des Kunden, seine Situation und seinen möglichen Bedarf vor dem Verkaufsgespräch Gedanken machen.
2. Sich mittels «Checkliste über Besuchsvorbereitung» (siehe unser diesbezügliches Formular unter 1.5) auf das Verkaufsgespräch optimal vorbereiten.
3. Kleine Gesprächskonzeption aus Stichworten (Substanz, Argumente, Fragen, Beweismittel, Referenzen) vorbereiten und an den Verhandlungstisch mitbringen, unter Hinweis darauf, dass man sich die zu besprechenden Punkte und Fragen vorausüberlegt habe.
4. Sich vor allem auch vorbereiten hinsichtlich zu erwartender Einwände oder Widerstände; bestmögliche Antworten überlegen.
5. Persönlich wirkenden Gesprächsbeginn im Geist vorbereiten.
6. Fragetechnik einsetzen, um Bedarfsmöglichkeiten und bestimmte Gegebenheiten auf der Kundenseite umfassend in den Griff zu bekommen. Mit Fragetechnik auch den Gesprächsverlauf steuern, den Partner aktivieren und ihn Lösungsmöglichkeiten miterarbeiten lassen.
7. Alles augenscheinlich demonstrieren, was gezeigt werden kann.
8. Beweismittel wie Daten, Wirtschaftlichkeitsberechnungen, Testresultate, Referenzen, technische Unterlagen produzieren.
9. Kunde beobachten, wie er auf Verschiedenes reagiert und wo auch er Akzente setzt. Also Kaufmotive erfassen durch beobachten und fragen.
10. Vorteile möglichst in klingender Münze errechnen.
11. Nicht technisch daherreden, sondern technische Stärken in Nutzenargumentationen für den Kunden einkleiden.
12. Zu Sagendes rhetorisch eindrücklich gestalten.
13. Vorteile in der Sie-Sprache (Kundensprache) vermitteln, nicht in der Ich- und Wir-Sprache.
14. Wichtiges wiederholen, evtl. in Merkzettelform abgeben oder brieflich festhalten.

15. In der Schlussphase durch Fragen (alternative Fragen, Fragen über Nebenpunkte, Bestätigungsfragen) Kaufgeneigtheit abklären – durch Fragen auch Teilentscheidungen einleiten – evtl. mit Vorteil-Nachteil-Bilanz Vorteilhaftigkeit des Kaufs belegen – oder Vorteile nochmals zusammenfassen – Preisrelativierung – Nebenleistungen unterstreichen – Kaufentscheid durch direkte oder indirekte Fragenstellung (je nach Kaufreife) herbeiführen.

Leistungsangebote statt Preiskampf

Prüfen Sie, ob die unten angeführte Liste nicht noch weitere gute Argumente suggerieren kann, die bisher in Ihren Verkaufsgesprächen ungenützt geblieben sind:

1. Qualitativ hochwertiges Material
2. Überlegene Konstruktion/Mehrleistung im Jahr
3. Technologische Investitionen/Leistungsvorsprung
4. Kombinationsnutzen
5. Zusatznutzen durch bestimmte Zubehöre
6. Verlässliche Fertigungskontrollen rigorosester Art
7. Lebensdauer
8. Verfahrensgarantie
9. Intensive Entwicklung/Forschung
10. Grosses Know-how
11. Baustein-System/Rationalisierungsnutzen
12. Pionierleistungen
13. Wirtschaftlichkeit
14. Einsparung an Arbeitsstunden oder Personen
15. Lagerhaltung für den Kunden
16. Laufende Studien in Anwendungstechnik
17. Sicherheit
18. Günstige Amortisation
19. Senkung von Raum-, Transport- oder Lagerkosten
20. Inlandfabrikation ergibt Unabhängigkeit
21. Schnelligkeit der Belieferung und Nachlieferung
22. Ausgebautes Servicenetz (optisch belegen)
23. Zuverlässiger Standard als Lieferant seit Jahrzehnten
24. Hoher Servicestand und Spezialdienste
25. Termintreue
26. Standortnähe durch dezentralisierte Lager
27. Aussendienstberater mit bester Fachausbildung
28. Hoher Wiederverkaufswert
29. Vollständigkeit des Verkaufsprogrammes
30. Leasing-Möglichkeit
31. Andere Finanzierungserleichterungen
32. Weitgehende Garantie
33. Bequemlichkeit
34. Vorverkauf/Verkaufsförderung/Werbung (bei Wiederverkäufern)
35. Kundenschulung
36. Informationstagungen für Kunden/Gebraucher/Verbraucher
37. Rabatt bei Zusatzbestellungen in anderen Bereichen
38. Bonus für grössere Jahresbezüge/Jahresabschluss mit Preisvorteil
39. Grosser Marktanteil als Stärkebeweis
40. Eigener Formdesigner
41. Gegengeschäftsmöglichkeit
42. Vorzügliche Referenzen
43. Gefahren eines Lieferantenwechsels in Anbetracht bisher bewiesener Produkt- und Service-Qualität sowie Lieferpünktlichkeit
44. Erhaltene Auszeichnungen

Passen Sie diese Liste den Möglichkeiten Ihrer Firma und Branche an. Ergänzen Sie sie soweit möglich! Streichen Sie Nicht-Passendes.

25 Verteidigungs- und Beeinflussungs-Formulierungen im Preiskampf

1. Sind Sie noch nie in Ihrem Leben enttäuscht gewesen, wenn Sie sehr billig eingekauft haben?
2. Der Preis vergisst sich – die Qualität aber bleibt!
3. Es spielt sich für die meisten Waren ein mittlerer Preis ein, von dem ein gewissenhafter Lieferant kaum abgeht. Und eine Firma, die ständig zu allzu hohen Preisen verkaufen würde, hätte nie den auffallenden Erfolg unseres Unternehmens haben können.
4. Wir verkaufen nicht den Preis, sondern anerkannte Qualitäts-, Beratungs- und Garantieleistungen – die schon durch Tausende von kritischen Kunden geprüft und akzeptiert worden sind.
5. Ich weiss, Herr X, dass auch Sie Ihre Preise nach vernünftigen Massstäben kalkulieren und Sie es Ihren Verkäufern auch nicht gestatten, Ihre Ware zu verschleudern. Wir wollen ebenso fair sein, Ihnen etwas Rechtes zu liefern und nicht einzelne Kunden gegenüber anderen zu benachteiligen. Sie haben sicher Verständnis dafür!
6. Es ist eigentlich ganz selbstverständlich, dass unsere Preise über der Mitte liegen müssen, denn unser Fabrikat ist ja auch qualitativ und leistungsmässig überlegen. Unsere Kunden wollen gar nichts Mittelmässiges – sie wünschen sich eine beste Qualität!
7. An billiger Qualität kann jeder Lieferant arm werden – Überdurchschnittliches anbieten können nur wenige, und in diesem Punkt sind wir vom Markt ganz positiv bestätigt worden!
8. John Ruskin, Kunsthistoriker, 1819–1900, hat einmal gesagt: «Es gibt in der Welt beinahe nichts, das manche nicht ein wenig billiger liefern und ein wenig schlechter herstellen können. Wer nur auf den Preis achtet, wird automatisch Opfer solcher Leute.»
9. Man kann den Preis kaufen oder die Qualität – einen absolut sicheren Gegenwert hat man nur in letzterem Fall.
10. Unsere Preise richten sich massgeblich und im Interesse unserer Kunden nach den Preisen der Rohstoffe, die wir in nur bester Qualität einkaufen, unter Anwendung streng wissenschaftlicher Prüfmethoden.
11. Gute Ware ist nach alter Erfahrung selten zu teuer. Deshalb würde ich eigentlich gerne hören, warum Sie der Auffassung sind, wir seien zu teuer.
12. Herr X, was nützen billige Schuhe, wenn sie nachher drücken? Was nützt Ihnen eine billige Maschine, wenn sie hinterher laufend Ärger mit ihr haben? Unsere Maschinen sind insofern besonders bewährt, als sie...
13. Ich verstehe Ihre Frage nach der Preisgünstigkeit – aber wollen Sie sich nicht selbst aufgrund einer Demonstration / eines praktischen Versuches davon überzeugen, dass unser Preis mehr als marktgerecht ist? Schauen Sie mal...
14. Hand aufs Herz, Herr X, auch Sie haben sicher Konkurrenten, die zu eigentlichen Tiefpreisen verkaufen. Was halten Sie aber von ihrer Leistungsfähigkeit, ihrer Qualität, ihrem Service?
15. Es ist alles relativ, Herr X, ganz besonders die Preise. Durchschnittlich kostet gute Ware eben mehr, aber billige Ware ist häufig sogar echt teuer. Von Ihnen würde ich allerdings gerne wissen, warum Sie unser Produkt als teuer erachten?
16. Herr X, wird nicht gerade in unserer Branche der industrielle Grossverbraucher besonders umworben? Wenn wir ausgerechnet bei dieser Kundschaft zu den Hauptlieferanten zählen und so erfolgreich sind, so doch deshalb, weil der Industrieeinkäufer als scharfer Rechner nie den Preis, sondern immer nur die Preiswürdigkeit berücksichtigt.
17. Nicht Preis und Rabatt, sondern Leistung und Qualität sind doch eigentlich entscheidend. Daher möchte ich noch besonders darauf hinweisen, dass...
18. Es ist Ihnen bekannt, dass wir eine Firma mit Ruf und Ansehen, dazu auch mit starker Marktstellung sind. Glauben Sie, dass wir heute noch dieses Ansehen haben würden, wenn wir uns zum Rabattgeschäft degradiert hätten?
19. Wenn Sie bei einer anderen Firma, wie Sie sagen, 10% Rabatt bekommen, dann versuchen Sie doch ruhig 15% zu erhalten. Es wird bestimmt gehen bei solchen Hexenmeistern. Dann aber hätten Sie schon den Beweis dafür, dass da etwas nicht stimmen kann.
20. Sonderrabatte gehen auf die Dauer doch immer auf Kosten der Kunden, weil eben automatisch die Dienstleistung geschmälert wird, Reparaturen und Bestandteile zu teuer verrechnet werden und auch Garantieverpflichtungen abgelehnt werden. Und solchen Risiken möchten Sie sich bestimmt nicht aussetzen?

21. Sind Sie nicht auch der Meinung: ein marktwidrig hoher Preis liesse sich auf die Dauer nicht aufrechterhalten. Qualität hingegen spricht sich herum, gerade bei unseren Kunden, sonst hätten wir keine so starke Marktposition erringen können.

22. Herr X, Sie erwähnen ein Angebot von 10 000.– Franken. Macht Sie ein solcher Preis nicht misstrauisch? Es kann doch keiner wirklich zaubern!

23. Ich könnte Ihnen im Notfall auch etwas Billigeres anbieten, aber ich will nicht, weil mir Ihre Zufriedenheit verbindlicher Massstab ist. Ich kenne ja jetzt Ihre Ansprüche und Arbeitsverhältnisse. An diesen dürfen wir doch nicht vorbeigehen. Sie streben ja eine einwandfreie Lösung an, oder täusche ich mich?

24. Meine Firma und ich, wir haben beide einen Ruf zu verlieren. Daher kann ich Ihnen keine Billig-Lösung offerieren, die Sie uns nachher ankreiden müssten.

25. Herr X, erlauben Sie mir eine kühne Behauptung: Sie sind in meinen Augen zu qualitätsorientiert, als dass Sie sich zu einem Billig-Angebot bekennen können. Sie wünschen sich doch dies und das und das hat nun eben mal seinen ganz gewöhnlichen Preis, keinen zu hohen, aber einen leistungsgerechten – der auf die Dauer immer noch der günstigste ist.

Welcher Techniken bedienen Sie sich, um Preiseinwände abzufangen und sie in Kaufgründe umzuwandeln?

▷ Gehen Sie grundsätzlich von der Annahme aus, dass ein Kunde mehrere Versuche ansetzen wird, um Ihren Preis zu drücken

▷ Laden Sie sich mit Standfestigkeit bewusst auf, um eine möglichst sichere Haltung vertreten zu können (Wille und Auftreten sind Beeinflussungsfaktoren, denen sich kaum ein Kunde entziehen kann)

▷ Reagieren Sie immer elastisch auf Pressionsversuche, nie brüsk (legen Sie sich also eine genügende Zahl von Abfangformulierungen zu, die diplomatisch sind und Ihnen Zeit zum Überlegen geben, siehe Blatt Abfangformulierungen unter 3.14)

▷ Setzen Sie immer mit der Fragetechnik den Hebel an, wo der Kunde mit vagen Behauptungen arbeitet, um ihn zu zwingen, genauer zu überlegen und zu formulieren. Oft liefert er uns dabei Ansätze zu wichtigen Gegenargumentationen

▷ Wiederholen Sie bewusst gewisse wichtige Vorteile für den Kunden

▷ Operieren Sie immer nur mit der Preisdifferenz und stellen Sie diese in eindrücklichen Vergleich zu Leistungen

▷ Lassen Sie den Kunden mitrechnen oder rechnen Sie im voraus aus, wie wirtschaftlich eine Anschaffung für den Kunden ist (überprüfbare, genaue Wirtschaftlichkeitsberechnungen)

▷ Beobachten Sie den Kunden laufend, wie er auf Argumentationen von Ihnen reagiert

▷ Fussen Sie mit all Ihren Argumenten und Vorteilrechnungen stets auf den Verhältnissen des Kunden, damit er Ihre Nutzenbeweisführung selbst bejahen kann

▷ Fragen Sie ihn, wie hoch sich die Differenz im Preis zum anderen Angebot stellt, mit welchem Fabrikat er vergleicht

▷ Bitten Sie ihn, Ihnen die Vergleichsofferte zu zeigen, damit Sie auf die Frage Ihres Verkaufsleiters «Ja haben Sie das mit Ihren eigenen Augen gesehen?» positiv beantworten können

▷ Prägen Sie sich starke Beeinflussungssätze ein, die Ihnen im Preistauziehen helfen können, wie sie weiter vorn vorgegeben sind

▷ Stellen Sie den verlangten Rabatt in Vergleich zum Nettogewinn und weisen Sie nach, welchen Mehrumsatz Sie machen müssten, um den verlangten Rabatt wieder hereinzuholen

▷ Wenn eine Rabattgewährung unumgänglich erscheint, so muss der Preisnachlass vom Kunden aus als hart umrungen aussehen; verzögern Sie somit Ihr Ja, zeigen Sie Ihren Gewissenskonflikt an und machen Sie den Kunden stolz auf seine «Leistung»

▷ Versuchen Sie in solchen Fällen wenigstens noch ein Entgegenkommen des Kunden einzuhandeln (vielleicht hinsichtlich grösserer Bestellmenge, Einmallieferung, Jahresabschluss, Kauf zusätzlicher Artikel)

▷ Provozieren Sie den Preiskampf nicht durch ungeschickt angezeigte Preiserhöhungen – begründen Sie einen Aufschlag von Anfang an geschickt und lassen Sie ihn wenn möglich mit dem Zeitpunkt der Herausgabe eines neuen Modell-Typs zusammenfallen

▷ Wenn der Kunde sagt «Ich will es mir noch einmal überlegen», so antworten Sie: «Das dürfen Sie gerne tun, aber eigentlich bin ich ja hier, um Sie bestmöglich zu beraten, und daher würde es mich doch interessieren zu hören, wo Sie noch Zweifel haben bzw. was Sie sich noch überlegen möchten?»

▷ Arbeiten Sie bei zögernden Kunden nach Ihrer Schlussfrage mit dynamischem Schweigen, kombiniert mit einladendem freundlichen Blick, damit die Pause den Kunden zu einem Entschluss mobilisiert

3.11 Habe ich gut argumentiert?

Liste mit 18 Fragen zur Selbstkontrolle

Richtig argumentieren ist ein anspruchsvoller Prozess. Daher sollte man von Zeit zu Zeit einmal prüfen, wie gut man im abgeschlossenen Gespräch argumentiert hat. Folgende Fragen wären dabei zu beantworten:

Sachlichkeit

Habe ich kundenbezogen/problembezogen argumentiert, nirgends zuviel versprochen?

Beweisführung

Ist diese überzeugend ausgefallen? Habe ich blosse Behauptungen vermieden? Ausreichend demonstriert?

Anpassung

Habe ich meine Ausführungen dem Kundenniveau angepasst? (Tempo, Ausdrucksweise, Fachwissen)

Bedarfserfassung

Habe ich die Problemstellung beim Kunden genau erfasst? Die Bedürfnisse und Wünsche des Kunden? Bedarfserfassende Fragen ausreichend gestellt?

Einstellung

Habe ich mich bewusst auf Dienstleistung, Kundennutzen und -vorteile eingestellt?

Konzentration

Habe ich mich auf das Wesentliche konzentriert und die Kundenreaktionen trotzdem laufend beobachtet?

Darstellung

Habe ich meine Ideen und Vorschläge in der Dialogform dargestellt, unter Verwendung von Fragen, um den anderen die richtigen Lösungen miterarbeiten zu lassen?

Aufbau

War er klar, logisch, die Zusammenhänge betonend?

Glaubwürdigkeit

Habe ich wahre, annehmbare Argumente geliefert und das Warum immer miterklärt?

Kontakt

Habe ich im Wechselgespräch den persönlichen Kontakt zustande gebracht, Blickkontakt gepflegt, Akzeptanz kontrolliert?

Überzeugungsvermögen

Habe ich den Kunden schrittweise überzeugt, mit bewusst eingeplantem Steigerungseffekt gegen den Schluss? Bin ich dabei von seinen Interessen ausgegangen?

Wertbewusste Argumentation

Habe ich nutzen-, wert-, qualitätsbezogen argumentiert, statt «Technoslang» zu bieten?

Einwandwiderlegung

Habe ich die Einwände als Verkaufshilfen angesehen und drucklos-elastisch pariert?

Aufmerksamkeit

Sprach ich die Aufmerksamkeit des Kunden an, ohne selbst Aussagen von ihm zu überhören?

Persönliches Interesse

Habe ich persönliche Interessen des Kunden eruiert und angesprochen?

Kaufnotwendigkeit

Wurde der Angebotsnutzen geldmässig belegt, Einsparungen errechnet, Wirtschaftlichkeitsrechnung erbracht?

Abschluss

Habe ich den Abschluss im richtigen Moment durch Zusammenfassung der Vorteile angestrebt, durch direkte oder alternative Abschlussfragen eingeleitet?

Persönlichkeit

Gelang es mir, das ganze Gewicht meiner Persönlichkeit in meine Verkaufsdarlegungen einzubringen?

3.12 Kaufmotive kennen und richtig nutzen

Checkliste mit 52 Tips

Basiserkenntnisse

Verkaufen ist so interessant, so vielseitig, so dynamisch, weil

- ▷ jeder Kunde wieder ein anderer Mensch ist,
- ▷ in diesem Kunden immer wieder andere Einstellungen, Wünsche und Ansichten vorhanden sind,
- ▷ seine Probleme von denen anderer Kunden stets etwas differieren, wenn nicht gar stark abweichen oder überhaupt in völlig neuer Form in Erscheinung treten,
- ▷ unser Angebot somit individuell angepasst unterbreitet werden will.

Man ist daher geneigt, die Frage nach einem möglichen Rezept für die Behandlung aller Kunden zu verneinen.

Dennoch gibt es einen goldenen Schlüssel, respektive Schlüsselbund, der uns mit jedem Kunden ins Gespräch bringt: die *Kaufmotive:*

Motiv heisst Beweggrund, Willensverursachung, Antrieb. Kein Käufer kauft ohne Motive, mag der Kaufentschluss auch noch so spontan und ohne bewusstes Überlegen zustande kommen.

Die sogenannte *Motivforschung* ist ein Teil der Psychologie und befasst sich somit mit der *Erforschung von menschlichen Trieben und Wünschen als Ursachen zielgerichteter Willenshandlung.*

Grundsätzlich ist noch zu unterscheiden zwischen *individuellen Beweggründen oder Motiven des einzelnen Menschen und allgemeinen branchenbedingten Kaufmotiven.*

Alle überhaupt nur denkbaren Motive oder Triebgründe können *rationaler, emotionaler, physiologischer oder sozialer Natur sein.*

- ▷ Beispiel eines rationalen Kaufmotives: Viele kaufen im Fachgeschäft, weil sie sich sagen, dort sei das Sortiment grösser und die Bedienung besser.
- ▷ Beispiel eines emotionalen Kaufmotivs: Mancher kauft eine bestimmte Ware, weil ihm die Lieferantenfirma sympathisch ist.
- ▷ Beispiel eines physiologischen Kaufmotivs: Jemand kauft eine bestimmte Bürstenform, weil der Griff ihm besonders gut in die Hand passt.
- ▷ Beispiel eines sozialen Kaufmotivs: Man kauft etwas, das eine bestimmte soziale Klasse kauft, weil man selbst zu dieser Klasse gehört.

Die nachstehende Aufstellung unterscheidet grundsätzlich zwischen Beharrungstrieben und Veränderungstrieben und zeigt uns im einzelnen auf, aus welchen Quellen die verschiedenen Kaufmotive kommen mögen.

Triebgründe menschlichen Handelns

Beharrungstriebe

- ▷ Selbsterhaltungstrieb (Streben nach Sicherheit für Leib und Leben, Sicherung der Existenz, Nährtrieb, Trieb zur Ruhe und Entspannung)
- ▷ Arterhaltungstrieb (Geschlechtstrieb, Mutter-, Vater-, Sippentrieb)
- ▷ Ich-Triebe (Geltungs-, Machttrieb, Herrschsucht, Gefallsucht, Ehrgeiz, Ehrsucht, Egozentrik, Neid)
- ▷ Materialistischer Trieb (Bereicherungstrieb, Spartrieb, Geiz)
- ▷ Trägheitstrieb (Wunsch nach Bequemlichkeit, nach Faul-sein-können)
- ▷ Gewohnheitstrieb (Trieb, Gewohntes beizubehalten resp. zu bevorzugen) «Der Mensch ist ein Gewohnheitstier»
- ▷ Freiheitstrieb (Wunsch, nicht dem Zwang ausgesetzt zu sein). Wichtiger Nebenaspekt: Sicherheit, das Leben so zu leben, wie man will.
- ▷ Trieb zur Gemeinschaft (Sozialtrieb, Selbstbestätigung und Schutzgefühl in der Gesellschaft anderer)
- ▷ Gerechtigkeitstrieb (gleiche Massstäbe und gleiche Behandlung als Normanspruch und Sicherheit, nicht zu kurz zu kommen)
- ▷ Nachahmungstrieb (Sicherheitsstreben durch Risikoverminderung)
- ▷ Sauberkeitstrieb/Hygiene-Trieb
- ▷ Ordnungstrieb
- ▷ Sammler-Trieb (Sammelleidenschaft, aufgrund unterschiedlicher Motivation)

Veränderungstriebe

▷ Geselligkeitstrieb (Wunsch nach differenziertem Erleben in der Gemeinschaft mit Gleichgearteten oder auch Andersgearteten)
▷ Altruismus (Wunsch, anderen zu helfen, andere zu fördern)
▷ Kulturtriebe (Trieb zum Schönen und Guten, Trieb zum Schöpferisch-Geistigen, Bildungstrieb, Perfektionstrieb, Forschungs-/Erfindungstrieb, Wunsch nach Steigerung seiner selbst)
▷ Schaffenstrieb/Tätigkeits-, Leistungstrieb
▷ Nachahmungstrieb (reichend vom geistlosen Nachäffen bis zur Differenzierung seiner selbst durch Identifikation mit einem Vorbild im Sinne des Nachstrebens)
▷ Sensationstrieb (Schautrieb, Neugier, Drang zum passiven Miterleben aussergewöhnlicher Situationen)
▷ Trieb zum Mystischen (Drang, sich mit Überirdischem und Übersinnlichem auseinanderzusetzen)
▷ Religiöser Trieb (Streben nach Harmonisierung mit dem Göttlichen)
▷ Spieltrieb (ersatzmässiges Ausleben von Tätigkeitsbedürfnissen in Pseudo-Situationen)
▷ Abenteuer-Trieb (wagnisverbundene Suche nach Erlebnissen, prickelnde Lust nach riskanter Chance)
▷ Genusstrieb/Luxustrieb
▷ Zerstörungstrieb

«Kaufmotive» könnten auch mit *Interessenziele des Kunden* übersetzt werden.

Es ist völlig selbstverständlich, dass er kauft, was *ihn spezifisch interessiert, anreizt.*

Paradoxerweise hat der unerfahrene Verkäufer eine ausgesprochene Tendenz, dem Kunden mit einer *Allgemein-Argumentation* zu dienen, statt mit einer spezifischen, auf die Kundenprobleme bezogenen. *Wer von sich aus und seiner Firma aus denkt, der formuliert im Verkauf zum vornherein falsch.* Wer dagegen die möglichen Kaufmotive des Kunden anpeilt und mit seinen problembezogenen Vorschlägen das *Vorteildenken des Kunden* aktiviert, d.h. seinem spezifischen Streben gerecht wird, der formuliert wirkungsvoll.

Beispiele zweier Branchen mit ihren Kaufmotiven:

Versicherungsverkauf

Sicherheitstrieb, Geltungstrieb, Neid, Spartrieb, Gewohnheitstrieb, Trieb zum Neuen, Sozialtrieb, Nachahmungstrieb, Selbstverantwortungstrieb, Trieb zur Verantwortung gegenüber anderen, Gewinntrieb, Unabhängigkeitstrieb, Machttrieb, Bequemlichkeitstrieb, Schenktrieb.

Konfektionsbranche

Schutzmotiv/Wärmeschutz, Hygienetrieb, Nachahmungstrieb, Bequemlichkeits-, Gewinn-, Sammel-, Sicherheits-, Schenk-, Spar-, Geltungs-, Erneuerungs-, Sexual-, Wandlungstrieb, Prestigedenken, Gefallsucht, Zweckdenken/Nützlichkeitstrieb, Trieb zur modischen Differenzierung, Luxusbedürfnis, «Kauftrieb» (als Kompensation für eine psychische Mangellage).

Wichtig

9/10 der menschlichen Reaktionen (Gedanken und Handlungsweisen) sind vom Unterbewusstsein, vom Gefühl her gesteuert und ausgelöst. Nur 1/10 der Anstösse kommen vom Verstand her. Daher können die Kaufmotive im einzelnen Fall *realitätswidrigen Charakter* haben, betont *subjetiv* sein und ihr gezieltes Ansprechen kann trotzdem, oder gerade deshalb, eine starke Wirkung (Kaufimpuls) zeitigen. Der bekannte Motivforscher Dichter bestätigt diese Erfahrung durch zwei markant formulierte Feststellungen:

«Die Autoindustrie wäre über Nacht bankrott, würden Autos nur von Leuten gekauft, die sie wirklich brauchen.»

«Die schicken Krawatten der Herren, die entzückenden Frühjahrshütchen der Damen und die prunkvollen Uniformen der Admirale haben alle mit der Vernunft nichts zu tun.»

Solche und auch die vorhergehenden Überlegungen legen uns nahe, *nicht die Ware zu verkaufen, sondern ihre Dienste, ihren Nutzen, die kundenbezogenen Vorteile sowie spezielle Dienstleistungen.*

31 Kaufmotive bzw. Handlungsmotive

▷ Spartrieb
▷ Gewinntrieb
▷ Wunsch auf Zeiteinsparung
▷ Bequemlichkeitsbedürfnis
▷ Sauberkeitstrieb
▷ Gesundheitliche Bedürfnisse
▷ Soziale Bedürfnisse
▷ Sicherheitstrieb
▷ Ästhetische Motive
▷ Nachahmungstrieb
▷ Prestigebedürfnis
▷ Leistungstrieb
▷ Ordnungstrieb
▷ Macht der Gewohnheit
▷ Perfektionstrieb
▷ Hierarchisches Denken
▷ Neuerungstrieb
▷ Luxusbedürfnis
▷ Platzersparnis
▷ Rationalisierungswünsche
▷ Kombinationswünsche
▷ Direktbezugswünsche
▷ Sicherung identischer Nachlieferungen
▷ Sicherung des Service
▷ Ergänzungsmöglichkeit dank Baukastensystem
▷ Lieferkontinuität dank solidem Fundament der Firma und Inland-Fabrikation
▷ Soliditätswünsche
▷ Wunsch, kurzfristig beliefert zu werden
▷ Flexibilität dank umfangreichem und bestabgestimmtem Programm
▷ Grosse Auswahl, dadurch optimale Wunscheindeckung
▷ Planung und Lieferung durch eine Hand

Wer Kaufmotive anspricht, der leistet gezielte Verkaufsarbeit, der redet von dem, was den Kunden interessiert, der denkt somit problem- und kundenbezogen. Kaufmotive sind goldene Schlüssel zu Bestellungen.

3.13 Methoden der Einwandwiderlegung

Checkliste mit 34 Tips

16 Basiserkenntnisse

1. Auch der beste Verkäufer wird bei kritisch mitdenkenden Kunden auf Einwände stossen.

2. Der Einwand des Kunden ist positiv zu werten: er zeigt, wo zusätzliche Information nötig ist, wo Missverständnisse vorliegen oder eventuell die Situation des Kunden vom Verkäufer falsch eingeschätzt wurde.

3. Es gibt verschiedene Arten von Einwänden: echter Einwand (berechtigt oder unberechtigt), unechter Einwand (Vorwand, Ausrede, Scheineinwand), Prüf-Einwand, souffierter Einwand, Einwand als getarnter Druckversuch.

4. Bekannte Fehler im Widerlegen von Einwänden sind folgende:
   ▷ Sich betupft oder beleidigt geben
   ▷ Sich persönlich angezweifelt fühlen
   ▷ Den Kunden vernichtend an die Wand spielen
   ▷ Ihn lächerlich machen
   ▷ Seine Einwände herabwürdigen
   ▷ Kundenkonkurrenz zum Gegenbeweis zitieren bzw. sie ihm als Vorbild hinhalten

5. Richtig dagegen ist es, den Einwand des Kunden ernsthaft entgegenzunehmen, dem Kunden recht zu geben, wo dies möglich ist, und die bisher gegebene Information mit ergänzender Argumentation zu vervollständigen oder zu belegen, wenn er daran zweifelt. Wir müssen immer wieder Bedarf wecken, nicht nur decken!

6. Mit Abfangformulierungen vermeiden wir direktes Widerlegen des Kunden und bauen eine Brücke von seiner abweichenden Meinung hin zu Tatsachen, die wir als Bausteine der nachfolgenden Argumentation benützen – um ihn so doch noch von der Vorteilhaftigkeit unseres Vorschlages oder Produktes zu überzeugen.

7. Im Überzeugungsprozess müssen wir ständig von seiner Situation, seinen Problemen, Interessen und Wünschen ausgehen, damit er nie das Gefühl hat, man dränge ihm Lösungen, Produkte oder Dienstleistungen auf. Er muss im Gegenteil den Eindruck bekommen, man bemühe sich sehr, eine echte Lösung für ihn zu finden.

8. Geschickte Fragetechnik lässt sich wirksam mit der Beantwortung von Einwänden verbinden, besonders wenn der Kunde unbeweisbare Behauptungen aufstellt oder sonstwie unbewusst im Irrtum ist. Durch Fragetechnik können wir ihn zum Mitdenken hinsteuern, ihn Lösungen miterarbeiten lassen. Stufenweise bringen wir ihn so zu den entscheidenden Einsichten, womit er sich das Passende eigentlich selbst verkauft. Eigene Gründe überzeugen stärker als aufgedrängte!

9. Die Fragetechnik ist aber nicht nur Mittel des Ideenverkaufs, sondern auch eine wichtige Hilfe, um zögernde Kunden zum Entschluss hinzuführen. Man vergesse dabei nicht, auch optische Hilfen als Beweisführungen in Anspruch zu nehmen. «Vorführen ist die beste Beweisführung.»

10. Seriosität der Beratung zahlt sich aus, denn entscheidend ist die langfristige Partnerschaft, die wir mit unsern Kunden zu erstellen vermögen. Plumpe Druckversuche dagegen bauen das Vertrauen ab. «Stark ist, wer Widerstand ohne Kampf zu überwinden vermag», «Stärke wächst im Geduldgarten».

11. Humor, aber auch rhetorisches Ausdrucksvermögen sind für Gesprächsatmosphäre und suggestive Übertragung ebenfalls wichtig. Blosser tierischer Ernst ist Anti-Verkauf.

12. Volle 18 Techniken stehen uns im Verkauf zur Verfügung, wenn es um die Widerlegung von Einwänden geht:

    ▷ Aus dem Busch klopfen
    ▷ Gegenfrage und Information
    ▷ Umformung in eine Frage
    ▷ Ergänzung der Information
    ▷ Alternativ-Vorschlag
    ▷ Rechtgeben und Nachteil durch Vorteile zudecken

▷ Gerade-darum-Technik
▷ Umkehr-Methode
▷ Nachteil-Vorteil-Bilanz
▷ Demonstrations-Beweis
▷ Versuchs-Vorschlag
▷ Wirtschaftlichkeits-Berechnung
▷ «Das-war-einmal»-Methode
▷ Abschwächungs-Methode
▷ Starke Referenzen
▷ Vergleichs-Technik
▷ Kompromiss-Vorschlag
▷ Antwort-Verschiebung

13. Es verrät hohe Kunst, wenn der Verkäufer gelegentlich den Kunden so steuert, dass dieser zu bestimmten Einwänden verleitet wird – die der Verkäufer nachher überzeugend beantworten kann.

14. Eine weitere Taktik besteht darin, als Verkäufer gewisse Einwände selbst einzuflechten – um sie gleich darauf mit verblüffend-überzeugender Argumentation zu widerlegen. Das vermittelt Objektivität und fachliche Autorität.

15. Blosses Zur-Kenntnis-Nehmen der vielen Methoden geschickter Einwandwiderlegung genügt natürlich nicht, um auch in der Praxis Erfolg zu haben: systematisches Erarbeiten von Einwandlisten und entsprechenden Antworten sowie praxisnahes Einüben von Widerlegungstechniken mittels Rollenspielen (simulierten Verkaufsgesprächen) sichern erst den Erfolg.

16. Verkaufen ist identisch mit Überzeugung durch erfolgreiche Einwandbeantwortung!

* * *

Die erfolgreiche Handhabung unseres differenzierten Instrumentariums der Einwandwiderlegung macht Ihnen das Verkaufen zur faszinierenden Beratungsaufgabe – Ihre häufiger eintretenden Verkaufsabschlüsse verstärken Ihr Selbstvertrauen, und Ihre Sicherheit wirkt gleichzeitig noch suggestiver auf Ihre Kunden.

18 Techniken der Einwandüberwindung – im einzelnen noch näher erläutert

▷ **Aus dem Busch klopfen** (wenn Einwände etwas pauschal oder unklar formuliert werden, muss ich den Kunden mit Fragen um präzisere Angaben bitten)

▷ **Gegenfrage und Information** («Kommt denn dieser Fall in Ihrer Praxis häufig vor, oder ist er eher selten? Dann nämlich ...»)

▷ **Umformung in eine Frage** (man sagt, der Kunde stelle sich wohl folgende Frage und gibt dann die Antwort darauf)

▷ **Ergänzung der Information** (man verdankt z.B. die «Frage» des Kunden und sagt, man habe sowieso noch ergänzen wollen, dass ...)

▷ **Alternativ-Vorschlag** (man weist darauf hin, dass es natürlich noch andere Ausführungen oder Vorgehenswege gibt, konkret z.B. ...)

▷ **Rechtgeben und Nachteile durch Vorteile zudecken** («Es stimmt absolut, dass ..., aber anderseits sind ja auch ganz wesentliche Vorteile gegeben, z.B. 1), 2) usw.»)

▷ **«Gerade darum»-Technik** («Sie haben völlig recht, aber gerade darum ist konstruktiv diese Schikane eingebaut worden, die nun ...»)

▷ **Umkehr-Methode** («Ich begreife Ihre Überlegung, aber umgekehrt ist es doch ein besonderer Vorteil, wenn ...»)

▷ **Nachteil-Vorteil-Bilanz** (links Nachteile auf ein Blatt setzen, rechts Vorteile, die in ihrer Zahl natürlich überwiegen müssen)

▷ **Demonstrationsbeweis** («Sicher hätten Sie sich gerne durch eine praktische Demonstration vom grossen Nutzen dieser Anlage überzeugt»)

▷ **Versuchsvorschlag** («Am besten für Sie wäre es wohl, wenn wir Ihnen Gelegenheit geben könnten, dieses neue Produkt z.B. eine Woche lang auszuprobieren. Das tun wir gerne.»)

▷ **Wirtschaftlichkeits-Berechnung** («Ihre Frage nach der Rentabilität einer solchen Anschaffung ist berechtigt: am besten rechnen wir diese doch mal gemeinsam miteinander aus durch folgende Kalkulation ...»)

▷ **«Das war einmal»-Methode** («Sie haben recht, dieser Nachteil existierte tatsächlich früher – nun ist aber inzwischen ...»)

▷ **Abschwächungs-Methode** («Das ist zwar in gewissen Fällen ein Nachteil, aber man kann dieser Gefahr dadurch vorbeugen, dass ...»)

▷ **Starke Referenzen** («Sie stellen mit Recht die Frage nach der Bewährung dieses Fabrikates – und da kann ich Ihnen sagen, dass z.B. ... und ... sowie ... als prominente ... schon seit geraumer Zeit diesen ... einsetzen und davon sehr begeistert sind. Sie können diese Firmen gerne befragen und das Urteil wird Ihnen bestätigt werden»)

- ▷ **Vergleichstechnik** («Ich darf vergleichsweise darauf hinweisen, dass ... und so ist doch eindeutig klar, dass ...»)
- ▷ **Kompromiss-Vorschlag** (nach Ablehnung des ersten Vorschlags: «Was hielten Sie davon, Hr. X, dass wir Ihnen insofern entgegenkommen, als ...?»)
- ▷ **Antwort-Verschiebung** («Darf ich diese Frage von Ihnen etwas später beantworten, wenn wir noch spezifisch anwendungstechnische Besonderheiten erläutern»)

Empfehlung

Das praktische Umsetzen dieser Techniken geschieht am besten, wenn Sie einmal die Einwände – welche seitens Ihrer Kunden erhoben werden können – auf eine Liste bringen und dann prüfen, welche davon mit welcher der 18 Methoden am besten beantwortet werden kann. So beweisen Sie sich nicht nur die Brauchbarkeit dieser Pariermethoden, sondern Sie üben sich gleichzeitig im variantenreichen Widerlegen von Einwänden, wie sie in Ihrer eigenen Praxis vorkommen.

3.14 Abfangformulierungen kennen und variabel einsetzen

Checkliste mit 43 Musterformulierungen 

Statt direkt zu widerlegen, antwortet man interessiert und gleichzeitig versöhnlich mit Formulierungen, wie wir sie hier variantenreich vorgeben, damit Sie sich auch einen gehörigen Schatz solcher Abfangsätze heranbilden können:

- ▷ Ich kann Ihre Auffassung verstehen, indessen ...
- ▷ Auf diese Meinung bin ich schon öfters gestossen, jedoch ...
- ▷ Das hört man gelegentlich, aber ..
- ▷ Das kann man wohl sagen, man muss aber auch berücksichtigen ...
- ▷ Ich verstehe, dass Sie zu diesem Schluss gekommen sind, allerdings ...
- ▷ Das Bessere ist der Feind des Guten, gerade deshalb haben wir ...
- ▷ Sie überlegen sehr fachmännisch, dennoch ist zu bedenken ...
- ▷ Sie stellen damit eine interessante Frage, die sich so beantworten liesse: ...
- ▷ Ihr Einwand ist verständlich, in der Praxis allerdings ...
- ▷ Sie werfen hier eine sehr schwierige Frage auf; darf ich dazu bemerken, dass ...
- ▷ Allerdings, da haben Sie recht, nur sollten wir auch berücksichtigen, dass ...
- ▷ Ihre Ansicht zeigt, wie genau Sie überlegen ...
- ▷ Sie haben recht, wo Sonne ist, gibt es vereinzelt auch mal einen Schatten ...
- ▷ Richtig, jede Medaille hat auch eine Kehrseite ...
- ▷ Ich versuche das Problem sicher auch mit Ihren Augen zu sehen, aber ...
- ▷ Natürlich, aber ein Nachteil ist ja fast überall in Kauf zu nehmen ... Dafür ...
- ▷ Darf ich Sie fragen: haben Sie den vermuteten Nachteil schon in der Praxis erlebt? ...
- ▷ Warum, glauben Sie, ist dies ein Nachteil?
- ▷ Wie ist Ihr Einwand genauer zu verstehen? So oder so?
- ▷ Ich bin froh, dass Sie so kritisch mitdenken und verstehe Ihre Befürchtung ...
- ▷ Das ist eine Frage, die uns mit Recht immer wieder gestellt wird ...
- ▷ Ihr Einwand überrascht mich – darf ich um eine Begründung Ihrer Ansicht bitten?
- ▷ Wenn Sie «teuer» sagen, dann vergleichen Sie sicher mit einem anderen Fabrikat ... mit welchem?
- ▷ Wir sollten vielleicht gerade in Ihrem Fall bedenken, dass ...
- ▷ Jedes Ding hat zwei Seiten, aber in Ihrem Fall zählt doch in erster Linie ...
- ▷ Ich kann Sie beruhigen, Herr ..., denn ...
- ▷ Ich vermutete am Anfang meiner Praxis auch, dass ...
- ▷ Es kommt eigentlich ganz darauf an, wie Sie in der Praxis vorgehen ...
- ▷ Daran haben wir auch gedacht, daher ist konstruktiv realisiert worden, ...
- ▷ Ich vergass wohl zu erwähnen, dass ...
- ▷ Wir versuchen, soweit wie möglich Ihren Wünschen zu entsprechen, aber hier ...
- ▷ Sie denken bestimmt an ..., wenn Sie bemängeln, dass ... und da fällt insofern ein Risiko dahin, als ...
- ▷ Vielen Dank für Ihren Hinweis ...
- ▷ Gestatten Sie, dass ich Ihnen gleich von der Praxis her antworte ...
- ▷ Hr. ..., Sie wissen sicher aus eigener Erfahrung, dass ...
- ▷ Ihre Überlegung ist sicher richtig, trotzdem sei darauf hingewiesen ...
- ▷ Sie stellen eine berechtigte Frage, Herr ..., aber ...
- ▷ Ihre Ansicht ist durchaus richtig im Falle, wo man ...
- ▷ In diesem Zusammenhang dürfen wir wohl darauf hinweisen ...
- ▷ Habe ich Sie richtig verstanden: es geht Ihnen um ...?
- ▷ Das ist ein Punkt, den ich sowieso noch berührt hätte. Sehen Sie, ...
- ▷ Für Ihren Wunsch habe ich volles Verständnis, es kann ihm so entsprochen werden ...
- ▷ Sie schneiden mit Ihrer Frage einen wichtigen Punkt an ...
- ▷ Entschuldigen Sie, liegt hier nicht ein kleines Missverständnis vor, insofern als ...
- ▷ Ihre Bedenken sind z.T. berechtigt, denn ..., aber ...
- ▷ Wir verstehen Ihren Standpunkt ...
- ▷ Sie sind insofern richtig orientiert, als ..., übersehen aber sicher nicht, dass ...
- ▷ Sie glauben doch sicher auch, dass ...
- ▷ Sie denken bestimmt an ..., wenn Sie bemängeln, dass ... aber da fällt insofern ein Risiko dahin, als ...

Bindewörter, die Ihre Antwort auf Einwände/Widerstände einleiten können, sind: aber... trotzdem... umgekehrt... dennoch... allerdings... zwar... dessenungeachtet... Ist es aber nicht so, dass... Haben Sie auch bedacht, dass... Haben Sie auch berücksichtigt, dass... Stimmt, jedoch... Richtig, nur überlegen Sie sich wohl auch, dass...

Wir wiederholen:

Stark ist, wer Widerstand ohne Kampf zu überwinden vermag!

3.15 Möglichkeiten und Kunstgriffe der Vorführtechnik

Checkliste mit 50 Hinweisen

Demonstrationsmöglichkeiten im Verkauf

- ▷ Produkt selbst demonstrieren
- ▷ Muster geben oder ausprobieren lassen
- ▷ Modelle zeigen (wo Ganzes zu gross)
- ▷ Schnittmodelle/Querschnitte
- ▷ Prospekt (Sammel- und Spezialprospekte)
- ▷ Datenblätter und techn. Spezifikationen
- ▷ Fotos oder Zeichnungen
- ▷ Schemata, Kurven, Diagramme
- ▷ Mikroskopische Aufnahmen
- ▷ Flugaufnahmen
- ▷ Skizzen/Pläne
- ▷ Organisationsschema (interne Zuständigkeit.)
- ▷ Filialen- und Servicestellen-Übersicht
- ▷ Flip-Chart
- ▷ Pin-Wand
- ▷ Hellraum-Projektionen
- ▷ Dias und Tonbildschauen
- ▷ Filme und Videobänder
- ▷ Funktionsmuster/Simulatoren
- ▷ Ablaufschemata
- ▷ Prüfberichte von Teststellen/-Organisationen
- ▷ Referenzlisten/Zeigen von Referenzanlagen
- ▷ Inseratbeispiele
- ▷ Technische Abhandlung besprechen
- ▷ Wirtschaftlichkeitberechnungen
- ▷ Vorteil-Nachteil-Bilanz aufstellen

Merkmale für eine gute Vorführung

1. Vorführungen gut vorbereiten mit allem, was dazu gehört
2. Ort für die Vorführung so wählen, dass möglichst wenige Störungen eintreten können; ebenso geeigneten Zeitpunkt wählen
3. Kunden so plazieren, dass er alles gut sieht; wenn möglich, sitzen lassen
4. Logisch aufbauen, in richtiger Reihenfolge demonstrieren
5. Roter Faden muss durch die ganze Vorführung gehen
6. Sicheres, bestimmtes Auftreten (was tut meine Ware für den Kunden?)
7. Artikel wertbewusst präsentieren
8. Deutlich sprechen, nicht zu schnell, nicht zu langsam
9. Nicht zuviel sprechen, dafür um so mehr zeigen, aber ohne Virtuosentum
10. Schwerpunkte setzen, Schlüsselpunkte herausheben
11. Anschaulich sein durch Vergleiche und gute Beispiele
12. Reaktion des Kunden beobachten
13. Kompliziertere Zusammenhänge mehrmals erläutern oder demonstrieren
14. Nicht nur technisch demonstrieren, auch wirtschaftliche Pluspunkte und Anwendungsvarianten einbeziehen
15. Fragetechnik nutzen, um Zuschauenden zu aktivieren
16. Kontrollfragen stellen zur Prüfung, ob Erklärungen verstanden wurden und Kunde unsere Argumente akzeptiert (indirekte Fragen, z.B.: «Was halten Sie davon?» oder «Wie gefällt Ihnen das?» oder «Einfach, nicht?»)
17. Kunde selbst probieren lassen
18. Loben, wenn er es gut macht
19. Humor nicht vergessen: mit sturem Ernst ist es nicht getan
20. Seine eventuellen Fehler nicht schulmeisterlich korrigieren, sonst Verständnis dafür zeigen, dass es das erste Mal nicht ganz klappen konnte
21. Konkurrenz nicht selbst erwähnen
22. Die individuellen Verhältnisse des Kunden berücksichtigen
23. Gespräch leiten, Initiative nicht einseitig dem Kunden überlassen
24. Am Schluss Zusammenfassung und Frage «Was halten Sie davon?»

Achtung wichtig:

Beachten Sie den Unterschied zwischen Vorführung und Instruktion:

▷ Die Vorführung soll einfach und überzeugend zeigen, wie etwas funktioniert, sie soll die gegebenen Vorteile optisch umsetzen, demonstrieren, imponierend beweisen.

▷ Eine Instruktion hat die Aufgabe, den Kunden lernen zu lassen, wie man etwas optimal handhabt.

▷ Niemals sollte man bei Vorführungen regelrecht ins Instruieren geraten. Die gründliche Instruktion kommt ja nach dem Verkauf und ist bereits eine Serviceleistung, ein eigentlicher didaktischer Prozess.

▷ Dass man beim Vorführen kurz einmal etwas erläutern und dabei vielleicht gar den Kunden mit eigenem Tun engagieren darf, ist akzeptabel und dient der Dynamisierung des Vorführprozesses. Nie aber darf aus solchen Einblendungen eigentliches Instruieren werden.

3.16 Zusatzverkäufe geschickt realisieren

Checkliste mit 25 Anregungen

5 Basiserkenntnisse

- ▷ Es beweist sich immer wieder: gute Verkäufer vermögen unaufdringlich und suggestiv Zusatzverkäufe anzubahnen, im Laden so gut wie im Aussendienst oder am Telefon.
- ▷ Wer grundsätzlich jede Gelegenheit dazu benützt, den Kunden in geschickter Manier mit weiteren Kaufmöglichkeiten vertraut zu machen, in ihm vielleicht zusätzliche Wünsche wachzurufen oder weitere Nutzungsmöglichkeiten aufzuzeigen, der ist eigentlich erst initiativer Berater und schafft natürlich auf diese Weise im Jahr ein oft erstaunliches Volumen an Mehrverkäufen.
- ▷ Sofern der Kunde dabei spürt, dass man sich als Berater mit ihm identifiziert, ihm hilft, einen noch grösseren Nutzen aus einer Anschaffung herauszuholen, so kann er ein solches Bemühen niemals verurteilen – es sei denn, der Verkäufer stelle sich plump an oder lege eine Gerissenheit oder Aufdringlichkeit an den Tag, die vom Kunden als unangenehm empfunden wird.
- ▷ Es gilt auch für den Zusatzverkauf, was sonst für das Verkaufen gilt: verkaufen wir nicht Artikel, Ware, Maschinen und Einrichtungen – sondern Nutzen, Freude, Bequemlichkeit, Sicherheit, Rationalisierung oder was nur immer im einzelnen Fall als Kaufmotiv angesprochen werden kann.
- ▷ Sich in den Kunden eindenken, aus seiner Position Nutzen suchen, seinen Erfahrungen schmeicheln (die natürlich mit den unsern übereinstimmen müssen), Vorteile aufzeigen, die der Kunde vielleicht gar nicht erkennt oder nicht im vollen Umfang einzuschätzen vermag – das hilft uns, den richtigen Kontakt zu finden, ihn unaufdringlich, aber beweiskräftig auf zusätzliche Wunscheindeckung anzusprechen.

5 bekannte Fehlverhalten beim Verkäufer

- ▷ Er bildet sich oft ein, Kunden wünschten gar keine Zusatzkäufe zu tätigen
- ▷ Er hat Angst, sie vorzuschlagen, weil vielleicht ein Kunde schon einmal brüsk abgewehrt hat
- ▷ Er hat die dankbaren Zusatzverkaufsmöglichkeiten nicht im Griff, denkt also im entscheidenden Moment gar nicht daran
- ▷ Er formuliert in der Ich- oder Wir-Person, wenn er zusätzliche Möglichkeiten empfiehlt («Ich empfehle Ihnen noch», «Wir haben da noch», «Ich kann Ihnen noch etwas zeigen», «Darf ich Ihnen noch empfehlen», «Es gibt bei uns noch» usw. statt dass er die Überlegungsperspektive des Kunden benützt, um in der SIE-Sprache zu formulieren oder zu fragen, z.B.: «Sie könnten sogar noch einen zusätzlichen Nutzen herausholen, nämlich», «Sie würden es wohl schätzen», «Sie haben sich wohl auch schon gefragt, ob», «Sie haben wohl auch schon mit dem Gedanken gespielt», «Ihnen wäre vielleicht noch zusätzlich gedient, wenn», «Haben Sie auch daran gedacht, dass», «Wissen Sie auch, dass», «Haben Sie schon davon gehört, dass»
- ▷ Der Verkäufer macht von zu vielen Zusatzverkaufs-Suggestionen Gebrauch und wirkt damit aufdringlich (Beispiel Schuhkauf: Leist, Socken, Schuhcrème, Schuhbändel, Einlagesohlen)

9 Spielregeln für den guten Zusatzverkauf

1. Freundliche Bedienung und fachlich überzeugende Beratung schon beim Kauf des Hauptartikels.
2. Nach Möglichkeit den Zusatzartikel mitzeigen, wenn der Hauptartikel angeboten wird (beiläufig zeigen, keine Staatsaktion aus dem Zusatzartikel machen).
3. Kauf des Hauptartikels loben. Nett danken.
4. Nebennutzen herausstellen, der durch den Zusatzartikel eingedeckt wird.
5. Bei Möglichkeit darauf hinweisen, dass durch Zusatzverkauf bessere oder vielseitigere Ausnützung des Hauptartikels möglich ist (Aufwertung des Hauptkaufs durch den Nebenkauf).
6. Immer an die Vorteile des Kunden denken, wenn ein Zusatzverkauf angestrebt wird, und diese Vorteile bewusst ansprechen.
7. Jede Aufdringlichkeit vermeiden, den Zusatzartikel also elegant und fast beiläufig ins Gespräch bringen.

8. Auch nach dem erfolgten Zusatzverkauf den Kaufentschluss loben, z.B. «Nun wird Ihnen der Einkauf doppelt Freude bereiten» – «Da haben Sie nun wirklich vorteilhaft eingekauft – «Vielen Dank! Man wird Sie sicher um diese schöne... beneiden».
9. Freundlich verabschieden und nett danken.

Zusatzverkäufe am Telefon

Es gelten dafür praktisch die gleichen Regeln wie für den Zusatzverkauf im Laden. Das beiläufige Ansprechen von Zusatznutzen, bezogen auf die Bedarfssituation des Kunden, soll auch hier unaufdringlich wirken und Kaufimpulse vermitteln.

Einleitende Formulierungen können sein:

«Übrigens wäre insofern noch eine Kombinationsmöglichkeit gegeben, als...»
«Darf ich gleichzeitig darauf hinweisen, dass es zu diesem... noch dieses nützliche... gibt.»
«Viele Kunden wünschen jeweils dazu auch den... (Zusatzartikel), um...»
«Häufig legt man übrigens Wert darauf, den... noch nach einer anderen Richtung besser auszunützen, nämlich unter Verwendung von...»
«Ich nehme an, es ist Ihnen bekannt, dass es zu diesem... noch... gibt – Sie profitieren dabei vom Vorteil, dass...»

3.17 Ersatzverkäufe geschickt realisieren

Checkliste mit 9 Anregungen

▷ Der Kunde kann in jeder Branche mal etwas verlangen, das man nicht führt oder nicht am Lager hat.

▷ «Haben wir nicht!» ist natürlich keine taugliche Antwort. Gefordert ist dann vielmehr ein unaufdringlicher Ersatzvorschlag, verbunden mit geschicktem Herausstellen der Vorteile oder sogar der Überlegenheit des Ersatzartikels oder -geräts.

▷ Das bedingt einen sehr guten Überblick über das eigene Sortiment, vielleicht gar ein gezieltes Training im richtigen Anbahnen von Ersatzvorschlägen. Man sollte im Verkaufsteam einmal die hauptsächlichsten Fälle, wo der Kunde etwas verlangen kann, was man nicht hat, auf eine Liste setzen (links untereinander) und dann rechts die möglichen Ersatzvorschläge hinsetzen. Das Ganze muss man sich gut einprägen, denn man kann nur mit Ersatzvorschlägen dienen, wenn man im Geist blitzschnell darauf greifen kann.

▷ Übrigens zeigt die Erfahrung, dass in den meisten Branchen praktisch fast immer ein Ersatzvorschlag angeboten werden kann, sonst wäre ja wahrscheinlich das Sortiment nicht vollständig genug.

▷ Von der Formulierung her lässt sich der Ersatzvorschlag ungefähr wie folgt handhaben:
«Es tut mir leid, aber dieses Fabrikat/Produkt führen wir trotz unseres wirklich grossen Sortiments nicht. Indessen können Sie bei uns auf ein anderes Fabrikat/Produkt greifen, das mindestens ebenbürtig ist, ja sogar die und die besonderen Vorteile aufweist. Sie können sich gleich *unverbindlich* davon überzeugen – ich will Ihnen ja auf keinen Fall etwas weniger Gutes als Ersatz anbieten!» Dann zur Ware hinführen und Vorteilhaftigkeit beweisen. Hat das Ersatzprodukt kein Plus aufzuweisen gegenüber dem Verlangten, so entfällt natürlich der Hinweis auf die besondern Vorteile des Ersatzartikels und man argumentiert mit «ebenso gut», «ebenso schick», «ebenso vorteilhaft».

▷ Hat man ausnahmsweise kein Ersatzprodukt, das gegenüber dem Verlangten ebenbürtig oder gar überlegen ist, so darf dem Kunden selbstverständlich nicht mit Zwang etwas weniger Gutes angedreht werden. Höchstens wäre zu prüfen, ob ihm dann nicht auch damit noch ausreichend gedient ist. Nicht immer ist das Teuerste das am besten Angepasste. Es gibt ja auch Verwendungsfälle mit geringern Anforderungen.

▷ Aber sicher ist, dass man als Verkäufer die Ersatzartikel in meinem Sortiment sehr genau in bezug auf ihre Vorteile kennen muss, sonst kann man schwankende Kunden kaum ausreichend positiv in Richtung Ersatzkauf umpolen.

▷ Zu überlegen wäre evtl. auch, ob man das Verlangte nicht beim offiziellen Lieferanten für den Kunden anfordern kann, wenn Ersatzangebote einmal nicht gegeben sind.

> Gute Ersatzverkäufe geben beiden Seiten Befriedigung. Es sind schöpferische Handlungen im Rahmen des aktiven Verkaufens.

3.18 Verkaufsrhetorik perfektionieren

Checkliste mit 20 Anleitungen

Ziel guter Rhetorik

Was man sagt, ist sicher wichtig – aber wohl ebenso entscheidend für den Erfolg ist, *wie* man etwas zum Ausdruck bringt. Ein profunder Gedanke nämlich kann seine Wirkung verfehlen, wenn er unglücklich formuliert ist. Und wir wissen anderseits auch, dass selbst einfache Gedanken einen starken Eindruck hinterlassen können, wenn sie meisterhaft in Form und Rhetorik dargebracht werden.

Wirksames Sprechen ist abhängig von:

Intelligentem Überlegen, bevor man formuliert

Was ist wichtig für den anderen? Wie versteht er mich am besten? Wie lege ich den Zusammenhang klar? Wie stelle ich Bezüge her zu dem, was ihn interessiert, was er sich wünscht, was er vielleicht schon früher als entscheidend erachtet hat?

Sinngemässer Verständlichkeit

Formuliere ich nicht zu technisch, zu gewunden, zu primitiv, zu hochstehend? Liefere ich das WARUM in meiner Argumentation auch immer mit?

Unterstreichen des Gesprochenen durch Blickkontakt, Haltung und Gestik

Konzentrierte, ernsthafte Mimik kann so wichtig sein wie an passender Stelle eingestreuter Humor. Aber auch die Haltung (aufrecht, nicht lauernd oder müde) muss im richtigen Verhältnis zur Aussage stehen. Die Gestik darf man zwar nicht übertreiben, aber sie soll in bestimmten Momenten die Sprache eindringlicher, verbindlicher, entschlossener, plastischer werden lassen.

Ausstrahlung

Freundlichkeit, Zuneigung, Verständnis, Ehrlichkeit, Ernst, Grosszügigkeit – das alles kann in positiver Ausstrahlung anklingen. Wenn Ausstrahlung echt ist, so ist sie eine Art Seelenspiegel, Ausdruck menschlicher Gestaltungskraft. Wer sich intensiv einfühlt, wer mitfühlt, wer den Mitmenschen wirklich zu achten vermag, wer sich einsetzt für den anderen – der hat automatisch eine ausgeprägte Ausstrahlung. Diese kann natürlich auch vom geistigen Leben her noch eine Verstärkung erfahren. Wichtig an der Ausstrahlung ist, dass sie von anderen gespürt wird und demzufolge auch wirkt.

Gliederung, roter Faden

Gesagtes muss überschaubar sein. Das inhaltliche Gliedern ist dort wichtig, wo das Vermittelte Umfang gewinnt und an sich nicht leicht zu verstehen ist. Der gute Redner spricht sozusagen auch in Untertiteln und er macht den roten Faden sichtbar. Er stellt Zusammenhänge her, bezieht sich auf wichtige Erkenntnisse und berücksichtigt auch den Informationsstand auf der Gegenseite oder deren Niveau.

Natürlichkeit

Rhetorik wird dann als abstossend oder mindestens negativ empfunden, wenn sie gekünstelt wirkt. Natürlichkeit ist eine Grundlage für das Zustandekommen von Vertrauen. Unnatürliches Verhalten macht misstrauisch und mindert die Glaubwürdigkeit des Gesagten.

Artikulation

Gute Artikulation ist gutes Aussprechen von Silben und Buchstaben. Wer nuschelt, ist schwer zu verstehen. Undeutliche Aussprache ist eine Zumutung, wirkt nachlässig, strapaziert und setzt den anderen fast gar herab. Dass undeutliche Aussprache auf die Dauer die Konzentrationsfähigkeit und das Interesse des Zuhörenden mindert, versteht sich von selbst. Besonders am Telefon ist vorzügliches, aber immer noch natürlich wirkendes Artikulieren sehr wichtig, da die Verständlichkeit des Telefontons an sich schon begrenzt ist.

Atemtechnik

Wer eindrucksvoll sprechen will, muss auch die Atemtechnik beherrschen. Viele verraten beim Sprechen eine gewisse Atemenge, sie wirken fast gequält. Sie beherrschen die Pausentechnik nicht und benützen die Satzenden nicht ausreichend, um immer wieder Atem zu schöpfen. Sie hasten, statt dass sie haften mit dem, was sie sagen.

Stimmvariation

Monotonie wird als Langweiligkeit, Desinteresse und Unpersönlichkeit empfunden. Stimmlich variieren macht die Rede lebendig, attraktiv, vielleicht sogar faszinierend. Die Stimme hebt man bei Fragen, Ausrufen, Betonungen. Man senkt sie bei einzuschaltenden Gedanken, die so nebenbei dargebracht werden, und natürlich auf das Satzende. Man kann auch, wenn wünschbar, positive Gefühle in die Stimme hineinbringen: Wärme, Respekt, Sachlichkeit, Sympathie, Bewunderung, Identifizierung, Anteilnahme usw.

Wortschatz

Ein guter, passender Wortschatz macht die Sprache plastisch, wirkt eindrücklich, verankert das Gesagte, verlebendigt, imponiert, lässt den guten Bildungsstand spürbar werden.

Dynamik und Begeisterung

zeigt Problemidentifikation auf, verrät Schwung, Interesse an der Sache – überzeugt ganz anders als ein langweiliger Sprechton.

Betonungen

Alles Wesentliche will hervorgehoben sein. Das dient dem Verständnis und gutem Einprägen beim Zuhörer. Betonungen sind so wichtige Hörhilfen, so wie das Unterstreichen in schriftlichen Texten eine wichtige Lesehilfe darstellt.

Konzentration auf sich und den anderen

Laufendes gutes Formulieren setzt Konzentration auf Substanz und sprachliche Form voraus. Aber gleichzeitig müssen wir die Reaktion des Zuhörers beobachten und oft auch interpretieren. Wir sollten merken, wenn er sich einschalten will, wenn bei ihm eine Frage auftaucht, wenn sich Widerstand bei ihm meldet. Nur so sind wir auch elastisch genug für unseren Partner, im anderen Fall wecken wir den Eindruck der Sturheit.

Satzlänge

Lange Sätze können sich nur Leute erlauben, die mit der Sprache vorzüglich umzugehen vermögen. Kurze Sätze jedenfalls sind übersichtlicher, können eine gewisse Dynamik ins Spiel bringen, verraten gestrafftes Überlegen, überfordern den Partner weniger. Das Sprechen in kurzen Sätzen ist aber gar nicht so leicht, es muss regelrecht geübt werden.

Originalität

Sich originell zum Ausdruck bringen, verrät Profil, geistiges Format, Ausserordentlichkeit. Man kann und darf aber Originalität nicht forcieren, sie muss aus der Gunst der Situation herauswachsen und im richtigen Verhältnis zum angesprochenen Thema sein. Sie setzt einen gewissen Ideenreichtum und einen entsprechenden Wortschatz voraus. Originelle Redewendungen darf man auch nicht häufig einsetzen, sonst wirken sie rasch abgegriffen. Bildsprache ist oft wirksames Hilfsmittel sprachlicher Originalität, ebenso der Vergleich, guter Witz und Humor, Paradoxie, antithetische Formulierung, zarte Ironie, Selbstironie, geistvoller Sarkasmus.

Begleitmusik optischer Art

Der beste Sprecher kann noch eindrücklicher wirken, wenn er parallel optische «Begleitmusik» entfaltet (Unterlagen, Zeichnungen, Gags, graphische Darstellungen, Dias usw.). Solche Hilfsmittel verlangen Vorbereitung, sind aber immer sehr wertvoll und fördern natürlich auch das Verständnis, da der Mensch ein Augenwesen ist und über das Auge viel rascher versteht und auch besser einprägt. 92% der Menschen gehören zum visuellen Typ, nur 8% zum akustischen Typ!

Schlagfertigkeit

Sie stellt eine Mischung zwischen geistigem Reflex und prägnantem Formuliervermögen dar. Sie lebt natürlich auch stark von guter Argumentation, verblüffenden Gegenfragen, schlagenden Vergleichen, origineller Beweisführung. Schlagfertigkeit kann einer nicht aus der «Schublade» nehmen; sie ist Ausdruck besonderer geistiger Beweglichkeit und dialektischer Veranlagung. Sie lässt sich aber in gewissen Grenzen üben.

Sprechtempo

Zu rasches Sprechen ist in zweierlei Beziehung falsch: Der andere kommt nicht mehr überall mit – und er hat das Gefühl, er werde überfahren. Das Tempo ist der Schaltgeschwindigkeit des Partners anzupassen: wenn er rasch spricht und schnell auf uns reagiert, so können wir flüssig sprechen, es sei denn, ein besonderer Zusammenhang sei schwierig zu interpretieren. Kompliziertes soll man also eher langsam und mit Verdauungspausen kombiniert vermitteln.

Anschaulichkeit

Wer gute Beispiele bringt und sprechende Erfahrungen einblendet, ist dem Theoretisierenden, abstrakt Redenden überlegen.

3.19 Bestellungen richtig entgegennehmen

Checkliste mit 10 Tips

Einige Praxiserfahrungen:

Wer tagtäglich im Bestellwesen mit Auftraggebern in Kontakt ist, riskiert, einen Routineton anzunehmen und andere Fehler zu begehen, die inakzeptabel sind, z. B. den Dank für einen Auftrag zu unterlassen, Einzelposten nicht zu wiederholen, Details wegen Zustellungsart nicht abzuklären usw. usw. Seit vielen Jahren bestätigt sich dies immer wieder aufs neue in meinen Trainings, wo Telefonsachbearbeiter in praxisnahem Rollenspiel an der Telefonanlage geschult werden.

10 wichtige Regeln für die Entgegennahme von Telefonaufträgen

1. Name erfragen, wenn sich der andere nur mit seiner Firma vorstellt.
2. Konzentriert zuhören und jeden Posten sofort sehr deutlich nachsprechen, besonders dann, wenn der Partner undeutlich spricht.
3. Bestellt der Kunde etwas aus einem Fremdsortiment, nicht einfach nur sagen: «Haben wir nicht» – sondern überlegen, mit welchem Artikel aus unserm Sortiment dem Kunden vielleicht ebenso gut gedient wäre.
4. Liegt der Kunde mit seiner Bestellung mengenmässig knapp unterhalb einer nächsthöheren Bestellmenge mit günstigerem Preis, so sollte ungefähr gesagt werden: «Herr X, ist Ihnen bekannt, dass Sie bereits bei so und soviel Stück einen Preisvorteil von ... hätten?»
5. Sichern, dass die Adresse des Kunden immer noch diesselbe ist, oder bei Neukunden die Adresse mit absoluter Genauigkeit erfragen, inkl. Telefonnummer und Postleitzahl, sowie Postfachnummer.
6. Im Bild sein, welche Kunden evtl. nicht mehr beliefert werden dürfen, weil sie zahlungsmässig im Rückstand sind und trotz Mahnungen nicht reagiert haben.
7. Gegebenenfalls solchen Tatbestand in passender Form vermitteln und fragen, wie der Kunde die Lösung sieht. Behauptet er, inzwischen bereits eine Überweisung getätigt zu haben, kann man ihn bitten, eine Photokopie der Überweisung per Post oder Telefax noch heute zuzustellen, oder man könnte mit seiner Bank telefonisch abklären, ob die Zahlung im Gange ist.
8. Gegebenenfalls Lieferweise (Express, Luftpost, Extrazustellung per Chauffeur oder Bahn, Abholung durch Kunden in Sonderfällen) absprechen.
9. Zusatzverkäufe unaufdringlich dort ins Spiel bringen, wo sie sinnvoll sind und der Kunde evtl. einen Zusatzauftrag hätte vergessen können.
10. Auftrag – auch den kleinsten – nett verdanken.

Freundlichkeit und Höflichkeit sind das Lächeln am Telefon!

Zusatzempfehlungen:

Wo Sachbearbeiter im Bestellwesen jahrelang mit wichtigen Kunden im Kontakt sind, sollten erstere den Kunden auch einmal aufsuchen und persönlich begrüssen.

Nehmen Sie sich alle Halbjahre ein paarmal auf Diktiergerät oder Kassettenrecorder auf, um sich zu überprüfen auf: überflüssige Floskeln wie Aäh, hä, oder, verstehen Sie?, begriffen?, wissen Sie, hören Sie / freundlichen Sprechton / Lebendigkeit der Sprache / Humor / psychologisch richtiges Formulieren / geschickte Abfangformulierungen in schwierigen Phasen / fachliche Richtigkeit des Gesagten / gutes Zuhören ohne Unterbrechen des Kunden mitten im Satz / richtiges Entgegennehmen von Reklamationen / Deutlichkeit der eigenen Sprache usw. usw.

Beherrschung, Diplomatie und Verhandlungskunst

Auch diese Seiten gehören zur Verkaufskunst. Wer im Reden unbeherrscht oder undiplomatisch-verletzend ist, schafft sich momentschnell Feinde, wirkt unfair und unsachlich, vielleicht gar plump oder brutal. Ein guter Sprecher dagegen verfügt immer über eine feine Klinge, widerspricht nie direkt und wertet auch nie direkt ab. Er bleibt elastisch, ist vorsichtig und taktvoll.

3.20 Das Telefon als verkaufsunterstützendes Instrument des Aussendienstes

Checkliste mit 30 Anregungen

18 Einsatzmöglichkeiten für das Telefon im Aussendienst:

- ▷ Besuchsavisierung zur Feststellung, ob der Kunde zum Zeitpunkt des Besuchs sicher zu sprechen ist
- ▷ Besuchsavisierung mit der Nebenabsicht, wesentliche Punkte oder Probleme vorbereitend abklären zu können, zur Sicherstellung des Besuchserfolgs
- ▷ Vorauskontakt zur prinzipiellen Feststellung bestimmter Bedarfsmöglichkeiten (Achtung: wird vom Kunden gerne benützt, um den Vertreter unter Vorwänden abzuweisen. Flair und Situationsgefühl entscheiden lassen, ob ein solcher Anruf der richtige Weg ist)
- ▷ Vorauskontakt, um die Einführung bei schwierigen Kunden stufenweise zu gestalten (starker Interesseerreger und geschickteste Gesprächsführung sind wichtige Voraussetzungen für ein solches Telefonat)
- ▷ Versicherung, ob der Kunde mit der gelieferten Ware zufrieden ist
- ▷ Hinweis auf Sonderdienste oder Neuheiten
- ▷ Begrüssung *neuer* Kunden und Dank für 1. Auftrag
- ▷ Mündliche Angebotsunterbreitung
- ▷ Versuch, einen erfolglosen Besuch durch neue Anregungen oder inzwischen angepassten Vorschlag in eine Chance zu verwandeln
- ▷ Dank für einen vom Kunden direkt an die Firma erteilten Auftrag, in Verbindung mit Zusatzfragen
- ▷ Bekanntgabe von unerwartet aufgetauchten Schwierigkeiten (Lieferverzögerung, Vorschlag einer besseren Lösung für einen komplizierten Bedarfsfall)
- ▷ Antwort auf interessante Kundenanfragen, Angebot für Ergänzungslieferungen oder auf Auskunftbegehren in technischen und fachlichen Belangen
- ▷ Kontaktnahme auf Grund einer eingegangenen Reklamation oder Mängelrüge, die am besten durch den Vertreter behandelt wird
- ▷ Kontaktpflege mit abgelegenen Kunden, die schon lange nicht mehr besucht werden konnten
- ▷ dito mit passiven Kunden
- ▷ Einleitung von Sonderaktionen
- ▷ Mahnung ausstehender Guthaben
- ▷ Kleine Markt- und Meinungsforschung

In der Regel benützt der Vertreter die Möglichkeit telefonischer Kontaktnahme mit der Kundschaft zu wenig. Überall dort, wo ein Telefon der guten Besuchsvorbereitung dienen kann, sollten die *nötigen Vorabklärungen* angestrebt werden, im Interesse eines Zeitgewinns für beide Seiten. Zu häufig passiert es auch immer noch, dass Kunden nicht angetroffen werden, weil die *telefonische Voranmeldung* unterblieb. Oder man wagt nicht, einem *prospektiven Kunden* zu telefonieren und ihn zwecks Besprechung eines bestimmten Problems um Empfang zu bitten. Im Falle von *Reklamationen* wird nicht selten ebenfalls gesündigt: man nimmt sich vor, in den nächsten Tagen beim Kunden vorbeizugehen, statt dass man ihn sofort anruft und die Ursache so gut als möglich schon am Telefon abklärt, um den Kunden unverzüglich zufriedenzustellen. Gerade Reklamationen beruhen vielfach auf blossen Missverständnissen und Irrtümern, die ohne grossen Aufwand auf dem kürzesten Weg durch ein Telefon berichtigt werden können.

Warum diese vielfach unzureichende Ausnützung des Telefons als erstklassiges Verkaufshilfsmittel?

- ▷ Wo liegen die Hemmungen beim Vertreter, dass er oft lieber zeitraubende und für die Firma kostspielige Besuche ausführt, als mit geschickter Telefontechnik einfache Aufgaben auf dem raschesten Wege zu erfüllen? Es dürften in erster Linie *psychologische Gründe* sein, die den Vertreter von einem profitableren Gebrauch des Telefons als Verkaufshilfsmittel abhalten. *Er glaubt vielleicht, es sähe nach Bequemlichkeit aus,* wenn er mit dem Kunden nur telefoniere (er mache den Eindruck, sich um einen Besuch herumdrücken zu wollen). Oder *er denkt, an Ort und Stelle lasse sich alles viel besser abklären,* womit er in vielen Fällen sicher recht hat. In manch anderen aber verhält es sich umgekehrt, weil z. B. bestimmte wichtige Abklärungen nur in der eigenen Firma vorgenommen werden können (Buchhaltung, Fabrikation, Disposition, Verpackungsabteilung usw.). Ein telefonischer Vorauskontakt führt oft zu nützlicher und genauer Besuchsvorbereitung, oder umgekehrt macht man so einen nutzlosen Besuch überflüssig.

- ▷ Natürlich wäre es verkehrt, in extremer Weise vom Telefon Gebrauch zu machen, weil dann beim Kunden wirklich der Eindruck entsteht, man versuche in bequemer Weise den Reiseaufwand einzuschränken. Daher kann es sich nie darum handeln, eine einseitige und stur angewendete Telefontechnik zu propagieren. Vielmehr muss die Entscheidung, ob Telefon oder Besuch (oder beides) die richtige Kontaktgelegenheit ist, stets in *individueller Prüfung* der vorliegenden Situation getroffen werden.
- ▷ Noch ein Grund – ein besonders wichtiger! – dürfte erklärlich machen, warum in vielen Fällen der Telefonkontakt vom Vertreter in unzureichendem Masse wahrgenommen wird: unbewusst spürt er, *dass geschicktes Telefonieren viel mehr voraussetzt,* als man allgemein annimmt. Es ist schon so: Am Telefon besteht die Hauptschwierigkeit darin, dass wir nur mit zwei menschlichen Sinnen arbeiten können, nämlich mit dem *Hörsinn,* und der *Sprache,* während wir bei einem Besuche vor allem auch das *Auge,* und in vielen Branchen die *Nase,* den *Tastsinn* und den *Geschmackssinn* einsetzen können, um zu verlässlichen Informationen und einem wirkungsvollen Gespräch zu gelangen. Im Besuchsfall sind wir ferner in der Lage, den Kunden mit einem *sympathischen Äussern,* mit *gewinnendem Lächeln* und *überzeugenden Gesten* zu beeindrucken. Schliesslich können wir auch unsere *Ware* oder mindestens *Abbildungen, Testberichte* usw. zeigen oder einen *Vorgang augenscheinlich demonstrieren.* All das entfällt beim blossen Telefonieren!

> *Darum verlangt gutes Telefonieren immer höhere Gesprächs- und Beeinflussungskunst als jede Unterhaltung beim Kunden selbst.*

Verkaufsunterstützende Telefonate des Aussendienstmannes haben folgende Regeln zu beachten:

1. Unser *Stimmorgan* als Übertragungsmittel unserer Gedanken muss *sympathisch wirken.* Von seiner akustischen Wirkung auf den Gesprächspartner hängt ein Teil unseres Erfolges ab. Unser *Tonfall muss gewinnend* sein, nicht überheblich und nicht unterwürfig. Lange nicht jeder verfügt über eine Belcanto-Stimme, aber jedermann kann sich Mühe geben, seiner Stimme eine gewisse Sonorität und Bestimmtheit zu verleihen. *Die Telefonstimme will bewusst gepflegt sein.*
2. *Es beginnt schon bei unserer Anmeldung:* sie muss *klar* und *prägnant* sein. Man erregt verständlicherweise den Unwillen des Gesprächspartners, wenn dieser zuerst noch zweimal fragen muss, bis er Namen und Firma des Anrufenden verstanden hat.
3. Die *Sprechweise am Telefon* sollte um eine Spur *skandierter* sein als unser gewöhnliches Sprechen, die einzelnen Wörter und Sätze gewinnen dadurch an Plastik. Vor allem dürfen wir keine Wortteile oder gar Satzteile verschlucken. Hüten wir uns anderseits davor, einen gekünstelt militärischen, abgehackten Verkehrston anzunehmen, da dieser unserem Partner nicht sympathisch ist.
4. Die Sätze sollen wir nicht über Gebühr dehnen. Unsere Anliegen gewinnen an Verständlichkeit, wenn wir uns der Kürze befleissigen, dafür vielleicht eine etwas bildhaftere Sprache pflegen. *Wesentlich und klar sein, das ist ein Haupterfordernis des guten Telefonstils!*
5. Der *Name des Kunden* ist wichtig; wiederholen Sie ihn hin und wieder im Gespräch, der Partner fühlt sich dadurch ernst genommen und geschmeichelt. Erfragen Sie auch den Vornamen, wenn Sie den Namen für eine Briefanschrift gebrauchen.
6. *Zu schnelles Sprechen* ist ebenso falsch, wie zu langsames, es sei denn, unser Partner denke extrem schnell oder extrem langsam; dann ist es richtig, wenn wir unsere Sprechweise ihm etwas anpassen.
7. *Höflichkeit/Freundlichkeit* sind selbstverständlich Voraussetzungen stilgerechten Telefonierens und bedürfen wohl keiner weiteren Erläuterung, obwohl sich auch in diesem Punkte viele Leute mehr Mühe geben dürften.
8. Manche Telefonate dürfen ohne Bedenken spontan und ohne Vorbereitung abgewickelt werden. Kompliziertere Geschäftstelefone aber, die eine Reihe von Gesichtspunkten zur Erwähnung zu bringen haben, sollten durch eine *Stichwortdisposition* vorbereitet werden. Schriftlich denken heisst gründlicher denken. Zudem gewinnt ein Gespräch, welches die einzelnen Punkte in der richtigen Reihenfolge bringt, an Klarheit und Überzeugungskraft. Gerne wird unterschätzt, wie leicht man in einem lebendigen Telefongespräch vom Gesprächsweg abkommt und dabei gewisse Gesichtspunkte zu berühren vergessen werden. Ein Blick auf die Disposition mitten im Gespräch erlaubt einem dagegen, die Gesprächsübersicht zu bewahren, mit anderen Worten, das Gespräch wirklich zu führen.

9. Auch ein Telefongespräch lässt sich *rhetorisch* gestalten. Eine monotone Stimme schläfert ein; schwungvolles Reden dagegen vermag Begeisterung zu übertragen. Wichtige Satzteile sind zu betonen, die Stimmstärke kann etwas variiert werden, Kunstpausen lassen sich einschalten, um eine gewisse Spannung zu erzielen.
10. Der *dialektisch-psychologischen Gesprächsführung* kann entsprochen werden durch überzeugende Darstellung, Antithesen, überraschende Vergleiche, interessante praktische Beispiele, aussagekräftige statistische Hinweise, logisch ablaufende, überzeugungskräftige Argumentation, imponierende Beweisführung im Anschluss an skeptisch stimmende Behauptungen, Akzentuieren gewisser Umstände oder Tatsachen, verblüffende Ehrlichkeitsbeweise, humorvolle Zwischenbemerkungen, rhetorische Fragen.
11. Eine *kurze, menschlich ansprechende Verabschiedung* mit einem netten *Dankeswort* unterstreicht den Wert des Gesagten.

Spezielle Einsichten:

▷ Wie beim gewöhnlichen Verkaufsgespräch sind beim verkaufsgerichteten Telefongespräch die beiden schwierigsten Phasen die des *Anfangs* und die des *Abschlusses.* Auch am Telefon sollte nicht mit Plattheiten und verlegenen Schemaphrasen begonnen werden, da solche einer persönlichen Gesprächsatmosphäre abträglich sind. Der einleitende Begrüssungssatz *«Wie geht es Ihnen?»* mag am Platz sein, wenn man den Gesprächspartner schon längere Zeit nicht mehr gesehen oder gesprochen hat, oder wenn sonst ein besonderer Grund vorliegt, sich nach seinem Ergehen zu erkundigen. In den meisten Fällen wirkt diese sonst doch recht gedankenarme Anrede aber deplaziert und führt in der Folge vielfach zu *peinlich-phantasielosem Hin und Her,* ungefähr im Stile von «Wie geht es Ihnen?» – «Danke, man schlägt sich durch, und Ihnen?» – «Oh, danke, es geht auch». Und schon haben beide Mühe, endlich etwas Vernünftiges zu sagen. Man überlege sich daher rechtzeitig, wie man auf *originellere Art* begrüssen respektive das Gespräch einleiten könnte. Auch sollte man stets einige gute Antwort-Redewendungen bereit haben, für den Fall, dass der andere mit einer lapidaren Einleitung beginnt.

▷ Zur Schwierigkeit des Anfangs gehört auch noch die *Überleitung zum geschäftlichen Gegenstand,* die nicht zu abrupt ausfallen soll. Der geschickte Redner zeichnet sich überhaupt durch den guten Anfang, elegante Überleitungen und einen prägnanten Abschluss aus. *Flexibilität, geschliffener Anstand* und die *intuitive Erfassung* einer momentanen Situation schaffen die Voraussetzungen für eine *wendige Gesprächsführung,* die beim Telefonieren entscheidend wichtig ist.

▷ Es gibt in gewissen Branchen Verkäufer, die der besonderen Natur des Geschäftes nach *ausschliesslich am Telefon* verkaufen und dabei ganz erstaunliche Umsätze zustande bringen, weil sie ihre Telefoniertechnik durch Übung und bewusste Selbstschulung zu einer *eigentlichen Kunst* entwickelt haben. Aussendienst-Mitarbeiter sollten ernsthaft und systematisch darauf hinarbeiten, ihre Drahtgespräche immer besser zu entwickeln. Solche Anstrengungen zahlen sich aus in Form von *Zeitgewinn* und grösserer *Durchschlagskraft* bei der Kundschaft.

✻ ✻ ✻

3.21 Telefonische Kontaktanbahnung zwecks Besuchsabmachung

Checkliste mit 94 Tips

Problemstellung

Verkäufer, die neue Kunden kontaktieren, um ihnen ihr Angebot präsentieren zu können, haben oft Mühe, ein Rendez-vous zu bekommen. Bekannte Ausreden oder Abwimmelungsversuche des Kunden sind z. B. folgende: keine Zeit – kein Geld für Neuanschaffungen – haben schon unsere bewährten Lieferanten – bei uns ist ein Einkaufs-Stopp verfügt worden – kein Bedarf – sind gerade beim Abschliessen mit einem anderen Lieferanten – der technische Betrieb ist bei uns dafür zuständig – usw. usw.

Will man sich erfolgreich gegen solche Widerstände durchsetzen, so braucht es einen tüchtigen Sack voller Berufskünste, um ein Rendez-vous zu bekommen:

Checkliste für richtiges Vorgehen

1. Anzusprechende Kunden richtig auswählen; man muss ja mit einem grundsätzlichen Interesse der Zielgruppe rechnen können

2. Notfalls Information vor dem Kontaktanruf einholen:

   ▷ telefonisch (Verkaufsabteilung verlangen, Zuständigen erfragen)
   ▷ über andere Kunden, die die anvisierte Firma näher kennen
   ▷ an Ausstellungen im Gespräch mit einem Standrepräsentanten
   ▷ auf dem Vorbeiweg am Empfangsschalter der Firma (Prospekt verlangen und Fragen stellen)

3. Sich auf den Anruf optimal vorbereiten (mit Stichwortkonzept):

   ▷ Erste Begrüssungssätze überlegen, auch Vorstellung von sich selbst
   ▷ Aufhänger festlegen (in optimaler Formulierung und kürzester Form)
   ▷ Ein bis zwei Ersatzaufhänger vormerken, um bei Misserfolg mit dem 1. Aufhänger auf andere Produkte oder Dienstleistungen überleiten zu können
   ▷ Pauschale Besuchszweckangabe genau überlegen (am Telefon darf noch nicht in die Details gegangen werden, sonst vermag uns der Kunde leichter abzuwimmeln)
   ▷ Überlegen, welche Einwände und Widerstände der Kunde im betreffenden Fall wohl am ehesten ausspielen kann, und beste Antworten im voraus ausdenken
   ▷ Mögliche Rendez-vous-Termine aus der eigenen Agenda herausziehen, um am Telefon ohne Studieren geeignete Termine vorschlagen zu können

4. Sich Fragen überlegen, die vor einem möglichen Besuch noch gestellt werden müssten, damit man sich auf die Besprechung optimal vorbereiten kann – diese Fragen notieren (im Stichwortkonzept)

5. Bei Anruf nach der Begrüssung der Kompetenz des Partners schmeicheln, z. B. mit der Frage «Bin ich richtig orientiert, Herr X, dass Sie der Einkaufsabteilung Ihrer Firma vorstehen?» («..., dass Sie als Betriebsleiter Ihrer Firma über neueste Entwicklungen im Bereich der ... orientiert sein möchten und über mögliche Neuanschaffungen von ... an erster Stelle entscheiden?»)

6. Auf Abwimmelungsversuche niemals gleich die Flinte ins Korn werfen, sondern den Einwand elastisch abfangen, Kurzinformation geben und Besuchsvorschlag unaufdringlich nachdoppeln, z. B. so:

   ▷ «Hr. X, das ist sicher eine verständliche Frage, die aber mit Rücksicht auf Nebenaspekte wie ... noch weitere nachzieht. Um Sie unverbindlich genauer informieren zu können, wäre ein kurzes Gespräch für Sie sicher interessant. Darf ich Sie daher fragen, ob Ihnen z. B. das Datum vom ... oder der ... dazu passen würde?»
   ▷ «Hr. Y, sehr gerne würde ich fundiert zu diesem Problem in einem unverbindlichen Beratungsgespräch Stellung nehmen. Besonders würde Sie dabei wohl auch interessieren, dass ... Wie wär's somit mit einer Besprechung am ... oder am ..., sagen wir gleich am Nachmittag um 2 Uhr?»

▷ «Hr. X, es ist völlig gerechtfertigt, dass Sie solche Überlegungen anstellen, doch möchte ich – ganz in Ihrem Interesse – noch speziell darauf hinweisen, dass ..., und daher wäre es wohl vorteilhaft für Sie, wenn wir diese Fragen einmal unverbindlich näher überprüfen würden, z.B. durch ein Gespräch, sagen wir vielleicht am ... oder am ...?»

▷ «Hr. Y, es geht mir im Moment überhaupt nicht darum, Ihnen etwas verkaufen zu wollen. Es handelt sich vielmehr um ein reines Informationsgespräch, das für Sie aber insofern sehr wichtig sein könnte, weil es heute nämlich möglich ist, ... Daher mein Vorschlag, dass wir uns mal kurz sprechen können. Wie steht's z.B. mit dem ... oder dem ...?»

7. Psychologisch in allen Phasen deutlich manifestieren, dass man
   a) Verständnis hat für die Überlegungen des Kunden
   b) im Interesse des Kunden allerdings noch andere Aspekte berücksichtigen möchte
   c) nur in einem persönlichen Gespräch wichtige Fragen dazu fundiert behandeln kann

8. Will der Kunde uns am Telefon zu detaillierter Information verleiten, so sollte immer nur pauschal darauf geantwortet werden, unter Aufzeigen anderer wichtiger Fragen, die nur in einem Fachgespräch gründlich behandelt werden könnten. Zum Beispiel kann in folgender Form reagiert werden:
   Gerade für diese Fragen bin ich Ihnen dankbar, aber sie gehen in der Praxis eigentlich recht weit und dann wären ja auch Folge-Fragen wie ... und ... sowie ... noch zu diskutieren. Wichtig wäre auch, dass ich Ihnen dann ... zeigen und wir zudem die technischen Spezifikationen durchsehen können. Daher hat es keinen grossen Sinn, dass wir uns am Telefon schon in Details einlassen. Man muss das mit eigenen Augen sehen, und dann haben Sie ja Gelegenheit, alle weiteren Fragen mit mir durchzugehen. Darf ich somit vorschlagen, dass wir uns z.B. am ... oder am ... einmal unverbindlich sprechen?»

9. Nie fragen, ob ein gelegentlicher Besuch passen würde, sondern natürlich immer gleich initiativ diesen Vorschlag mit Alternativdaten unterbreiten. Immer noch eine 3. Alternativ-Daten-Frage bereit haben, für den Fall, dass die ersten zwei Daten nicht konvenieren sollten.

10. Im Team der Verkäufer sollte man grundsätzlich einmal erarbeiten, welche Einwände/Widerstände/Abwimmelungsversuche Kunden in der Regel bringen und wie man am elegantesten pariert. Auch ein mehrmaliges Nachdoppeln von Widerständen gegen den Besuch des Verkäufers muss noch nicht zur Kapitulation führen. Die Praxis zeigt vielmehr, dass Verkäufer, die mit der «Zähigkeit des liebenswürdigen Diplomaten» einzuwirken verstehen, letzten Endes oft doch noch die Bereitschaft des Kunden herbeiführen, einen Besuch abzumachen. Das muss formulierungsmässig allerdings echt trainiert werden: ruhige Bestimmtheit, betont freundliche Art, dienstbereite Haltung und sichere Sprechweise werden uns nicht einfach in die Wiege gelegt. Man muss sie erarbeiten. Das Gefühl, wie weit man hier oder dort in suggestiver Weise einwirken darf, ist auch eine Frage des praxisnahen psychologischen Verhaltenstrainings.

11. Steigt der Kunde auf unseren Vorschlag, ihn anlässlich eines Besuches näher zu beraten, ein, so

    ▷ dankt man für seine Bereitschaft, uns zu empfangen
    ▷ gibt man der Freude darüber Ausdruck, ihn bei dieser Gelegenheit im persönlichen Gespräch wieder zu begegnen
    ▷ wiederholt die Abmachung sehr genau mit Datum, Wochentag und Uhrzeit
    ▷ und verabschiedet sich freundlich

    (In der Agenda ist natürlich das Rendez-vous sofort verlässlich einzutragen)

12. Eigentliche Tabus für solche Kontaktanbahnungs-Gespräche sind:

    ▷ Aufdringlichkeit (plumpes Überreden, brutales Überrollen des Angerufenen)
    ▷ Übertriebene Freundlichkeit, Unterwürfigkeit
    ▷ Direktes Widerlegen von Einwänden
    ▷ Zitieren von Referenzen, die direkte Konkurrenten des Kunden sind oder ihm nichts sagen, weil er die betreffenden Firmen nicht kennt
    ▷ Anzeigen von Enttäuschung, wenn der Kunde sich entschieden gegen einen Besuch versperrt und wir mit unseren Vorschlägen nicht durchkommen
    ▷ Umgehung der angerufenen Person durch einen weiteren Anruf an die Adresse eines Mitarbeiters von ihr
    ▷ Darbieten ausführlicher Information, die dann nur die Ansatzpunkte für weitere Einwände multipliziert und das Unter-Dach-Bringen eines Rendez-vous vielleicht erst recht verunmöglicht

13. Hat der Anruf die erhoffte Besuchsvereinbarung nicht erbracht, so lässt sich ein späterer Erfolg vielleicht doch noch realisieren durch:

  - ▷ schriftliche Verdankung des Gesprächs – Bedauern zum Ausdruck bringen, dass man keine Gelegenheit bekam, den Angerufenen zu besuchen – Prospektunterlagen, Agumentliste, Verwendungsinformationen dem Brief beilegen – Betonen, dass man gegebenenfalls gerne für weitere Information zur Verfügung stehe
  - ▷ periodische schriftliche Information über Interessantes bzw. Neues
  - ▷ Besuch des Betreffenden an einem Messestand seiner Firma mit Neuaufnahme des Gesprächs
  - ▷ späteres erneutes Telefonat, wenn weitere Gründe für eine Beratung hinzugekommen sind
  - ▷ Ansprechen des Partners später in anderem Produkt- oder Dienstleistungsbereich, wo eine interessante Neuheit Köder sein kann (dann lässt sich der erste Versuch vielleicht auch sinnvoll nachdoppeln)

In Verkäuferschulungen macht man oft die Erfahrung, dass es bei solch delikaten Anrufen an guten Aufhängern fehlt. Daher möchte ich auf dem Beiblatt Anregungen geben, wie variabel man von Aufhängern Gebrauch machen kann. Unsere Liste soll helfen, einen eigenen besten Aufhänger zu finden, je nach Partner und Anlass. Das Stichwort des betreffenden Aufhängers genügt allerdings in der Regel nicht, sondern es muss genau überlegt werden, in welche Form man den Aufhänger einkleiden will.

52 Gesprächs-Aufhänger-Möglichkeiten für telefonische Kontaktanbahnung

- ▷ Wirtschaftlicheres Vorgehen
- ▷ Zeiteinsparung
- ▷ Einsparung an Arbeitskräften
- ▷ Kundenschulung
- ▷ Gratiskontrolle von Geräten/Einrichtungen
- ▷ Baukastensystem-Beratung
- ▷ Sicherheit
- ▷ Eigener Form-Designer
- ▷ Senkung von Raumkosten
- ▷ Senkung von Transportkosten
- ▷ Senkung von Lagerkosten
- ▷ Vorteile einer Neukonstruktion
- ▷ Kundenbefragung über ein Neuprodukt
- ▷ Besonderer Qualitätsvorteil
- ▷ Höhere Verkaufsmarge
- ▷ Rationalisierung
- ▷ Bekanntes Problem des Kunden
- ▷ Veröffentlichung des Kunden
- ▷ Branchenprobleme
- ▷ Aktuelles Problem
- ▷ Neue Technologie
- ▷ Konstruktionsänderung
- ▷ Kostenlose Beratung in Spezialfragen
- ▷ Neuer Anwendungsbereich
- ▷ Erfolgreiche Problemlösung bei einem Wettbewerber des Kunden
- ▷ Veranstaltung von Messen, Demonstrationen, Informationstagungen
- ▷ Interessante Zubehöreinrichtungen
- ▷ Besonderes Inserat des Kunden
- ▷ Besondere Empfehlung durch Bekannten
- ▷ Gesetzliche Vorschriften, denen auf neue Art entsprochen werden kann
- ▷ Behebung bisheriger anerkannter Nachteile durch Neulösung
- ▷ Diversifizierung des Kunden
- ▷ Gegengeschäft beim Kunden
- ▷ Probevorführung
- ▷ Anfrage des Kunden
- ▷ Ausbleiben von früheren Aufträgen des Kunden
- ▷ Minderung von Auftragsgrössen des Kunden
- ▷ Besprechung eines neuen Abschlusses
- ▷ Spezialangebot, Gelegenheitsposten, Ausverkaufsware
- ▷ Nachinstruktion von Mitarbeitern des Kunden
- ▷ Referenzobjekte
- ▷ Vorliegendes Angebot
- ▷ Neue Preisabsprache
- ▷ Beanstandungen, Reklamationen
- ▷ Besuch eines Referenzobjektes mit dem Kunden
- ▷ Anfrage, ob mit letzter Lieferung zufrieden
- ▷ Möglichkeit von Leistungssteigerung/Produktionserhöhung
- ▷ Sozialappell, je nach Produkt oder Dienstleistung
- ▷ Verbesserung von Kontrollen
- ▷ Mehr Bequemlichkeit
- ▷ Weiterbildungsmöglichkeit
- ▷ Prestige-Appell

Passen Sie diese Gesprächsaufhänger Ihrer Branche an.

3.22 Telefonierfehler kennen und vermeiden

Checkliste mit 74 Tips zur Selbstkontrolle

Telefonierkunst – Lücke in der Schulausbildung

Volks- und Berufsschulen fallen überall auf durch Vernachlässigung der Schulung der Telefonierkunst. Telefonieren ist aber längst zur täglichen wichtigen Aufgabe von uns geworden – nur: unter Erfahrung verstehen viele das, was sie schon seit Jahren falsch machen! Am Draht auf Draht sein! Das würde auch uns gut anstehen, denn telefonische Kommunikation ist zur häufigsten Kommunikationsart geworden, und wir alle ärgern uns täglich über Partner, die uns am Telefon mit ihrem telefonwidrigen Verhalten strapazieren.

Warum ist der ideale Telefonpartner selten?

Wohl deshalb, weil es am Telefon schwieriger ist auf den anderen Einfluss zu nehmen als im direkten Gespräch. Im Grunde genommen haben wir am Draht nämlich nur insgesamt drei Einwirkungsmöglichkeiten:

1. Die Stimme (unser Tonfall)
2. Die Gedanken, die wir äussern (Gesprächsinhalt)
3. Die Formulierung, die wir wählen, um unsere Gedanken auszudrücken

Welche *Einwirkungsmöglichkeiten* bietet uns dagegen ein Gespräch, bei welchem wir dem Partner persönlich gegenüberstehen?

1.–3. } Die gleichen Möglichkeiten wie oben

4. Wir sehen den Partner, können seine Erscheinung, sein Auftreten, seine Mimik und Gestik beurteilen und ihm individuell entsprechen
5. Wir können umgekehrt ihn positiv einnehmen durch unser gepflegtes Äusseres, durch gute Haltung, durch gewinnendes Lächeln und dienstbereites Auftreten
6. Wenn wir gute Beobachter sind, so vermögen wir die sich laufend ergebenden Reaktionen des Partners zu erfassen und uns richtig dazu einzustellen respektive ihn in geeigneter Form anzusprechen
7. Sodann können wir im direkten Gespräch – im Gegensatz zum Telefon – auch beeindruckende Unterlagen zeigen, Akten zu Hilfe nehmen, Produkte, Apparate und Maschinen vorführen oder sogar vom Partner handhaben lassen
8. Schliesslich wirkt unsere Anwesenheit irgendwie verpflichtender, als wenn wir unseren Partner nur anrufen

Diese Unterschiede in den Einwirkungsmöglichkeiten sind uns in der Regel zu wenig bewusst. Wir unterschätzen daher häufig die Kunst des wirksamen Telefonierens. Oft wird Leuten der tägliche Telefonverkehr so sehr zur Routineangelegenheit, zur «déformation professionnelle», dass sie gar nicht mehr realisieren, wie schlecht sie den telefonischen Umgang mit dem jeweiligen Gesprächspartner bewältigen.

Andererseits: Weil die Einwirkungsmöglichkeiten am Telefon geringer sind, sollten wir uns viel mehr Mühe geben, uns fürs Telefonieren eine bessere Gesprächs- und wirksamere Verhandlungstechnik zu erarbeiten. Wie lässt sich diese Forderung erfüllen?

1. Wir müssen uns erst klar darüber werden, was wir als Fehler zu bezeichnen haben (siehe später folgende Liste der häufigsten Fehler)
2. Durch gute Vorbereitung unserer nächsten Telefonate können wir uns mit Leichtigkeit beweisen, dass wir Besseres zu leisten imstande sind, wenn wir telefonbewusster vorgehen
3. Bei jedem Telefonat sollten wir uns sozusagen von aussen zuhören, unsere Sprache, Überzeugungskraft, Zielstrebigkeit und Lebendigkeit kontrollieren
4. Wenn wir auch an die Kosten denken, somit kostenbewusster telefonieren, so werden wir uns kürzer und präziser formulieren, wodurch wir erst recht zum guten Telefonpartner werden

5. Wer über ein Tonband- oder Diktiergerät verfügt, kann seine Telefonsprache besonders wirksam verbessern, denn sein akustisches Spiegelbild offenbart ihm unbestechlich-objektiv, wo er mit seinen Bemühungen einzusetzen hat

6. Analysieren wir auch die Technik derjenigen, die durch imponierende Geschicklichkeit am Telefon auffallen. Wir können von ihnen lernen

Häufig angetroffene Fehler beim Telefonieren:

Überprüfen Sie die nachstehende Liste so, dass Sie sich bei jedem aufgeführten Fehler fragen, ob Sie ihn nicht auch gelegentlich begehen.

Sprechtechnische Fehler

- ▷ Name oder Firmenname wird bei der Anmeldung nicht deutlich und langsam genug gesprochen
- ▷ Undeutliches oder zu leises Sprechen überhaupt
- ▷ Verschlucken von Anfang- und Endsilben
- ▷ Nachlässiges Sprechen infolge nachlässiger Haltung
- ▷ Abgleiten in Gemurmel nach anfänglich klarem Sprechen
- ▷ Mangelhafte Buchstabiertechnik (Namen, Adressen, schwierige Wörter)
- ▷ «Zwei» wird nicht als «Zwo» ausgesprochen
- ▷ Nummern und Zahlen werden nicht gegliedert angegeben, häufig auch zu rasch
- ▷ Umständliche Formulierung
- ▷ Zu lange Sätze
- ▷ Üppiger Gebrauch von Satzgefügen
- ▷ Ausschweifiges Reden
- ▷ Gleichzeitiges Sprechen oder Hineinsprechen in den Satz des Partners
- ▷ Keine Betonung von Schlüsselpunkten
- ▷ Keine Abschirmung von Husten und Niesen, Schneuzen
- ▷ Namen mit verschiedenartiger Schreibweise (z. B. Huser – Hauser) werden nicht klar auseinandergehalten
- ▷ Hochdeutsch Sprechenden wird in Mundart geantwortet (ist dann in Ordnung, wenn man weiss, dass die Mundart verstanden wird)
- ▷ Singender Ton, Unnatürlichkeit

Psychologische Fehler und mangelhafte Gesprächskunst

- ▷ Kalte Begrüssung
- ▷ Gleichgültiger Tonfall
- ▷ Unfreundlichkeit/Unhöflichkeit
- ▷ Trockenheit, Übermass an Sachlichkeit
- ▷ Behauptungs-Stil (führt zu Diskussionen)
- ▷ Ich-Stil (wirkt überheblich, unsachlich)
- ▷ Mangel an Beherrschung
- ▷ Überheblichkeit
- ▷ Keine Sprachkultur (primitive Sprache, grobe Ausdrücke)
- ▷ Superlative
- ▷ Zweideutiges, unanständiges Reden
- ▷ Leere Versprechungen
- ▷ Ungeduld
- ▷ Nicht-Vertragen von Kritik
- ▷ Beleidigte Entgegennahme von Reklamationen
- ▷ Eigene Fehler werden nicht entschuldigt
- ▷ Beschuldigung von Mitarbeitern oder der Firma
- ▷ Keine Entschuldigung bei Fehlverbindungen
- ▷ Pedanterie
- ▷ Direkter Widerspruch, statt elastisches Abfedern
- ▷ Nicht-Aussprechen des Partnernamens (jeder fühlt sich persönlicher angesprochen, wenn man ihm hin und wieder den Namen sagt)
- ▷ Sturer Ernst
- ▷ Kein Mitgehen im Ausdruck (Anteilnahme, Überraschung, Begeisterung, Empörung, Verständnis, Interesse zeigen)
- ▷ Ungenügende Anpassung an Natur und Bildungsniveau des Partners (Überforderung, «Fachchinesisch»)
- ▷ Ungeschickte Behandlung verärgerter Kunden
- ▷ Belehrender Tonfall
- ▷ Keine Anschaulichkeit (mangels Vergleichung, Einfügung von sprechenden Beispielen, konkreter Erfahrungen, Ansprechen von Erfahrungen des anderen, Verwendung von Antithese und Paradoxon)
- ▷ Unzureichende Benutzung der Fragetechnik (Fragetechnik lockert das Gespräch auf, beteiligt den anderen)
- ▷ Lob und Anerkennung werden nicht ausgesprochen
- ▷ Dankbarkeit wird nicht geäussert
- ▷ Übertriebene Freundlichkeit
- ▷ Diskriminierung der Konkurrenz

Andere Fehler

- ▷ Schlechte Haltung am Telefon (Muschel zu nahe oder zu weit weg)
- ▷ Schlechte Plazierung des Telefons
- ▷ Kein Notizpapier und Schreibpapier griffbereit
- ▷ Kein Mut zur Unterbrechung, wenn weiterverbunden werden muss
- ▷ Nichtabmeldung bei Abwesenheit (bei Telefonistin und Mitarbeitern im Büro)
- ▷ Keine Notiznahme leichtvergessbarer Details
- ▷ Keine Zwischenmeldung, wenn Verbindung nicht bald hergestellt werden kann
- ▷ Nicht-Erfragen von Postleitzahl, Postfach und Vorname bei Adressabnahme
- ▷ Fehlverbindungen wegen unzureichender Wunschermittlung oder fehlender Sachkenntnis
- ▷ Nicht-Privilegieren von Auslandtelefonaten
- ▷ Langes Läutenlassen durch interne Mitarbeiter, bevor sie abnehmen
- ▷ Überflüssige Erwähnung des Firmennamens, wenn Anruf über Telefonistin vermittelt wurde
- ▷ Nicht-Klarstellung des Zwecks des Anrufes oder fehlender einstimmender Satz
- ▷ Exponierung durch unüberlegte Versprechungen
- ▷ Bagatellisierung passierter Fehler
- ▷ Vorschnelles Infragestellen eines Tatbestandes oder Leugnen eines solchen
- ▷ Telefonate in lärmiger Umgebung
- ▷ Telefonhörer wird auf Tisch hingeknallt, wenn etwas gesucht werden muss
- ▷ Gelächter im Hintergrund (Partner meint, man mache sich über ihn lustig)
- ▷ Fehlen von Bestätigungswörtern, wodurch man Konzentration und Mitgehen bestätigt (Beispiele: ja/sicher/bestimmt/finde ich auch/richtig/sehr gut/klar/unbedingt/sehr schön/grossartig/ausgezeichnet/natürlich/selbstverständlich/Sie können sich darauf verlassen/absolut richtig/tatsächlich/usw.)
- ▷ Beim Weiterleiten von Telefonaten im Betrieb wird der Nächste nicht orientiert, wer am Draht ist und was er wünscht (mehrmaliges solches Weitergeben geht besonders auf die Nerven, weil Anrufender seine Wünsche immer wieder bekanntgeben muss und er Zeit und Geduld verliert)
- ▷ Kostspieliges Telefonieren in Randstunden, wenn Partner noch nicht da oder schon weggegangen
- ▷ Schlechte Vorbereitung eines wichtigen Telefongesprächs (Stichwortzettel fehlt, unvorbereitete Argumentation, schlecht im Bild über das, was in der Sache schon gegangen ist)
- ▷ Ungenügende Konzentration auf den Partner (man überhört Details oder sogar Wichtiges)

Sie finden leichter Kontakt im Telefongespräch, wenn Sie...

- ▷ sich freuen, einem neuen Menschen zu begegnen. Nichts ist interessanter auf dieser Welt als der Mensch selbst. Jeder hat seine eigene Geschichte, seine Gaben, Erfahrungen, Probleme.
- ▷ die ständige Auseinandersetzung mit Ihren Partnern als eine Art Dauer-Abenteuer faszinierender Gattung verstehen, wo es immer wieder darum geht, den anderen positiv anzusprechen, ihm zu helfen.
- ▷ vorausgehen mit Freundlichkeit und Zuvorkommenheit, denn damit prägen Sie auch Ihren Partner. Er wird auch netter zu Ihnen sein.
- ▷ sich mit dem anderen identifizieren und sich für seine Probleme interessieren. Jeder kann vom anderen lernen, Gutes übernehmen.

3.23 Optimierung des Servicetechniker-Verhaltens beim Kunden

Checkliste mit 293 Anregungen

Wichtige Grundkenntnisse als Ausgangspunkt für richtiges Verhalten

- ▷ Die Qualitäts- und Leistungsnivellierung im umstrittenen Markt von heute macht es schwieriger, sich noch von der Konkurrenz abzuheben.
- ▷ Ein guter Kundendienst ist daher *die* Chance, die es wahrzunehmen gilt.
- ▷ Der Servicemann ist damit zum entscheidenden Glied in der Leistungskette des Lieferanten geworden.
- ▷ Er ist wichtiges Bindeglied zwischen Firma und Kunde – er hat demzufolge eine Kontaktaufgabe par excellence.
- ▷ Er verkauft die Ware ein zweites Mal, wenn er Personalinstruktionen durchzuführen hat, Service leistet oder Reklamationen erledigt.
- ▷ Als Servicefachmann darf man keinen «Arbeiterkomplex» haben, sondern muss von Aufgabe und Leistungsfähigkeit überzeugt sein.
- ▷ Selbst das beste Produkt ist nur so gut wie sein Service!
- ▷ Auf die Dauer erntet jeder Servicetechniker, was er dem Kunden innerlich entgegenbringt – an Dienstleistungseinstellung und Zuverlässigkeit.
- ▷ Das unfehlbare Mittel, im Service Erfolg zu haben, ist darum, sich dem Kunden nützlich zu machen! Helfen ist der Inbegriff besten Kundenumgangs!

Entgegennahme von Störungsmeldungen in der Firma

- ▷ Störungen gewinnen aus dem Blickwinkel des Kunden leicht den Charakter von Reklamationen – Zuvorkommenheit und Sofort-Einsatz für den Kunden ist aus seiner Sicht das Wichtigste.
- ▷ Die meisten Störungen werden über das Telefon gemeldet: Freundlichkeit und Höflichkeit sind so wichtig wie die stimmliche Ausstrahlung als Ausdruck der Dienstbereitschaftseinstellung.
- ▷ Am Draht sollten nur tüchtige und psychologisch geschulte Mitarbeiter Störungen entgegennehmen dürfen, was natürlich auch für die eigentlichen Reklamationen gilt.
- ▷ Es ist geschickt, die Meldung des Kunden mit einem Bedauern zu quittieren: «Tut mir leid, dass sich eine Störung bei unserem ... ergab – aber wir sind ja Fachleute und werden diese rasch und verlässlich beheben können.» – Bei verärgerter Präsentation einer Reklamation: «Es tut mir leid, dass Sie Ärger hatten, ich kann Ihre Verstimmung gut verstehen. Danke auch für die rasche Meldung, denn so können wir uns auch prompt für Sie einsetzen und die Sache in Ordnung bringen.»
- ▷ Sofort überlegen, welche anwendungstechnischen oder fachlichen Fragen Sie noch stellen müssen, um den Fall klar genug erfassen zu können. Es ist schlecht, wenn der Servicetechniker an Ort und Stelle vor einer ganz anderen Situation steht, als er sie erwartete, oder wenn er vor seinem Einsatz zuerst noch selbst mit dem Kunden telefonieren muss, um ihm Fragen zu stellen.
- ▷ Sich daher auch nicht mit unklaren Störungsmeldungen eines Fräuleins, das technisch ahnungslos ist, abfinden, sondern den zuständigen Fachmann verlangen, der Typ/Lieferjahr/Art der Störung rapportieren kann.
- ▷ Klar vermitteln, wer wann vorbeikommt oder wer wann noch mit dem Kunden Fühlung aufnehmen wird, um das Eintreffen abzusprechen. «Es kommt dann jemand» ist eine hoffnungslos falsche Variante.
- ▷ Der Standort einer defekten Maschine oder Einrichtung ist besonders bei grösseren Betrieben genau zu erfragen, weil oft nicht identisch mit dem Standort der Firmaverwaltung. Evtl. auch Parkierungsmöglichkeit im voraus abklären oder geographisch schwierige Zufahrtsstrasse.
- ▷ Ist Soforterledigung einmal nicht möglich, diese genauer begründen, so dass der Kunde einigermassen Verständnis für die besondere Problematik finden kann.
- ▷ Die zuständige Person beim Kunden erfragen, wenn sie nicht von selbst bekanntgegeben wird.
- ▷ Für den Anruf danken und nachdoppeln: «Wir werden uns also Ihrer Störung sofort und verlässlich annehmen.»

Vorbereitung für den Gang zum Kunden

▷ Macht man selbst den Termin und die Besuchszeit mit dem Kunden ab, so ist es angezeigt, eine elastische Besuchszeit zu wählen, für den Fall, dass man am letzten Ort etwas länger aufgehalten wurde oder man durch Stau verzögert ist.
▷ Werkzeuge, Bestandteile, Schemata, Versuchsmaterial, Prüfgeräte, usw. gemäss einer möglichst vollständigen Checkliste bereitstellen, um beim Kunden ganze Arbeit leisten zu können.
▷ Ausführungsvariante/Typ/Herstellungsjahr der Maschine oder Einrichtung in Berücksichtigung ziehen (richtige Reserveteile, Verschleissteile usw.).
▷ Evtl. Garantiefrage abklären, auch Vorgeschichte, falls eine solche besteht und wichtig ist. Evtl. noch mit Verkäufer sprechen.
▷ Kundenmeldung genau einprägen, um beim Kunden Ausgangslage wiederholen zu können, damit Kunde sieht, dass Information bei uns geklappt hat.
▷ Abklären, ob Kunde Servicevertrag hat oder einen solchen bei dieser Gelegenheit abschliessen sollte.
▷ Heikle Störungen zu Hause überdenken, evtl. mit Spezialisten besprechen, um möglichst ganze Arbeit leisten zu können.
▷ Gebrauchsanweisung/Betriebsanleitung mit sich führen, falls Kunde sie verloren hat oder nicht mehr auffindet.
▷ Begrüssung vorbereiten, um Zuversichtlichkeit zu übertragen, evtl. rapportierte grosse Verärgerung des Kunden abzufangen und sich mit seiner Verstimmung geschickt zu identifizieren.
▷ Zu stellende Fachfragen in heiklen Fällen vorüberlegen, aufschreiben und in der richtigen Form präsentieren (Vermeiden eines Untertons der Verdächtigung auf Fehlhandhabung oder schlechter Wartung).
▷ Nicht zu lange diskutieren, sondern an Ort und Stelle an die Arbeit gehen.
▷ Keine riskanten Prognosen geben und sich nachher durch ganz anderen Tatbestand beim Kunden blamieren.
In besonderen Fällen vielleicht noch an Weiteres denken: – Wagenreservation – Hotelreservation – Flugbillettbestellung veranlassen – Aushilfsmaschine oder -gerät mitnehmen, falls Instandstellung beim Kunden selbst zum vornherein zweifelhaft – Verzollungsvorbereitung mitgeführter Bestandteile bei Auslandreparaturen oder -revisionen – Sich überlegen, ob man nicht über den Draht eine «Fernheilung» des «Patienten» an die Hand nehmen oder wenigstens probieren sollte (besondere Leistung aus der Sicht des eiligen Kunden, der vielleicht dringend mit der defekten Maschine weiterarbeiten können sollte).

Analyse an Ort und Stelle

▷ Sich zeitlich nicht unter Druck setzen lassen – auf jeden Fall ganze Arbeit leisten – alles prüfen, was überprüft sein will – sich ausreichend versichern, dass alles erneut bestens funktioniert.
▷ Bei problemvoller Analyse der Defektursache sich zeigen lassen, wie der Kundenmitarbeiter die Einrichtung selbst handhabt, weil ganz dumme Fehler oft nur so zu eruieren sind.
▷ Mit Fragen Fehlerursache einkreisen, bis sie klar auf der Hand liegt.
▷ Sich durch tüftelige Fragen von Kundenmitarbeitern nicht irritieren lassen (erfreuliches Interesse des Kunden erkennen und schätzen); notfalls sagen, dass man am Schluss gerne alle Fragen beantworten werde, jetzt aber ganz konzentriert zuerst alles prüfen müsse).
▷ Ergibt sich aus der Analyse eine kostenträchtige Reparatur oder Revision, diese zuerst anbieten und evtl. Umtausch gegen neue Maschine vorschlagen, sofern dieser im Interesse des Kunden läge. Bei Notwendigkeit des Auswechselns besonders teurer Teile Kunden ebenfalls informieren und erläutern, warum das Teil nicht mehr verwendbar ist.
▷ Bei Analyse krasser Wartungsfehler (oder schlimmer Handhabungsfehler, Nichtbeachtung der Betriebsanleitung) keine grobe Beschuldigung oder Anklage gegen den Schuldbaren bei dessen Chef (schon oft sind schon Sabotageakte vorgenommen worden, um sich dafür zu rächen). Besser Verständnis zeigen, dass ein Fehler vorkommen kann, und helfend dazu beitragen, dass er künftig vermieden wird.

- ▷ Ergibt sich bei der Analyse, dass noch ein Elektroniker nötig ist, den Fall dem Kunden genau erklären. Entschuldigend darauf hinweisen, dass man selbst nur einfache elektronische Störungen beheben könne. Komplizierterer müsse sich der voll ausgebildete Elektroniker annehmen. Diesen teuren Mann habe man nicht einfach zum vornherein aufbieten wollen, weil doch anzunehmen gewesen sei, die Störung wäre auch durch einen gewöhnlichen Servicetechniker behebbar. Höhere Kosten überwälze man ja nicht gerne vorschnell auf den Kunden!

Der schöpferische Teil in der Servicearbeit

Servicearbeit als «langweilige Dreckarbeit» zu betrachten, ist ungerechtfertigt, weil ein guter Servicetechniker immer auch schöpferische Aufgaben erfüllt: das sind im einzelnen:

- ▷ Individuelle Vorbereitung auf den Einsatz, Überlegung wie man diesen so kostengünstig und rationell wie möglich, aber auch so resultatsicher wie möglich zu gestalten vermag.
- ▷ Ein guter Servicemann berät den Kunden vielleicht auch aufgrund gegebener Produktleistungsmöglichkeiten oder in bezug auf Kombinationsnutzen oder Mehrzweckeinsatz.
- ▷ Er zeigt ihm vielleicht auch, wie er noch mehr Leistung aus der Anlage herausholen kann oder qualitativ bessere Resultate, denn viele Kunden – das zeigt die Erfahrung – nützen Gekauftes nur ungenügend aus, aus Unwissen, wegen fehlender Beratung durch den Verkäufer oder auch nur deshalb, weil sie die Anleitung des Lieferanten zu wenig gut studierten.
- ▷ Ein guter Servicemann erfasst auch Sonderwünsche des Kunden, die eingedeckt werden können (mit Zubehör, Sonderanfertigungen, Neuentwicklungen, Auswechslung des Gebrauchsmaterials usw.).
- ▷ Schliesslich vermag er auch Erweiterungswünsche oder Umtauschwünsche des Kunden zu erfassen und kann dann selbst einen Verkauf tätigen oder Angebotsunterbreitung veranlassen.
- ▷ Auch die Abklärung, ob das Kundenpersonal ausreichend im Bild ist oder eine Nachinstruktion zu schulen ist, kann Sache schöpferischer Anregung durch den Servicemann sein.

Der Servicemann als Verkehrsbenützer

- ▷ Sich klar darüber sein, dass ein Servicemann Werbeschild für seine Firma ist.
- ▷ Anständige Fahrweise und Zuvorkommenheit gegenüber anderen Verkehrsbenützern nehmen letztere für seine Firma ein.
- ▷ Er gibt damit gleichzeitig seine imponierende persönliche Etikette ab.
- ▷ Er beeinflusst so auch das gute Umweltverhalten anderer Verkehrspartner.
- ▷ Jeder andere Verkehrsteilnehmer kann Kunde seiner Firma sein!

Gutes Auftreten – wichtige Beeinflussungsseite im Kontaktberuf

Je besser das Produkt und je bekannter und geachteter die Lieferantenfirma, desto höher die Erwartungen des Kunden ans Verhalten aller Mitarbeiter dieser Firma, also auch ganz speziell ans Verhalten der Serviceleute, denn von deren guter Arbeit ist der Kunde besonders abhängig! Im Kontakt mit Kunden ist folgendes wichtig:

Haltung

Dynamische Menschen kommen nicht in schlechter Haltung daher. Aufrecht im Stehen, Sitzen und Gehen – das vermittelt den Eindruck, man sei für den anderen da, das drückt auch innere Haltung aus.

Gang

Ein elastischer, ausgreifender Gang ist Ausdruck von Zielstrebigkeit und Leistungsbereitschaft, Zeugnis des inneren Schwunges.

Begrüssung

Freundlicher Tonfall, Verständlichkeit der Worte und eine bestimmte stimmliche Präsenz sollten schon den ersten Kontakt prägen. Wo man sich schon kennt, kann ein etwas persönlicherer Ton in die Stimme gelegt werden.

Kleidung

Im Service genügt es, sauber und ordentlich gekleidet zu sein. Kurze Hosen im Sommer ist eine Übertreibung – und Übertreibungen geben immer zu Klagen Anlass.

Sprache

Klar, etwas ausdrucksvoll und in zuvorkommendem Tonfall zu reden, spricht an und beehrt in gewissem Sinne. Punkto Wortschatz sollten wir uns etwas auf das Niveau des Partners abstimmen – was natürlich nicht heissen soll, dass eine sehr blumige Sprache eines Ungehobelten nachzuahmen ist. «Sprich, damit ich sehe, wer du bist», sagte Sokrates einmal und er unterstrich damit, wieviel die Sprache über einen Menschen auszusagen vermag.

Augenkontakt

Offenheit und Unverstelltheit verlangt auch offenes Ansehen des Partners. Fehlender Augenkontakt kann allerdings auch als Ausdruck der Unsicherheit gewertet werden, ist also auch nicht in unserem Interesse. «Augen sind der Spiegel der Seele», heisst es. – Gehemmten und Behinderten gegenüber sollte man den Blickkontakt eher etwas reduzieren, um sie freier zu machen.

Körperpflege

Sauberkeit und Frische gilt es auch an heissen Tagen zu bewahren. Angepasste leichte Kleidung, vermehrtes Duschen und Desodorants geben einem selbst das nötige Wohlgefühl. Die Zähne nach jedem Essen zu reinigen, bewahren vor Mundgeruch – notfalls helfen auch mal Pfefferminztabletten. Auch der Atem starker Raucher sollte kontrolliert sein.

Hände

Sie sind lebendige Werkzeuge und offene Bücher für den guten Beobachter. Sauberkeit und gepflegte Nägel sollten selbstverständlich sein. Für Nichtraucher sind Nikotinfinger grässlich.

Umgangsformen

Sie sind Ausdruck der Wertschätzung des anderen. Wahre Höflichkeit ist dann bewiesen, wenn einer auch in Prüfsituationen höflich zu bleiben vermag. Nur Höflichen gegenüber höflich zu sein ist nicht schwer. Höflichkeit sollte sich allerdings auch immer mit Natürlichkeit paaren, auch anspruchsvollen Kunden gegenüber.

Bescheidenheit

Sie wirkt dann am allermeisten, wenn dahinterstehende Tüchtigkeit spürbar ist und Herzensbildung sich damit angenehm verbindet. Wirklich Tüchtige haben Angebertum nicht nötig.

Die Bedeutung der Kontaktfähigkeit für den Umgang mit Kunden

Wer nicht kontaktfähig ist, hat Mühe, andere richtig anzusprechen, wirkt gehemmt, setzt sich vielleicht gar in den Verdacht beim Kunden, unsicher zu sein, Anfänger zu sein! In Gegenwart von Kontaktunfähigen fühlt sich kein Kunde wohl. Der Mensch ist ein Wesen, das auf Kommunikation angewiesen ist, um sich wohl zu fühlen, um Echo zu finden, um in der Beziehung mit anderen Menschen aufzugehen, sich geborgen zu fühlen, geschätzt zu werden. Kontaktfähigkeit ist ein ganzes Bündel von wichtigen Eigenschaften, die man sukzessive bei sich entwickeln muss, besonders dann, wenn man selbst in nicht unbedingt kontaktfreudiger Umgebung aufgewachsen ist:

- ▷ Positive Einstellung gegenüber dem Menschen an sich
- ▷ Bezeugen von Sympathie durch Freundlichkeit und Zuvorkommenheit
- ▷ Bezeugen von Interesse für die Situation des anderen, für seine Probleme, für seine Interessen
- ▷ Abbauen von Vorurteilen (schätzen Sie nicht vorschnell ein – merken Sie sich zwar kritische Urteile von anderen über diesen Kunden, aber geben Sie sich Mühe, dass er diese nicht spürt; versuchen Sie den Kunden trotzdem von der positiven Seite zu nehmen)
- ▷ Treten Sie gewinnend und sicher auf (Sie sind im Auge des Kunden der grosse Spezialist im technischen Bereich). Vermeiden Sie aber Überheblichkeit oder Unbescheidenheit im Tonfall.
- ▷ Gehen Sie individuell auf den Partner ein, sprechen Sie seinen Namen gelegentlich aus
- ▷ Nutzen Sie die Fragetechnik, um zu allen wichtigen Informationen zu kommen, um das Gespräch zu steuern, Ideen zu verkaufen, Einwände geschickt abzufangen
- ▷ Zeigen Sie Hilfsbereitschaft – sie ist die beste Verkaufspsychologie
- ▷ Seien Sie guter Zuhörer – einfühlender Zuhörer
- ▷ Äussern Sie sich verständlich, übersetzen Sie technische Begriffe, die der Kunde nicht versteht
- ▷ Schwätzen Sie nicht, sondern reden Sie in präziser, gestraffter Sprache
- ▷ Nützen Sie die SIE-Sprache, wenn Sie instruieren oder Ideen verkaufen oder Ratschläge geben
- ▷ Vermeiden Sie tierischen Ernst dadurch, dass Sie sich gelegentlich etwas witzig-humorvoll-heiter ausdrücken
- ▷ Beachten Sie gute Umgangsformen
- ▷ Schauen Sie den Kunden an, wenn Sie mit ihm sprechen – wer den Blick meidet, wirkt unsicher, unehrlich

▷ Berücksichtigen Sie das Prestigebedürfnis des Kunden, sagen Sie mal etwas Schmeichelhaftes über die Sauberkeit der Maschine, das schöne Heim des Kunden, seine gute Maschinenwartung, wo immer Sie solche Beobachtungen anstellen konnten, dann ist es keine Lobhudelei.

Kontaktfähigkeit ist die Kunst, beim jeweiligen Partner positive Reaktionen auszulösen.

Kampf den falschen Hemmungen

Mögliche Gründe für Hemmungen

▷ Erfahrungsmangel
▷ Unklarheit über die Situation auf der Kundenseite
▷ Fachliche Unsicherheiten
▷ Unbekanntes anderes Wesen (Strenge, Empfindlichkeit, Aggressivität)
▷ Kontaktschwierigkeiten
▷ Fehlende Verhandlungserfahrung
▷ Erziehungsfehler der Eltern
▷ Konfliktsituation: Abhängigsein vom Kunden, ihn aber in bestimmten Situationen doch fordern zu müssen (gute Wartung, Beachtung der Betriebsvorschriften)

Wege der Überwindung von Hemmungen

▷ Sich bewusst machen, dass jeder Mensch Hemmungen hat (ausser die Dummen)
▷ Sich darüber klar sein, dass niemand absolute Perfektion bieten kann
▷ Sich gut vorbereiten, um ein möglichst sicheres Gefühl zu bekommen
▷ Sich nie zuviel auf einmal vornehmen, aber Programmiertes konsequent realisieren
▷ Sich gesellschaftlich nicht abkapseln, Kontakte suchen
▷ Diskussionsmöglichkeiten mit Leuten, die grössere Erfahrung und viel Wissen haben, ausschöpfen
▷ Repräsentative Aufgaben übernehmen
▷ In Berufsgruppen aktiv mitmachen
▷ An Konferenzen eine aktive Rolle spielen
▷ Mitarbeiterinstruktionen durchführen
▷ Sich Referatpraxis verschaffen (Sie durch Instruieren)
▷ An Ausstellungen als Verkäufer oder Berater mitwirken
▷ Sich nicht imponieren lassen von Leuten, die angeben oder Effekthascherei betreiben (Substanz kritisch beurteilen)

Psychologisch richtiges Verhalten im Hause des Kunden

▷ Freundliche Begrüssung (mimisch und punkto Sprechton) nach Kontrolle des Äusseren
▷ Vorstellung von sich selbst und der Firma, so artikuliert, dass man die Namen auf Anhieb hin verstehen kann (Handreichung auf anderen abstimmen)
▷ Ein paar nette Worte zur ersten Kontaktschaffung, abgestimmt auf den Fall, und auch die Ausgangssituation klarstellend
▷ Frage nach dem Zuständigen, wenn dieser nicht schon vor Ihnen steht
▷ Bei Servicearbeiten in Privathäusern Schuhe vor Klingeln gut putzen – Begrüssung auch anwesender Drittpersonen und Kinder
▷ Information darüber, was man ausgerichtet bekommen hat (Meldung des Kunden an unsere Firma)
▷ Frage, ob man sich des «Patienten» gleich annehmen dürfe
▷ Äusserung von Verständnis für Verstimmung des Kunden, wenn dieser schon bei der Reklamationsmeldung gewettert hat
▷ Bei komplizierteren Örtlichkeiten Kunden vorausgehen lassen
▷ Sorgfalt zeigen im Prüfen und im Umgehen mit dem schliesslich dem Kunden gehörenden Maschinen-Eigentum
▷ Werkzeuge nicht überall verstreut herumliegen lassen
▷ Nie lästern über Fabrikations- oder Konstruktionsschwächen
▷ In schwierigen Fällen nicht verraten, wie schwer es fällt, den Fehler zu finden
▷ Dem Kunden nie einen Vorhalt machen wegen fehlender Sauberkeit von Apparaten/Maschinen/Anlagen oder wegen «mieser-unsorgfältiger» Handhabung bzw. Wartung
▷ Kunden beobachten, wie er auf alles reagiert, um Unsicherheiten, Empfindlichkeiten usw. zu erfassen, um festzustellen ob er evtl. einen Vornehmheitskomplex oder ein Distanzbedürfnis hat
▷ Fluchwörter und Witze aus der unteren Schublade vermeiden
▷ Kaffee-Einladungen verdanken, aber dabei auch zeitbewusst bleiben
▷ Sorgfalt walten lassen bei Umgang mit Flüssigkeiten, Öl, Schmiermittel usw., damit Böden oder Teppiche nicht beschmutzt werden

- ▷ Fremdinstallateure nie dilettantischer Arbeit beschuldigen, selbst wenn sie etwas falsch gemacht haben (Kritik anständig direkt anbringen, um Korrektur bitten, oder wenn es nur eine Kleinigkeit ist, die Sache selbst in Ordnung bringen)
- ▷ Im Zweifelsfall Kunden bitten, die Maschine mal selbst zu handhaben, damit evtl. Handhabungsfehler auskommen bzw. korrigiert werden können
- ▷ Wenn ausgesprochen eine Tücke der Technik im Spiel ist, Kunde darauf hinweisen, ihm erklären, warum vielleicht ein Wiederholungsfall (solche kann es im anspruchsvollen technischen Gebiet immer geben) passieren könnte, und was dann zu tun wäre. (Würde man nichts sagen, so schaut uns der Kunde als Pfuscher an, wenn der Defekt erneut auftritt.)
- ▷ Nach geleisteter Arbeit dem Kunden das Richtigfunktionieren demonstrieren – prüfen, ob er noch Fragen hat – ihn instruieren, wenn dies noch in gewissen Belangen nötig erscheint
- ▷ Rapport unterzeichnen lassen, evtl. auf Neues hinweisen
- ▷ Sich nett verabschieden

Auf welchen Wegen kann man besserer Menschenkenner werden?

Wer andere ihrer Natur nach rasch und verhältnismässig genau zu erfassen vermag, kann sich richtig zu ihnen einstellen, versteht ihre Reaktionen besser und kann sie leichter beeinflussen. Menschenkenntnis ist wichtig im Berufsbereich im Umgang mit Kollegen, Chefs und Kunden; im Privatbereich kommen wir aber ebensowenig ohne Menschenkenntnis aus, denn auch dort haben wir es mit den unterschiedlichsten Partnern zu tun: Freunde, Bekannte, Verwandte, Vereinskollegen, Hausmeister usw.

Zum besseren Menschenkenner können wir werden durch

- ▷ Abbau von Vorurteilen
- ▷ Sich von Sympathien und Antipathien nicht beeinflussen lassen
- ▷ Nicht eigene Meinungen auf andere projizieren
- ▷ Genaueres Beobachten anderer
- ▷ Sich mit Psychologie befassen
- ▷ Kurse besuchen
- ▷ Menschliche Kontakte bewusster pflegen
- ▷ Eigenes Urteil mit anderen vergleichen
- ▷ Charakterrollen in Filmen und Schauspielen studieren und diskutieren
- ▷ Spontaneindruck später mit Erfahrungseindruck vergleichen
- ▷ Körpersprache studieren und sie gut beobachten
- ▷ Verhalten einzelner in Familie und Gesellschaft beobachten
- ▷ Verhalten in Spiel und Wettkampf beobachten
- ▷ Sich selbst analysieren
- ▷ Menschenerfahrung bewusst auswerten

Voraussetzungen für richtiges Argumentieren

- ▷ Fachlich so stark wie möglich werden
- ▷ Wahr argumentieren, nicht manipulieren oder gerissen beeinflussen wollen
- ▷ Gedanken aus der Denkperspektive des anderen entwickeln, von seinen Wünschen und Situationen ausgehen – nicht bereden
- ▷ Überlegte Fragen stellen, um gezielt argumentieren zu können
- ▷ Kein Technoquatsch, sondern Kundennutzen-Sprache bieten
- ▷ Je nach Fall auch persönliche Motive ansprechen wie Perfektionstrieb, Prestigedenken, Ästhetik, Sicherheitsstreben usw.
- ▷ Aufdringlichkeit im Argumentieren à tout prix vermeiden
- ▷ Einverständnis des Kunden mit unseren Argumenten überprüfen, nicht unkontrolliert drauflosargumentieren
- ▷ Kundenniveau weder unter- noch überfordern – eine Frage gegebener Menschenkenntnis und guten Beobachtens
- ▷ Argumente optisch begleiten (Zeigen, Rechnen, Handhabenlassen)
- ▷ Dem Kunden Gelegenheit geben, auch seine Meinungen und Widerstände auszutragen – nicht direkt widerlegen, sondern elastisch abfangen und dann mit passender Information aufklären
- ▷ Gezielte Referenzen wie Argumente einsetzen
- ▷ Zu frühe Einwände des Kunden mit Begründung auf später verschieben, um sie an passender Stelle zu beantworten
- ▷ Besonders wichtige Argumente wiederholen oder am Schluss zusammenfassen
- ▷ Ein sehr wichtiges Argument bewusst gegen Schluss einsetzen, sozusagen als Prachtsfeuerwerk

Wenn der Servicestunden-Ansatz vom Kunden als zu hoch empfunden wird...

Kunden glauben gelegentlich naiverweise, der Stundenansatz in der Servicearbeit müsste identisch mit dem Lohn des Servicemannes sein. Orientieren Sie dann den Kunden durch folgende Hinweise auf die Kostenkomponenten, die den Stundenansatz ergeben:

▷ Lohn inkl. 13. Monatslohn oder Gratifikation
▷ Sozialleistungen wie Alters- und Unfallversicherung, Krankheitsabsenzen, Personalrestaurant
▷ Ausbildungskosten und Weiterbildungskosten
▷ Administrative und technische Personalkosten
▷ Internes Servicepersonal
▷ Lager und Unterhalt derselben
▷ Garagen
▷ Wagenkosten
▷ Übernachtungskosten
▷ Verpflegungskosten
▷ Telefongebühren
▷ Werkzeugkosten und Abnützung
▷ Nicht anrechenbare Kosten für Fehlaufgebote, Konferenzen, Unfälle, Stauauswirkungen
▷ Unterhalt, Verzinsung und Reparatur von Betriebseinrichtungen
▷ Strom-, Betriebs-, Verbrauchsmaterial

Verteidigung von Fremdfabrikaten

Je besser der Name einer Firma, desto weniger kann der Kunde oft verstehen, dass auch Fremdfabrikate geführt werden. Spricht der Kunde diesen Punkt an, so kann man sich vielleicht mit folgenden Argumenten verteidigen:

▷ Der hartumstrittene Markt zwingt praktisch jeden Lieferanten, auch einfachere und preisgünstigere Modelle zu führen
▷ Diese sind aber qualitativ streng selektioniert worden, so dass wir für sie einstehen können
▷ Es wird für sie der gleiche vollumfängliche Service, die gleiche Bestandteilhaltungsgarantie geboten wie für die eigenen Fabrikate
▷ Man will auch jenen Kunden dienen, die weniger hohe Anforderungen an die technischen Schikanen der Maschinen stellen

Mit welchen Argumenten Serviceverträge verkaufen, wo doch der Kunde oft glaubt, er werde damit übers Ohr gehauen?

▷ Der Servicevertrag ist eine Art Versicherung für den Kunden, hat er mal hintereinander etwas Pech, so kostet ihn dies nur die Service-Vertragsgebühr
▷ Der Servicepreis ist günstig angesetzt und fördert die Instandhaltung der gekauften Produkte, was die Kosten wieder hereinbringt
▷ Der Kunde kann solche Unterhaltskosten exakt jährlich budgetieren
▷ Im Servicepreis sind nicht nur Bestandteilkosten eingeschlossen und die Arbeit, sondern auch die Wegzeiten
▷ Der Servicevertrag ist eine Art Verlängerung der Fabrikgarantie (Serviceverträge fangen die Servicekosten des Betriebes etwas auf, indem die Servicearbeit und die Servicewege rationeller werden, dadurch dass gesamthaft mehr Service geboten wird, was aber auch dem Kunden zugute kommt, der sowieso dazu neigt, den Service etwas stiefmütterlich zu behandeln. Alle diese Fakten kann der Servicemann seinerseits bestätigen. Zudem hat er selbst noch den Vorteil, dass ein Kunde mit Servicevertrag angenehmer zu behandeln ist, weil eine Reparatur, die der Kunde nicht selber berappen muss, ihn weniger aufbringt, also friedlicher stimmt.)

Richtiges Verhalten bei Umtauschangeboten

▷ Niemals ein Umtauschangebot dem Kunden gegenüber preislich über den Daumen anpeilen, das riecht nach höchst unseriöser Kalkulation und nach «Das-Fell-abziehen»
▷ Maschine genau prüfen, dem Kunden zeigen, was warum nicht mehr einwandfrei ist und möglicherweise bald zu Störungen führen würde, wenn nicht gar die Weiterverwendung in Frage gestellt ist
▷ Faktoren wie spätere Reparaturen mit Wegverrechnungen, mögliche baldige Betriebsuntauglichkeit oder bevorstehendes Ende der Lieferbarkeit von Bestandteilen auch ansprechen
▷ Kunden nie zum Umtausch drängen, sondern ihnen «in deren eigenem Interesse» lediglich ein unverbindliches Alternativ-Angebot «Reparatur oder Umtausch» vorlegen
▷ Die Umtausch-Alternative noch schmackhaft machen mit den zusätzlichen Vorteilen des neuen Modells, die oft sehr attraktiv sind – evtl. auch Mehrleistungsvorteile neuer Maschinentypen in Form einer Wirtschaftlichkeitsrechnung zum Ausdruck bringen

- ▷ Bei betrieblichen Investitionen auch den Vorteil der höheren Abschreibquote einer Neu-Maschine anführen als Verstärkung der betrieblichen Reserve

Wie die Vermutung des Kunden, neueste Elektronik ergebe höhere Störanfälligkeit, parieren?

- ▷ Hinweisen, dass kein Lieferant angesichts des Siegeszuges der Elektronik in der apparativen und maschinellen Ausrüstung auf die elektronischen Neuerungen verzichten kann, da er sonst rasch vom Fenster weg ist
- ▷ Elektronik ist aber nachgewiesenermassen in vielen Fällen weniger störungsanfällig als Mechanik und gewöhnliche Elektrotechnik
- ▷ Sie bietet aber zusätzliche Bequemlichkeits-, Sicherheits- oder andere Vorteile, die der Kunde noch so gerne nützt (diese demonstrieren als Beweisführung)
- ▷ Die Elektronik hat sich in den letzten Jahrzehnten selbst enorm verbessert und erbringt auch oft wesentliche Verbilligungen und Gewichtsreduktionen oder Sicherheits- und Handlichkeitsvorteile, die der Kunde sehr schätzt
- ▷ Die Elektronik setzt sich in allen Branchen massiv durch und ist mit ihren Vorteilen gar nicht mehr aufzuhalten

Spezielle Verhaltensempfehlungen für Sonderfälle im Servicefach

- ▷ Über Garantiefragen mit Kunden nicht streiten. Fall sachlich erläutern; im Falle des Beharrens des Kunden auf Garantiebehebung versprechen, dass man den Wunsch des Kunden in der Firma zur Sprache bringen werde und er dann automatisch Bescheid bekomme
- ▷ Telefoniert man vom Büro des Kunden aus mit der eigenen Firma, um Spezialwünsche des Kunden zur Diskussion zu stellen, so deutet man dem Partner in der eigenen Firma an, dass man «eben zusammen am Tisch sitze und der Kunde sozusagen mithören könne» (damit nicht harte oder beleidigende Formulierungen ans Ohr des Kunden dringen)
- ▷ Entsetzt sich der Kunde über eine Extraherstellung eines alten Bestandteils, der nicht mehr am Lager ist und daher als Extraanfertigung teuer zu stehen kommt, so sind der Herstellungsaufwand und evtl. hohe Materialpreise für z.B. Chromnickelstahl oder andere teure Materialien zu erläutern. Evtl. kann man auch als Variante ein Umtauschangebot für die betr. Maschine oder den Apparat vorschlagen
- ▷ Versteht der Kunde nicht, dass für erstklassige Maschinen nach 20 und mehr Jahren keine Bestandteile mehr zu haben sind, so ist auf die hohen Kosten späterer Extraanfertigungen hinzuweisen. Nützlich ist vielleicht auch ein Hinweis auf andere gute Fabrikate früherer Fertigung, bei denen längst keine Teile mehr erhältlich sind. Man lade den Kunden auch ein, das Lager einmal zu besichtigen, damit er sich davon überzeugen kann, wie weit die Lagerhaltung bei uns grossgeschrieben wird, wie gross die dort lagernden Werte sind und was nur allein die Verzinsung kostet, ohne Rücksicht darauf, dass in einem relativ alten Lager überhaupt vieles gar nicht mehr verkauft werden kann, sondern irgendwann einfach eingeschmolzen werden muss
- ▷ Hüten Sie sich vor übertriebenen Versprechungen – «Wenn man das Reh einmal verscheucht hat, dauert es lange, bis es wiederkehrt!»
- ▷ Wird ein Mitarbeiter unserer Firma vom Kunden angegriffen, weder zu sehr dann den Mitarbeiter verteidigen noch selbst über ihn schimpfen, sondern Meldung «zur Weiterleitung und raschen Stellungnahme durch die Firma» entgegennehmen und vielleicht dazu vermerken «Es überrascht mich Ihre Feststellung insofern etwas, als unser Herr X sonst gar nicht dafür bekannt ist, solche Fehler zu begehen» – dann hat man wenigstens eine kleine Lanze für ihn gebrochen. Ein zu energisches Verteidigen von ihm würde den Kunden ins Abseits stellen und damit seinen Unwillen noch verstärken, weil er sich als unglaubhaft bzw. als Meckerer interpretiert sähe
- ▷ Wenn aus durchgeführten Reparaturen/Revisionen verhältnismässig grosse Rechnungen resultieren müssen, so ist es gut, den Kunden zart darauf vorzubereiten, durch genauere Hinweise, was alles aufgewendet und an kostspieligem Material ausgewechselt werden musste (evtl. vorher Angebot für Instandstellung unterbreiten)
- ▷ Einfache Arbeiter des Kunden nicht mit Fachlatein bereden, welches diese gar nicht mehr verstehen können
- ▷ Keine internen Abkürzungen gebrauchen, die den Kunden vor Rätsel stellen
- ▷ Ja keine vorschnellen Garantieerledigungs-Versprechen abgeben wegen vermeintlichem Konstruktionsfehler («aussergewöhnlichem Materialbruch») – schwierige Entscheidungen lieber durch den Servicechef treffen lassen

▷ Anfänglich vorkommende «Kinderkrankheiten» an Neuprodukten durch Hinweis auffangen, dass man die Sache ja gratis in Ordnung bringen werde, aber andererseits die eindeutigen Vorteile des Neuproduktes gegeben seien und die Weiterentwicklung als sinnvoll bestätigen würden
▷ Wechsel wichtiger Kontaktpersonen oder Änderungen wichtiger Zuständigkeiten der eigenen Firma melden – vor allem der Verkauf könnte sich für erstere interessieren

Wie veranlasst man Kunden, Verschleiss- und andere Auswechselteile ans Lager zu nehmen?

▷ Erläutern, dass bei Defekten von Verschleissteilen oft erhebliche Ausfälle von Maschinen oder Anlagen verursacht werden
▷ Es können Produktionsausfälle entstehen, bis der Fehler behoben ist
▷ Es werden auch vielfach überdurchschnittlich hohe Kosten für Ersatzbeschaffung (Luftfracht, Expressspesen) oder Verzögerungen durch Verzollung von wichtigen Teilen verursacht
▷ Ein Ausfall einer Arbeitsgruppe wegen Stillstehens einer Maschine kann sich auf andere Prozesse auswirken (Kettenreaktion, die unverhältnismässig hohe Kosten verursachen kann)
▷ Anhand passierter Vergleichsfälle ausrechnen, wieviel teurer es gekommen ist, den langwierigen Prozess der Neubestellung einzuleiten und die Ausfallkosten bis zum Eintreffen der Teile zu tragen, statt bestimmte Reserveteile ans Lager zu nehmen

Regeln für psychologisch richtige Behandlung eigentlicher Reklamationen

1. Bedenken Sie: ein Verkauf hat sein Ziel erst ganz erreicht, wenn auch eine mögliche Reklamation tadellos erledigt wird.

2. Beim Reklamieren befindet sich der Kunde normalerweise in einem Zustand gesteigerter Empfindlichkeit. Identifikationsvermögen und schonendes Formulieren ist auf unserer Seite daher wichtig. Oft ist auch der gehabte Ärger grösser, als wir im Moment meinen.

3. Reklamationen sind daher brandeilig, dürfen nie aufgeschoben werden. Dauert eine Erledigung länger als erwartet, so empfiehlt sich ein Zwischenbericht.

4. Die Art, wie ein Lieferant sich mit einer Reklamation auseinandersetzt, spricht sich rasch weiter: Verärgerung so gut wie Zufriedenheit. (Image-Faktor)

5. Man muss immer wieder auch das Positive hinter Reklamationen sehen können: Ausschaltung von Fehlerquellen in der Organisation oder an Produkten oder Leistungen – Lernmöglichkeiten im psychologischen Bereich – Lernmöglichkeiten im fachlichen Bereich – Behalten des Kunden überhaupt (er könnte ja auf eine Reklamation verzichten und uns als Lieferant einfach streichen) – Verstärkung des Kontaktes – Vergrösserung des Geschäftes – Lieferung zusätzlicher Produkte – Massstab für unsere Befähigung im geschickten Umgang mit schwierigen Kunden – grosse Befriedigung über bewältigte schwierigere Aufgabe.

6. Möglichst wenig schreiben, besser den mündlichen oder telefonischen Kontakt in der Reklamationserledigung anstreben – man kann individueller und persönlicher auf den Kunden eingehen. Ausnahme: besonders gravierende Fälle, wo sich auch die Verkaufs- oder Geschäftsleitung noch schriftlich entschuldigen will.

7. Stufen geschickter Reklamationserledigung:

   ▷ Begrüssen auch bei emotionell vorgetragener Reklamation nicht verpassen
   ▷ Gut zuhören, unter Einsatz von Bestätigungswörtern, wie «richtig», «stimmt», «ich begreife», «das tut mir aber leid», «gewiss», «allerdings» usw.
   ▷ Einzelheiten, die man vergessen kann, verlässlich notieren (am Telefon sagen, dass man notiert)
   ▷ Sich entschuldigen oder Bedauern aussprechen (letzteres wenn z. B. Fall noch nicht überblickbar und Schuld noch unklar: «Es tut mir wirklich leid, dass Sie Ärger hatten», «... dass da etwas schief gelaufen ist»
   ▷ Bei gravierenden Fällen sich stark identifizieren: «Ich begreife absolut, dass Sie unser Fehler sehr verstimmt hat», «Ich kann Ihren Ärger nur allzu gut verstehen», «Ich muss Ihnen gestehen, dass ich mich an Ihrer Stelle ebenso sehr geärgert hätte» usw.
   ▷ Dem Kunden danken, dass er uns den Fehler sofort gemeldet hat. «So sind wir in der Lage, Sie raschestens wieder zufriedenzustellen»
   ▷ Unklares jetzt mit Fragen angehen oder persönlichen sofortigen Einsatz versprechen, um Situation abzuklären und das Nötige zu veranlassen; Information auf kurzfristig angesetzten Termin versprechen; diesen unbedingt einhalten

- ▷ Fehlerquelle klarstellen, nochmals Bedauern aussprechen, vielleicht «Tröster» anbieten (kleine Gratisleistung, Express auf unsere Kosten usw.)
- ▷ Nie eigene Mitarbeiter oder Unterlieferanten verunglimpfen
- ▷ Werden eigene Mitarbeiter vom Kunden unter Beschuss genommen, Verständnis ausdrücken, eine kleine Lanze für sie brechen («Ich verstehe Ihre Verärgerung. Überraschend ist für uns, dass er so etwas zu Ihnen sagen konnte, er gilt sonst gar nicht als nachlässig oder unhöflich – ich werde ihm Ihre Beschwerde natürlich ausrichten, und er wird sich bestimmt noch selbst bei Ihnen entschuldigen»)
- ▷ Kunden nur unterbrechen, wenn er am falschen Mann ist – dann Bedauern aussprechen und sagen, dass man ihn sofort mit dem zuständigen Herrn X verbinden werde
- ▷ Sich nie von unsachlichem oder aggressivem Ton anstecken lassen, man giesst sonst nur Öl ins Feuer; niemand zahlt Ihren Nervenverschleiss, ausser Sie selbst, daher elastisch, überlegen-versöhnlich reagieren und Kunden so versachlichen
- ▷ Nie eine Situation vorschnell beurteilen und für den Kunden so beleidigende Schlüsse ziehen («Wahrscheinlich ist die Gebrauchsanweisung eben nicht beachtet worden»)
- ▷ Nie unter Druck zu viel versprechen, lieber Angelegenheit in Chefhände geben, wenn man mit einem Kunden einmal nicht mehr fertig wird
- ▷ Nie triumphieren, wenn sich herausstellt, dass der Kunde im Fehler war, besser, ihm Gelegenheit geben, das Gesicht zu wahren («Ich bin froh, dass wir den Fehler nun herausgefunden haben und dieser nicht von uns verursacht war. So etwas kann ja mal vorkommen, ohne dass Ihr Mitarbeiter deswegen nachlässig zu sein brauchte. Wo gearbeitet wird, da passiert eben auch mal ein Fehler. Hauptsache, der Betreffende wird informiert und gibt sich Mühe, einen Wiederholungsfehler zu vermeiden»)
- ▷ Keinen Mitarbeiter des Kunden scharf anklagen, auch wenn er einen dummen Fehler oder eine krasse Nachlässigkeit begangen hat (er kann sonst Sand ins Getriebe schütten, um uns zu schaden – zudem: auch wir haben ja schon dumme Fehler begangen – warum sollen wir andere somit verurteilen?
- ▷ Das «Müssen» dem Kunden gegenüber abschaffen («Sie müssen doch verstehen», «Sie müssen entschuldigen», «Sie müssen doch zugeben», «Sie müssen eben darauf aufpassen»)
- ▷ Nie direkt widersprechen – elastisch mit Abfangformulierungen reagieren, Fragen anschliessen («Ich begreife zwar Ihre Überlegung durchaus, aber was mir nicht ganz klar ist: Sie laufen doch ein gewisses Risiko, wenn ...»)
- ▷ Behauptungen nie bloss mit Gegenbehauptungen kontern – Beweisführung vom Kunden mittels psychologisch richtig gestellten Fragen erbitten und eigene Feststellungen möglichst immer auch gleich beweisen, aber ohne Schulmeisterei oder Pedanterie
- ▷ In schlimmen Fällen von Reklamationen, wo wirklich «Unverzeihliches» passiert ist, Bedauern so einfühlend und «mitweinend» aussprechen, dass der Kunde fast Mitleid mit uns bekommt
- ▷ Alle Riegel schieben, damit keine Wiederholungsfehler passieren – informieren, instruieren oder gar ermahnen, wo in den eigenen Reihen Unglückliches passiert ist
- ▷ Wiedergutmachungen, Gutschriften, Ersatzlieferung niemals auf die lange Bank schieben, sondern sofort erledigen
- ▷ Sich evtl. vergewissern, dass nächste Lieferungen beim Kunden tadellos erfolgten
- ▷ Über passierte Reklamationen Aussendienstmitarbeiter informieren, sonst laufen sie dem Kunden nächstes Mal ahnungslos ins Geschrei, und es sieht dann nach schlechtem Informationswesen aus
- ▷ Folgeschäden sind im allgemeinen juristisch nicht zu vergüten, aber es kommt auf den Fall an – notfalls juristische Abklärung vornehmen lassen, um nicht teuren Prozess finanzieren zu müssen – Vergleich stattfinden lassen, wo Schuld nicht einwandfrei eruiert werden kann, oder es sich um einen besseren Kunden handelt – Fälle nicht «unten» behandeln, wenn Kompetenz nicht ausreicht
- ▷ Generell eigene Mitarbeiter so schulen, dass öftere Fehler einfach nicht mehr passieren können
- ▷ Reklamationsbuch führen, um die Häufigkeit von Beanstandungen an bestimmten Stellen in den Griff zu bekommen und entsprechend einwirken zu können
- ▷ Stichproben ansetzen, um Wiederholungsfälle zu bekämpfen
- ▷ Einen Kunden, der wirklich Katastrophales durch unsere Fehler erleben musste, nach deren Behebung durch angepasstes kleines, brauchbares Geschenk wieder zu versöhnen versuchen

Anforderungen an den Arbeitsrapport

- ▷ Es ist kurz, wesentlich und klar zu rapportieren (man muss sich immer in denjenigen versetzen, der den Rapport zu verarbeiten hat)
- ▷ Wichtige Aussagen sind ferner:
  - Was sagt oder sagte der Kunde?
  - Was haben Sie als Servicemann festgestellt?
  - Was soll noch getan werden (behoben, erledigt, zugestellt, geschrieben, geliefert, ausgetauscht, gutgeschrieben, gratis ersetzt werden)
- ▷ Rasche Meldung und Erledigung von Hängigem ist entscheidend für den Eindruck, den der Kunde von uns bekommt
- ▷ Dramatisieren kann ebenso gefährlich wie das Verharmlosen sein – die Folgen kann sich jeder ausdenken
- ▷ Die Aussagen müssen daher sachlich und kontrollierbar sein
- ▷ Betrifft etwas heiklerweise den Kunden, so ist sehr vorsichtig zu formulieren – er muss den Rapport ja unterschreiben
- ▷ Verbesserungsanregungen des Servicemannes im Arbeitsrapport unterbleiben besser – dazu gehört sich der Spezialrapport! Der Kunde soll nicht lesen können, was wir schlecht machten
- ▷ Verbesserungsanregungen sollten dem Servicemann nicht nur verdankt werden – er sollte später auch hören, was man damit gemacht hat (konstruktive Verbesserungen, Auswechseln von Teilen, Verstärken von solchen, Leistungsverbesserung nach Abänderung um x% usw.)

Weitere Anregungen

- ▷ Es ist teuer – wenigstens langfristig gesehen – den Bestand an Serviceleuten zu knapp zu halten (mehr Kundenverärgerung, öfters Kundenverluste, teure Extradispositionen, Image-Schädigung)
- ▷ Engpässen, z. B. saisonalen, sollte rechtzeitig durch Sondermassnahmen entsprochen werden (Ausbildung von Springern für den Service, aus der Produktionsabteilung – vorübergehende Beschäftigung von Aushilfsmonteuren, wo dies möglich ist)
- ▷ Über Neuprodukte ist der Servicemann so rechtzeitig und ausführlich zu informieren wie der Verkäufer – das gleiche gilt für Konstruktionsänderungen
- ▷ Der persönliche Kontakt zwischen Verkäufern und Serviceleuten ist in den meisten Firmen ungenügend – dieser Erfahrungsaustausch ist aber sehr wertvoll und sollte periodisch gut organisiert werden
- ▷ Bei etwas einseitiger Strapazierung gewisser Servicetechniker als Folge aussergewöhnlicher Umstände sollte diese Notwendigkeit entsprechend begründet werden, da sie sonst regelmässig als Ungerechtigkeit interpretiert wird
- ▷ Sprachlichen Anforderungen (vor allem in der Ausland-Servicearbeit) sollte schon gebührend bei der Anstellung von Servicefachleuten Rechnung getragen werden. Es ist andererseits Verpflichtung solcher Berufsleute, sich laufend sprachlich weiterzuentwickeln, denn ohne ein ausreichendes Verständigungsvermögen ist ein Servicemann beim Kunden zu sehr behindert. Die Firma sollte nach Möglichkeit dazu beitragen, sprachliche Weiterbildungsgelegenheiten zu vermitteln
- ▷ In wichtigen Fällen sollte man sich bei Lieferung einer Maschine den Erhalt der Betriebsanleitung vom Kunden schriftlich bestätigen lassen – die Fälle sind zahlreich, wo man nachher behauptete, man sei damit nicht ausgerüstet worden; ein Defekt müsse daher vom Lieferanten getragen werden
- ▷ Die Meinung vieler, der Kunde sei König, ist falsch – auch der Kunde kann sich irren, kann Fehler begehen. Ihn dann in psychologisch geeigneter Form aufzuklären, liegt in beiderseitigem Interesse
- ▷ Eine kleine Notlüge kann das Verhältnis zum Kunden evtl. besser pflegen als die schockierende Blossstellung eigener Fehler – aber eine Notlüge darf vom Kunden niemals durchschaut werden, sonst ist es mit dem Vertrauen weitgehend vorbei
- ▷ Was tun, wenn der Kunde sagt «Ich will Ihren Servicemann Herrn X nie mehr sehen!»? Wenn es im Gespräch nicht gelingt, das Vertrauen in den Betreffenden zu restaurieren, so sollte man sich an den Wunsch des Kunden halten und einen erstklassigen Mann für ihn reservieren, was allerdings auch nicht zu jedem Zeitpunkt möglich ist
- ▷ Verspätungen von zu erledigenden Servicearbeiten oder Revisionen müssen dem Kunden immer rechtzeitig mitgeteilt werden oder mindestens in letzter Minute, wenn es vorher nicht möglich ist – ein Nichterscheinen ohne Meldung ist unverzeihlich
- ▷ Reklamationen gravierender Art bei einem Servicemann über einen seiner Kollegen sind der Serviceleitung auf jeden Fall zu rapportieren. Ein Verschonen des Kollegen ist dreifacher Verrat – Verrat am Kunden, Verrat am Servicechef, Verrat am Kollegen selbst
- ▷ Verhandlungen mit einem Kollektiv auf der Kundenseite sind besonders anspruchsvoll – Vorsicht ist auch in diesem Fall die «Mutter der Weisheit», sonst hat man rasch eine Mehrzahl von Gegnern gegen sich

Verabschiedung vom Kunden

- ▷ Den Rapport nur von einem drittklassigen Mitarbeiter des Kunden unterzeichnen zu lassen und dann wegzugehen, ohne sich persönlich vom zuständigen Chef oder Kunden selbst zu verabschieden, gilt als unanständig. Es könnte zudem sein, dass der Kunde noch Fragen stellen will oder wissen möchte, was die Ursache der Störung war. Somit gilt:
- ▷ Es ist wichtig, dem Kunden am Schluss Information zu geben, was defekt war, warum es dazu kam, was gegebenenfalls zu tun ist, um Wiederholungsfälle auszuschliessen.
- ▷ Evtl. sollte der Kunde besser instruiert werden, wenn Unsicherheiten oder Handhabungsfehler konstatiert wurden.
- ▷ Evtl. fragen, ob er noch andere Geräte von uns hat und diese befriedigend funktionieren.
- ▷ Evtl. darauf hinweisen, dass man noch dies oder jenes beiläufig in Ordnung gebracht oder die Maschine wieder auf Hochglanz gebracht habe (stimmt dankbar, wirft vielleicht sogar ein Trinkgeld ab)
- ▷ Sich nett verabschieden, bei langjähriger Kundenbeziehung für Kundentreue danken

Erfolgsanalyse nach getätigtem Service-Einsatz – 24 Checkfragen:

- ▷ War ich ausreichend vorbereitet? (Information über Aufgabe und Kunden, hatte ich alle Werkzeuge, Bestandteile, Unterlagen usw.)
- ▷ Habe ich das Gespräch richtig eröffnet und von Anfang an guten Kontakt gefunden?
- ▷ Konnte ich die Störung richtig und innert nützlicher Frist analysieren?
- ▷ Fand ich den guten Kontakt auch mit den Gebrauchern?
- ▷ Habe ich niemanden blossgestellt?
- ▷ Wurde von mir ganze Arbeit geleistet?
- ▷ Informierte und instruierte ich gut genug und ausreichend?
- ▷ Wurden Wiederholungsfälle der Störung nach Möglichkeit ausgeschaltet?
- ▷ Habe ich mögliche Zusatzverkäufe (Verschleissteile, Zusatzaggregate, Zubehör, Servicevertrag, Umtausch, Revision, Neulieferung) angeregt oder der Verkaufsleitung zur direkten Erledigung zugeleitet?
- ▷ Kam ich auch menschlich in Kontakt zu meinem Kunden?
- ▷ Wusste ich eine seiner Fragen nicht zu beantworten?
- ▷ Hatte ich anwendungstechnisch eine Wissenslücke?
- ▷ Muss ich noch weitere Mängel im Wissen oder Können durch Selbstinformation eindecken?
- ▷ Wurde etwas an meiner Firma zu Recht kritisiert, was verbesserungsfähig wäre? (Rapport an Firma)
- ▷ Konnte ich eine evtl. Verstimmung des Kunden durch meinen überzeugenden Einsatz wettmachen, so dass das Vertrauen wieder da ist?
- ▷ Habe ich den Kunden nirgends fachlich überfordert (Fachlatein)?
- ▷ Sind neue Gesprächspartner beim Kunden zu vermerken bzw. zu melden?
- ▷ Habe ich wichtige Informationen an meine Firma weiterzuleiten oder sonst wichtige Beobachtungen zu rapportieren?
- ▷ Was ist sonst noch zu erledigen? Zu schicken? Abzuklären? Zu veranlassen?
- ▷ Habe ich einen Fehler begangen, aus welchem ich für die Zukunft lernen kann? War ich irgendwo betriebsblind?
- ▷ Habe ich nützliche Hinweise oder Handlungen unterlassen, die geboten hätten werden müssen?
- ▷ Was wurde auf der Seite des Kunden besonders an mir geschätzt?
- ▷ Soll ich der Serviceleitung eine bestimmte Erfahrung, die ich machte, rapportieren, weil sie für meine Kollegen auch wichtig sein kann?
- ▷ Habe ich jemandem in der Firma (Verkäufer, Innendienst, Spedition usw.) ein Lob auszurichten?

3.24 Geschickte Reklamationserledigung

Checkliste mit 55 Tips

6 Hauptregeln

1. Bedenken Sie: ein Verkauf hat sein Ziel erst ganz erreicht, wenn auch eine mögliche Reklamation tadellos erledigt wird.
2. Beim Reklamieren befindet sich der Kunde normalerweise in einem Zustand gesteigerter Empfindlichkeit. Identifikationsvermögen und schonendes Formulieren ist daher wichtig. Oft ist auch der gehabte Ärger des Kunden grösser, als wir im Moment meinen.
3. Reklamationen sind daher brandeilig, dürfen nie aufgeschoben werden. Dauert eine Erledigung länger als erwartet, so empfiehlt sich ein Zwischenbericht.
4. Die Art, wie ein Lieferant sich mit einer Reklamation auseinandersetzt, spricht sich rasch weiter: Verärgerung so gut wie Zufriedenheit (Image-Faktor).
5. Man muss immer wieder auch das Positive hinter Reklamationen sehen können: Ausschaltung von Fehlerquellen in der Organisation oder an Produkten oder Leistungen – Lernmöglichkeiten im psychologischen Bereich – Lernmöglichkeiten im fachlichen Bereich – Behalten des Kunden überhaupt (er könnte ja auf eine Reklamation verzichten und uns als Lieferant einfach streichen) – Verstärkung des Kontaktes – Vergrösserung des Geschäftes – Lieferung zusätzlicher Produkte – Massstab für unsere Befähigung im geschickten Umgang mit schwierigen Kunden – grosse Befriedigung über bewältigte schwierigere Aufgabe.
6. Möglichst wenig schreiben, besser den mündlichen oder telefonischen Kontakt in der Reklamationserledigung anstreben – man kann individueller und persönlicher auf den Kunden eingehen. Ausnahme: besonders gravierende Fälle, wo sich auch die Verkaufs- oder Geschäftsleitung noch schriftlich entschuldigen will.

Weitere Regeln geschickter Reklamationserledigung

▷ Begrüssen auch bei emotionell vorgetragener Reklamation nicht verpassen

▷ Gut zuhören, unter Einsatz von Bestätigungswörtern, wie «richtig», «stimmt», «ich begreife», «das tut mir aber leid», «gewiss», «allerdings» usw.

▷ Einzelheiten, die man vergessen kann, verlässlich notieren (am Telefon sagen, dass man notiert)

▷ Sich entschuldigen oder Bedauern aussprechen (letzteres wenn z. B. Fall noch nicht überblickbar und Schuld noch unklar: «Es tut mir wirklich leid, dass Sie Ärger hatten», «... dass da etwas schief gelaufen ist»

▷ Bei gravierenden Fällen sich stark identifizieren: «Ich begreife absolut, dass Sie unser Fehler sehr verstimmt hat», «Ich kann Ihren Ärger nur allzu gut verstehen», «Ich muss Ihnen gestehen, dass ich mich an Ihrer Stelle ebenso sehr geärgert hätte» usw.

▷ Dem Kunden danken, dass er uns den Fehler sofort gemeldet hat. «So sind wir in der Lage, Sie raschestens wieder zufriedenzustellen»

▷ Unklares jetzt mit Fragen angehen oder persönlichen sofortigen Einsatz versprechen, um Situation abzuklären und das Nötige zu veranlassen; Information auf kurzfristig angesetzten Termin versprechen; diesen unbedingt einhalten

▷ Fehlerquelle klarstellen, nochmals Bedauern aussprechen, vielleicht «Tröster» anbieten kleine Gratisleistung, Express auf unsere Kosten usw.)

▷ Nie eigene Mitarbeiter oder Unterlieferanten verunglimpfen

▷ Werden eigene Mitarbeiter vom Kunden unter Beschuss genommen, Verständnis ausdrücken, eine kleine Lanze für sie brechen («Ich verstehe Ihre Verärgerung. Überraschend ist für uns, dass er so etwas zu Ihnen sagen konnte, er gilt sonst gar nicht als nachlässig oder unhöflich – ich werde ihm Ihre Beschwerde natürlich ausrichten, und er wird sich bestimmt selbst noch bei Ihnen entschuldigen»)

▷ Kunde nur unterbrechen, wenn er am falschen Mann ist – dann Bedauern aussprechen und sagen, dass man ihn sofort mit dem zuständigen Herrn X verbinden werde

▷ Sich nie von unsachlichem oder aggressivem Ton anstecken lassen, man giesst sonst nur Öl ins Feuer; niemand zahlt ihren Nervenverschleiss, ausser Sie selbst, daher elastisch, überlegen-versöhnlich reagieren und Kunden so versachlichen

- ▷ Nie eine Situation vorschnell beurteilen und für den Kunden so beleidigende Schlüsse ziehen («Wahrscheinlich ist die Gebrauchsanweisung eben nicht beachtet worden»)
- ▷ Nie unter Druck zu viel versprechen, lieber Angelegenheit in Chefhände geben, wenn man mit einem Kunden nicht mehr klar kommt
- ▷ Nie triumphieren, wenn sich herausstellt, dass der Kunde im Fehler war, besser, ihm Gelegenheit geben, das Gesicht zu wahren («Ich bin froh, dass wir den Fehler nun herausgefunden haben und dieser nicht von uns verursacht war. So etwas kann ja mal vorkommen, ohne dass Ihr Mitarbeiter deswegen nachlässig zu sein braucht. Wo gearbeitet wird, da passiert eben auch mal ein Fehler. Hauptsache, der Betreffende wird informiert und gibt sich Mühe, einen Wiederholungsfehler zu vermeiden»)
- ▷ Keine Mitarbeiter des Kunden scharf anklagen, auch wenn er einen dummen Fehler oder eine krasse Nachlässigkeit begangen hat (er kann sonst Sand ins Getriebe schütten, um uns zu schaden – zudem: auch wir haben ja schon dumme Fehler begangen – warum sollen wir andere somit verurteilen?
- ▷ Das «Müssen» dem Kunden gegenüber abschaffen («Sie müssen doch verstehen», «Sie müssen entschuldigen», «Sie müssen doch zugeben», «Sie müssen eben darauf aufpassen»)
- ▷ Nie direkt widersprechen – elastisch mit Abfangformulierungen reagieren, Fragen anschliessen («Ich begreife zwar Ihre Überlegung durchaus, aber was mir nicht ganz klar ist: Sie laufen doch ein gewisses Risiko, wenn ...»)
- ▷ Behauptungen nie bloss mit Gegenbehauptungen kontern – Beweisführung vom Kunden mittels psychologisch richtig gestellten Fragen erbitten und eigene Feststellungen möglichst immer auch gleich beweisen, aber ohne Schulmeisterei oder Pedanterie
- ▷ In schlimmen Fällen von Reklamationen, wo wirklich «Unverzeihliches» passiert ist, Bedauern so einfühlend und «mitweinend» aussprechen, dass der Kunde fast Mitleid mit uns bekommt
- ▷ Alle Riegel schieben, damit keine Wiederholungsfehler passieren – informieren, instruieren oder gar ermahnen, wo in den eigenen Reihen Unglückliches passiert ist
- ▷ Wiedergutmachungen, Gutschriften, Ersatzlieferung niemals auf die lange Bank schieben, sondern sofort erledigen
- ▷ Sich evtl. vergewissern, dass nächste Lieferungen beim Kunden tadellos erfolgten
- ▷ Aussendienstmitarbeiter über passierte Reklamationen informieren, sonst laufen sie dem Kunden nächstes Mal ahnungslos ins Geschrei und es sieht dann nach schlechtem Informationswesen aus
- ▷ Folgeschäden sind im allgemeinen juristisch nicht zu vergüten, aber es kommt auf den Fall an – notfalls juristische Abklärung vornehmen lassen, um nicht teuren Prozess finanzieren zu müssen – Vergleich stattfinden lassen, wo Schuld nicht einwandfrei eruiert werden kann, oder es sich um einen besseren Kunden handelt – Fälle nicht «unten» behandeln, wenn Kompetenz nicht ausreicht
- ▷ Generell eigene Mitarbeiter so schulen, dass öftere Fehler einfach nicht mehr passieren können
- ▷ Reklamationsbuch führen, um die Häufigkeit von Beanstandungen an bestimmten Stellen in den Griff zu bekommen und entsprechend einwirken zu können
- ▷ Stichproben ansetzen, um Wiederholungsfälle zu bekämpfen
- ▷ Einem Kunden, der wirklich Katastrophales durch unsere Fehler erleben musste, nach deren Behebung durch angepasstes kleines, brauchbares Geschenk wieder zu versöhnen versuchen

3.25 Beruflicher Umgangs-Knigge im Kundenkontakt

Checkliste mit 68 Anregungen

Äusseres

Saubere, nicht stutzerische, aber im einzelnen gut abgestimmte Kleidung. Kein auffallender Schmuck. Gepflegter Haarschnitt. Keine Nikotin-Finger. Nach dem Essen Mundspray benützen, wenn man sich mit Kunden unterhält.

Haltung

Aufrechte, aber natürliche Haltung spricht an. Beim Sitzen nicht in sich zusammenfallen oder nicht zu sehr in den «Liegesitz» verfallen. Elastischer, zielstrebiger Gang vermittelt den Eindruck einer dynamischen und auch zielstrebigen Persönlichkeit. Kräftiger Händedruck wirkt positiv.

Zirkulieren im Betrieb

Freundliches Grüssen bei Betreten von Büros. Hut abnehmen im Lift. Wartenden Kunden im Vorbeigehen freundlich zunicken. Im eigenen Haus dem Kunden vorangehen, wenn er sich nicht auskennt, mit Entschuldigung «Darf ich vielleicht vorausgehen, weil ich mich hier auskenne?».

Begrüssung, Vorstellung

Sich selbst deutlich vorstellen, evtl. Funktion beifügen. Diese beim Partner erfragen, um ihn im Gespräch auch gezielt ansprechen zu können. Dem Höheren wird der niedrigere vorgestellt, der Dame stellt man die jüngere oder den Herrn vor. Bei Zwei-Mann-Besuchen beim Kunden stellt derjenige den andern vor, der schon den Kontakt mit dem Kunden hatte, oder wenn ihm beide unbekannt sind, stellt derjenige vor, der den höheren Rang hat. Wenn man mit einem Kollektiv ins Gespräch kommt, so sollte man sich möglichst die Namen der einzelnen Partner und ihre Funktion gleich notieren, am besten in der Sitzordnung. Normalerweise lässt man den Kunden im Handreichen vorausgehen, wenn solches überhaupt in Frage kommt (andere Länder, andere Sitten).

Im Büro bzw. Besprechungszimmer

Guten Platz, evtl. Getränk anbieten. Freundlich einstimmen, evtl. erst auf menschlicher Ebene Begegnung stattfinden lassen. Mimik freundlich auf Partner abstimmen. Zeigen, was gezeigt werden kann (rascheres Verstehen). Akten nicht einfach aus der Hand des anderen nehmen. Texte so vor den anderen hinlegen, dass er ohne Kopfverdrehen Einsicht nehmen kann. Hände gehören im Gespräch nicht in die Hosentaschen. Eintretende Mitarbeiter sollen den Kunden automatisch freundlich grüssen, bei engerem Kontakt sind sie ihm vorzustellen. Blick offen auf den Kunden richten. In angenehmer Lautstärke und mit guter Artikulation sprechen. Nicht ins Wort fallen. Keine Nervosität verraten (Spielen mit Kugelschreiber, im Haar kratzen, Kravatten-Zupfen, Fusswippen). Kompliment nicht dick auftragen, evtl. indirekt vermitteln. Gut zuhören, aber nicht lange wortlos zuhören, sondern von Zeit zu Zeit Bestätigungswörter einsetzen. Besondere Informationsbemühungen des Kunden mit Dank quittieren. Evtl. Rauchwaren anbieten, wenn man weiss, dass Kunde raucht. Büro vor Eintritt des Kunden auf Ordnung und gute Luft prüfen. Für Aufträge angemessen, nicht überschwenglich danken. Konkurrenz nicht selbst herabsetzend ansprechen. Wenn Kunde uns damit provoziert, sachlich antworten und rasch wieder auf eigene Vorteile zu sprechen kommen. Nie über eigene Firma oder Mitarbeiter schlecht reden. Niederlagen nach aussen gut verwinden. Wird der Kunde im Gespräch durch einen Telefonanruf absorbiert, so können wir zum vorherigen Thema zurückführen. Sich selbst in Kundenbesprechungen nur in dringlichsten Fällen durch Telefon oder andere stören lassen. Reklamationen beherrscht und objektiv-versöhnlich entgegennehmen. Sich bei Fehlern rasch entschuldigen, nicht um den Brei herumtanzen. Nicht rauchen, wenn Kunde nicht raucht. Zigarren- und Pfeifen-Rauchern nicht Feuer anbieten, sie geben sich selbst Feuer. Name des Kunden im Gespräch öfter aussprechen (beehrt). Auf keinen Fall plumpe Notlügen gebrauchen (wenn der andere uns auf die Spur kommt, ist das Vertrauen dahin). Nie direkt widersprechen, sondern mit elastischen Abfangformulierungen parieren und hernach sachlich-aufklärend argumentieren. Nicht grob husten oder niesen. Nie negativ, sondern immer positiv argumentieren.

Im Restaurant/bei Einladungen

Entweder anständig einladen oder dann lieber überhaupt nicht. Ins Restaurant geht der Einladende voraus (es sei denn, dass der Einladende eine Dame wäre). Besseren Platz anbieten, sofern Plätze unterschiedlich. Menu- und Weinkarte dem Kunden geben, ihn aber, wo angebracht, geschickt beraten. Nicht eigenen Geschmack beim anderen voraussetzen. Zu reiche Einladungen schmecken rasch nach Kaufen. Auf Sitten des Landes Rücksicht nehmen (z. B. isst man den Spargel in der Schweiz mit der Hand, in Deutschland mit Gabel und Messer). Nicht schon am Anfang über Geschäfte sprechen. Es überhaupt eher dem Kunden überlassen, ob er Geschäftliches berühren will, oder dann dies selbst in unaufdringlicher, fast indirekter Art tun. Wein-Nachschenken nicht unterlassen. Niemals rauchen, wenn der Kunde noch isst. Keine Witze aus der unteren Schublade auspacken, auch dann nicht, wenn der Kunde selbst dazu neigt. Guter Humor ist besser als primitive Spässe. Dafür sorgen, dass sich der Kunde bald nachbedienen lassen kann, aber beim Essen nicht hetzen, wenn man selbst schneller Esser ist. Keine zynischen Redensarten oder Spott, der den anderen oder dessen Nation betrifft. Vorsicht vor Themen wie Politik, Religion, Frauen.

3.26 Tabus beachten im Verkaufsgespräch

Checkliste mit 17 Tips

Tabus = Weglass-Forderungen

Das Verkaufsgespräch lebt von eigenen Gesetzmässigkeiten, die von der Verhandlungstechnik und der Verhandlungspsychologie diktiert sind, die bestimmen, wie man vorgehen und was man in welcher Weise sagen soll. Es gibt aber auch «Weglass-Forderungen», sogenannte Tabus für das Verkaufsgespräch – Dinge, die man also nicht tun soll!

Solche Tabus oder «heilige Kühe» des Nicht-Tuns sind:

- ▷ Politische Gesprächsstoffe, an welchen man sich rasch erhitzen und in gegensätzliche Meinungen verstricken kann
- ▷ Religiöse Bekenntnisse und Auffassungen, die ebenfalls die Tendenz in sich haben, Gegenauffassungen zu provozieren, den Andersgläubigen emotional aus dem Busch zu klopfen
- ▷ Herabsetzende Hinweise auf unsere Konkurrenz (Abwesende werden verurteilt oder verunglimpft, ohne sich wehren zu können – fairen Kunden ist das zutiefst zuwider)
- ▷ Schimpfen über eigene Firma oder Mitarbeiter von sich oder Chefs oder gar andere Kunden (die z. B. Geliefertes falsch einsetzen oder miserabel warten)
- ▷ Konkurrenten des Kunden letzterem gegenüber als Vorbild hinstellen, an dem sich unser Kunde beispielhaft orientieren sollte (wer lässt sich Gegner als überlegen vor die Nase halten?!)
- ▷ Dem Kunden das Geständnis entlocken zu wollen, dass er hier oder dort rückständig sei und somit unser besseres Produkt kaufen sollte – was auf eine Blossstellung und Herabsetzung hinausläuft, hat doch er den früheren Kaufentscheid getroffen
- ▷ Feststellungen, die auf die Anklage hinauslaufen, der Kunde hätte uns Wichtiges verschwiegen oder falsch dargestellt, wenn er sich falsch beraten fühlt
- ▷ Anschwärzen von Mitarbeitern des Kunden wegen Dilettantismus, Nachlässigkeit im Gebrauch von Geliefertem, schlechter Wartung von Maschinen, Apparaten oder Einrichtungen oder gar böswillig falscher Handhabung. (Es kommt nicht selten vor, dass solchermassen Angeschwärzte sich später am betreffenden Lieferanten mit Sabotagehandlungen rächen, z. B. noch in der Garantiezeit.)
- ▷ Vorhalt an den Kunden wegen fehlender Kooperationsbereitschaft
- ▷ Entschuldigung von sich selbst als Störender, z. B. bei Besuchen, wo man sich nicht angemeldet hat (positive Botschaft und gute Beratung als «Störung» zu deklarieren, ist Ausdruck mangelnden Selbstvertrauens)
- ▷ Kunden über andere Kunden ausfragen, ohne dass eine ausreichende menschlich-freundschaftliche Basis vorhanden ist (das gilt auch für ein Ausfragen über andere Lieferanten)
- ▷ Verlangen von Dienstleistungen, die ein vernünftiges Mass überschreiten (stundenlange Vorführung gelieferter Maschinen im Betrieb der Kunden vor neuen Interessenten – Abverlangen enthusiastischer Zeugnisse über Normalprodukte und ähnliche Überleistungen des Kunden)
- ▷ Erpressen von Zusatz-Aufträgen aufgrund freiwillig geleisteter Dienste am Kunden
- ▷ Zitieren von Kunden als Vollreferenzen, wo die Zufriedenheit der betreffenden Kunden nicht mehr ausgeprägt vorhanden ist
- ▷ Bestechen von Kunden mit Geschenken, die dem Kunden zu verpflichtend erscheinen
- ▷ Palaverstil ohne Berücksichtigung des unter Zeitdruck stehenden Kunden
- ▷ Parkieren von Vertreterwagen an störenden Orten beim Kunden

3.27 Kreativität im Aussendienst-Verkauf

Checkliste mit 73 Tips

- ▷ Erfolge und Misserfolge statistisch überpüfen, analysieren und Schwachstellen in der Eigentätigkeit aufgrund gezielter Überlegungen ausschalten.
- ▷ Stärken und Schwächen in der Zusammenarbeit mit der Firma nach gleichem Muster analysieren und zu verbessern suchen
- ▷ Vorschlagswesen der Firma ernst nehmen und immer wieder auch eigene Vorschläge einreichen
- ▷ Sich für negative Routine, die im Verkauf besonders gefährlich ist, sensibel machen und prüfen, wie man sich im einzelnen Fall daraus lösen kann
- ▷ Systematische Arbeit mit Zielsetzungen, um sich dauernd schöpferisch zu optimieren – falls Zielvereinbarungsgespräche in der Firma noch nicht Usanz sind, zu solchen anregen
- ▷ Bei besonderen Schwierigkeiten, die allein schlecht oder nicht zu meistern sind, rechtzeitig fähige Kollegen oder Vorgesetzte um Rat angehen
- ▷ Bessere eigene Vorbereitung auf Verkaufskonferenzen, um diese noch fruchtbarer für sich und andere zu machen
- ▷ Anerziehung eines ausgeprägten Zeitmanagements für eigene Aktivitäten (Tages- und Wochenplanung, bessere Besuchsvorbereitung, straffere Gesprächsführung beim Kunden wie im Hause gegenüber Verkaufsleitung und Innendienst, optimale Reiserouten-Gestaltung, Rationalisierung von Rapport- und Schreibarbeit, Kontakte mit Innendienst besser organisieren)
- ▷ Herstellung eigener Checklisten über Besuchsvorbereitung, Gesprächsführung, Kundenbesuchsauswertung, Argumentationen schwieriger Art
- ▷ Verhandlungspsychologische Schwächen mittels Rollenspielen in der Verkaufsschulung und Begleitperson im Aussendienst periodisch überprüfen und verbessern
- ▷ Prüfen, wie man die eigene Demonstrationstechnik dynamisieren, überzeugender gestalten und für den Kunden noch erlebnisreicher machen kann
- ▷ Erstellung besonderer Wirtschaftlichkeitsrechnungen, um in der Verkaufsargumentation Material-, Zeit-, Kosten-, Aufwand-, Kontroll-Einsparungen und spezielle Leistungsüberlegenheit demonstrativ-eindrücklich vorrechnen zu können
- ▷ Sich angewöhnen, beim Kunden immer mit Stichwort-Gesprächskonzept anzutreten (Vorbereitete erreichen mehr und wirken auch kompetenter)
- ▷ Analysieren, wie sich die durchschnittliche Auftragsgrösse steigern liesse – Ziele dafür festlegen und vor Kundenbesuch nochmals speziell einprägen)
- ▷ Kreatives Überlegen, welche besonderen Informationen dem nächsten Kunden Vorteile bringen könnten
- ▷ Überlegen, wie man seine Gesprächsaufhänger individueller, interessanter, spannender gestalten könnte
- ▷ Systematischerer Einsatz des Telefons als verkaufsunterstützendes Hilfsmittel (bessere Besuchsanbahnung; Informationseinholung vor Erstbesuchen und wichtigen anderen Verhandlungskontakten; Begrüssung neuer Kunden als erste persönliche Kontaktaufnahme; Hinweise auf Sonderdienste oder Neuheiten, besondern Dank für Grossauftrag; bedauerndes rechtzeitiges Informieren über Lieferverzögerungen; Kontaktpflege mit abgelegenen oder kleinen, nicht häufig zu besuchenden Kunden; aber auch mit passivgewordenen Stammkunden; Einholung von Erfahrungen der Kunden mit neu lancierten Produkten oder Dienstleistungen; rechtzeitiges Nachfassen von unterbreiteten Angeboten; Gratulation für besondere Erfolge guter Kunden; Ergänzung eingegangener Bestellungen in speziellen Fällen; Marketing-Umfragen; Beantwortung von Anfragen mit dem Ziel, einen Sofortauftrag zu buchen oder Beratungsbesuch abzumachen; späteres Nachfassen erfolglos verlaufener Besuche; Kontaktaufnahme bei heikleren Reklamationen; Mahnung in heiklen Fällen, wo der Aussendienstmann dank seiner Vertrautheit mit dem Kunden mehr ausrichten kann als ein Buchhalter)
- ▷ Vermehrte Mitarbeit bei Ausfertigung von Prospekten, technischen Spezifikationen, Gebrauchsanweisungen, Werbung und Verkaufsaktionen (Vermeidung von Neudrucken, Fehlaktionen, Kundenreklamationen dank rechtzeitiger Einschaltung des praxis- und anwendungsorientierten Aussendienstes)
- ▷ Sich selbst gezielt trainieren (Gesprächstechnik mit Bandaufnahmen und Analysen am Telefon oder in Rollenspielen in der Verkaufsschulung – Kursteilnahme auswärts systematisch nutzen zur Erweiterung der eigenen Verkaufserfahrung)
- ▷ Eine Verkaufskonferenz nützen lassen, um diese Checkliste nach Möglichkeit im Gespräch mit allen Aussendienstleuten noch zu erweitern

Optimale Nutzung des computerunterstützten Verkaufsmanagement-Systems (siehe Kapitel 2.20)

3.28 Kreativität im Innendienst-Verkauf

Checkliste mit 34 Tips

- ▷ Vermehrte Mitarbeit bei Ausfertigung von Prospekten, technischen Spezifikationen, Gebrauchsanweisungen, Werbung und Verkaufsaktionen (viele Neudrucke und Fehlaktionen wären vermieden worden, hätte man den Verkauf, der ja spezifisch praxis- und kundenorientiert denkt, rechtzeitig einbezogen)
- ▷ Vermehrte Nutzung des Telefons als verkaufsunterstützendes Hilfsmittel (rechtzeitiges Nachfassen von Angeboten, bessere Informationseinholung vor Besuchen, Begrüssung neuer Kunden als erste persönliche Kontaktnahme, Hinweise auf Sonderdienste oder Neuheiten, Dank für grossen Auftrag, bedauerndes Informieren über eine Lieferverzögerung, Kontaktpflege mit abgelegenen Kunden, Kontaktpflege mit passiv gewordenen grösseren Kunden, Einholung von Erfahrungen mit einem neuen Produkt usw.)
- ▷ Bessere eigene Vorbereitung auf Konferenzen, um diese noch fruchtbarer zu machen
- ▷ Zusätzliche Möglichkeiten ausschöpfen, um in der Demonstrationstechnik noch dynamischer und faszinierender einzuwirken
- ▷ Erstellung besonderer Wirtschaftlichkeitsrechnungen, um in der Argumentation Material-, Zeit-, Kosten-, Aufwand-, Kontroll-Einsparungen demonstrativ vornehmen zu können (vor allem im Verkauf von Maschinen, Apparaten, Einrichtungen und Anlagen)
- ▷ Optimieren der eigenen Gesprächsführung am Telefon durch vorheriges Bereitstellen eines Gesprächskonzeptes in Stichworten
- ▷ Anerziehung eines ausgeprägten Zeitbewusstseins für alle eigenen Aktivitäten (Sensibilisierung auf Zeitmanagement, Gesprächsstraffung, Selbstorganisation, optimale Reiserouten-Gestaltung, Rationalisierung von Rapport- und Schreibarbeit)
- ▷ Systematische Arbeit mit Zielsetzungen, um sich dauernd schöpferische Verbesserungen vorzunehmen, diese sich selbst getreu auch zu realisieren und damit die eigene Motivation zu verstärken
- ▷ Den Ehrgeiz haben, im Vorschlagswesen immer wieder aktiv zu werden. Überlegen, wie die Kommunikation mit dem Aussendienst noch persönlicher und gleichzeitig effizienter gestaltet werden kann (z. B. tägliche telefonische Kontaktnahme mit Aussendienst, d.h. dass man vorbereitet alles in der Hand hat, was für den AD-Mann wichtig ist
- ▷ Analysieren, wo man negative Routine entwickelt und wie man sich aus ihr wieder lösen kann
- ▷ Ergründen, wie man die durchschnittliche Auftragsgrösse zu steigern vermag
- ▷ Durch Bandaufnahmen eigener Telefonate die Sprechweise und Argumentation überprüfen, um beides nach Möglichkeit wesentlich zu verbessern
- ▷ Überlegen, ob man seine Gesprächsaufhänger noch interessanter gestalten kann
- ▷ Sich im Verkaufstraining bei Rollenspielen noch zusätzlich auf beste Gesprächsführung trainieren
- ▷ Kreatives Überlegen vor jedem Kundenkontakt, welche interessante Information dem Gesprächspartner gegeben werden könnte
- ▷ Den Überblick über Angebots- und Zusatzverkaufsmöglichkeiten trainieren, so dass die in Frage kommenden Anregungen / Vorschläge / Nutzungsideen blitzschnell zur Verfügung stehen und dabei auch die Formulierung suggestiv und doch unaufdringlich ausfällt
- ▷ Prüfen, wie man abgesprungene gute Kunden wieder über das Telefon zurückgewinnen könnte, und Taktiken dafür entwickeln
- ▷ Überlegen, wo die häufigsten Reklamationen anfallen und durch welche Massnahmen man selbst eine Verbesserung herbeiführen könnte
- ▷ Durch Marktbeobachtung herausfinden, wo der Kundschaft durch neue Dienstleistungen zu imponieren wäre
- ▷ Kreative Überlegungen anstellen, wo man sich selbst durch passende Literatur oder/und Kurse noch fördern sollte, um bisher vorhandene Schwächen von sich auszuschalten
- ▷ Teilnahme an öffentlichen Kursen dazu benützen, um mit Kursteilnehmern anderer Firmen einen vorher schon überlegten Gedanken- und Erfahrungsaustausch durchzuführen und so von ihnen zu lernen
- ▷ An einer nächsten Verkaufskonferenz Thema zur Diskussion stellen: wie können wir unseren Kunden den Einkauf noch direkter zum Erlebnis gestalten (Event-Marketing)
- ▷ Vorschlagen, dass man Kunden in der Produktstrategie, der Produktentwicklung und im Produktservice einbezieht (Kundenpool, periodisch organisiert, mit gezielten Diskussionsprogrammen)

▷ Prüfen, ob durch «Tag der offenen Tür», Schulungsangebote (Fachschulungen der Kundenmitarbeiter und Weiterbildungsveranstaltungen für die Öffentlichkeit mit Spitzenreferenten), Jubiläumsveranstaltung, publizistische Auswertung erfolgreicher Innovationen des eigenen Unternehmens, Wettbewerbe für Kunden und öffentlich ausgeschriebene Wettbewerbe, Fachveranstaltungen an Messen und dynamische, in die Öffentlichkeit gebrachte Neu-Produkt-Lancierungen das «Ereignis-Marketing» gefördert werden könnte (Vorschlagsunterbreitung an die Verkaufsleitung)

▷ Prüfen, ob nicht auf dem Wege des Sponsoring (Sport-, Öko-, Sozial-, Kultur-, Forschungs-Sponsoringsvarianten) zusätzliche Marketing-Aktivitäten ins Auge gefasst werden könnten (Vorschläge an Verkaufsleitung)

Optimale Nutzung des computerunterstützten Verkaufsmanagement-Systems (siehe Kapitel 2.20)

Kreative sind unter den Berufstätigen immer die erfolgreichsten, denn sie bringen es zustande, dass sie vor jedem Reden, vor jedem Handeln und angesichts jedes verspürten Problems
1) überlegen, wie optimal reagiert werden könnte,
2) welche Verhaltens- oder Vorgehensvarianten die meistversprechenden sind,
3) ob sich nebst bisherigen Wegen noch neue, erfolgreichere beschreiten lassen,
4) und ob die zu nutzenden Mittel auch die wirklich besten sind.

Stets versuchen sie kreative Wege, Methoden und Mittel einzubringen, um zu noch besseren Resultaten zu gelangen. Wer im Leben daraus eine Dauerhaltung zu machen versteht, wird anderen gegenüber, die auf gegensätzliche Art agieren, auffallend überlegen sein – eben durch kreativen Arbeitsstil.

3.29 Abschlusstechnik

30 Empfehlungen 

Vorbemerkung

Die meisten Verkäufe werden in den beiden schwierigen Phasen der Kontaktnahme und des Abschlusses verloren. Im Abschlussstadium ist normalerweise die nervliche Belastung des Verkäufers am grössten. Er bangt um den Auftrag, statt ihn als logische Konsequenz seiner Darlegungen innerlich vorauszusetzen. Bedingung für diese innere Überzeugung des Abschlusserfolges ist natürlich immer der Glaube, dass dem Kunden mit der offerierten Ware oder Dienstleistung auch wirklich gedient ist.

Das äussere Auftreten, Mimik, Gestik und Sprache müssen im Abschlussstadium ebenso überzeugend ausfallen wie die Argumentation und Demonstration in der Vorphase. Vielfach vernachlässigt der Verkäufer in der Abschlussphase seine sichere Haltung, baut auch im Tonfall an Bestimmtheit ab oder lässt es an Entschlusskraft fehlen.

Durchschlagskräftig wirkt ein Verkäufer nur, wenn Überzeugung, Auftreten, Blickkontakt und sichere Sprache zusammenwirken.

Verkäuferische Vorarbeit für den Abschluss

Abschlussversuche sollten nicht abrupt stattfinden, sondern müssen als logische Konsequenz aufbauender, überzeugender Vorarbeit erscheinen. Das bedingt im einzelnen:

▷ Bedarfs- und Wunscherfassung sorgfältig durchführen, um nicht an den Wünschen des Kunden vorbeizuspekulieren

▷ kunden- und nutzenbezogen argumentieren, d. h. Massarbeit im Angebot leisten

▷ durch Demonstration von Vorteilen und Nutzen oder Rationalisierung Besitzwünsche wecken

▷ durch gezielte Fragen den Kunden die geeignete Lösung miterarbeiten lassen – denn so überzeugt er sich phasenweise immer mehr von der Nützlichkeit eines Kaufes

▷ bei wichtigen Punkten bzw. Argumenten, die wir selbst ausspielen, den Kunden grundsätzlich um seine Zustimmung fragen:
- «Das wäre doch zweifellos von Vorteil für Sie?»
- «Da stimmen Sie wohl mit mir überein?»
- «Dieser Nutzen ist doch wohl auch aus Ihrer Sicht wichtig?»
- «Dieser Vorteil dürfte sich für Sie besonders bezahlt machen, oder wie schauen Sie das an?»
- Vorteile und Nutzen nach Möglichkeit geldmässig errechnen

Abschlusstechnische Kunstgriffe

▷ Vorteile, die in der Argumentation aufsummiert wurden, zum Schluss nochmals zusammenfassen

▷ Den Kunden anschliessend fragen: «Und nun, was halten Sie von der skizzierten Lösung»? – oder «Diese Lösung entspricht nun doch voll Ihren Wünschen?» – oder «Sie haben in verdankenswerter Weise die richtige Lösung miterarbeitet und sind nun wohl auch davon überzeugt, dass wir den richtigen Weg gewählt haben?» – oder «Sie sind nun wohl von der Massgerechtigkeit der erarbeiteten Lösung auch überzeugt? Je früher Sie sich entschliessen, desto lohnender für Ihren Betrieb!»

Sagt der Kunde trotz geduldigem Abwarten noch nicht JA:

▷ den Nutzen von Nebenprodukten vom Kunden bejahen lassen

▷ mit Alternativfragen einwirken (bezüglich Ausführung, Farbe, Ausrüstungsvarianten, Menge, Form, Typ, Automatik/Handbetrieb, Lieferfrist etc.)

▷ evtl. Bilanz von Vor- und Nachteilen auf Blatt gemeinsam aufstellen

▷ überzeugende Referenzen ins Spiel bringen (aber keine «Todfeinde» des Kunden anführen!)

▷ Probelieferung anbieten oder praktischen Versuch ermöglichen, wenn solche Resthemmungen ausgeräumt werden können

▷ Vorteile materiell ausrechnen

- ▷ Nachteile im Falle der Nichtbestellung erläutern und auch geldmässig ausrechnen (Verlust des Kunden bei Nichtkauf), z. B. höhere Kosten mit bisheriger Einrichtung, geringere Qualität mit alten Verfahren, Risiken eines Lieferantenwechsels, keine Abschreibmöglichkeit für neue Maschine, geringere Leistungsfähigkeit mit überholter Anlage etc.
- ▷ Kombinationsmöglichkeiten/Mehrfachnutzen geldmässig zum Ausdruck bringen
- ▷ Sagt der Kunde «Ich will mir die Sache doch nochmals überlegen», so antworten Sie: «Das ist sicher möglich – anderseits bin ich ja zu Ihnen gekommen, um Ihnen beim Überlegen zu helfen: was möchten Sie denn noch prüfen oder überlegen?»
- ▷ Antwortet der Kunde nicht sofort, so ist die Schweigetechnik oft ein probates Mittel, ihn zum Kaufentschluss zu bringen – der Verkäufer schweigt somit nach der Frage und schaut den Kunden lediglich erwartungsvoll an. Letztendlich hat der Kunde den Eindruck, Stellung beziehen zu müssen.
- ▷ Gelegentlich hilft auch ein letzter Hinweis auf die Garantien, die man als Verkäufer geben kann

Letzte Möglichkeiten

Bestellt der Kunde trotz geschicktem Ausspielen der bisher erwähnten Vorgehensvarianten immer noch nicht, prüfen Sie nachstehende letzte Möglichkeiten:

- ▷ Wäre ein Entgegenkommen denkbar, welches uns als Lieferanten nicht viel kostet?*
- ▷ Liesse sich ein Kompromiss vorschlagen, den man bisher noch nicht angeboten hat?*
- ▷ Wäre ein Gegengeschäft denkbar, weil der Kunde seinerseits uns etwas liefern könnte? (Absprache sollte für diese letzte Möglichkeit wenn immer machbar schon vor dem Abschlussgespräch mit der eigenen Einkaufsabteilung erfolgen)
- ▷ Offerieren Sie als letzten Ausweg ein preisliches Entgegenkommen, z.B. im Sinne einer Prämie für einen Erstauftrag

Erarbeiten Sie unter Verkaufskollegen Möglichkeiten, die Ihrer Branche angepasst sind

Missglückt der Abschluss trotz allem

- ▷ so machen Sie trotzdem gute Miene zum bösen Spiel
- ▷ fragen Sie, «was Sie falsch gemacht hätten, wo Sie doch der Meinung waren, das Richtige angeboten zu haben»
- ▷ prüfen Sie, wann und auf welche Art und Weise das Gespräch wieder aufgenommen werden könnte (Neuheit, neue Dienstleistung, günstige Gelegenheit wie Occasion etc.)
- ▷ notieren Sie wichtige Details nach dem missglückten Gespräch, um später in passender Art nachfassen zu können

Stichwortverzeichnis

Medien-Übersicht

Tonbildschauen, qualitativ selektioniert, für Miete oder Kauf:

(gültig nur für die Schweiz – Kontaktadressen für Deutschland über den Autor dieses Checklisten-Handbuches):

Verkaufspsychologische Tonbildschauen

«Überzeugende Einwandwiderlegung im Verkaufsgespräch» – 18 Techniken geschickter Gegenargumentation

«In Reklamationen stecken Chancen» (auch franz. und engl. Fassung vorhanden)

«Erfolgreicher Umgang mit anderen» (auch franz. Fassung vorhanden)

«Verkaufen unter Preisdruck – optimales Taktieren im Preiskampf»

«Gut gefragt ist halb verkauft» (Fragetechnik im Beratungs- und Verkaufsgespräch)

«Der Kunde und ich» (psychologisch richtige Kundenbehandlung)

«Tür oder Tisch?» (richtiges Kontaktieren von Kunden im Aussendienst-Verkauf)

«Der Kunde soll wiederkommen» (richtige Kundenbehandlung im Ladenverkauf)

«Der Kontakt – systematische Gebietsbearbeitung im Aussendienst-Verkauf»

«Die Prüfung – Visualisierung und Demonstrationstechnik beim Verkaufen»

«Das Schalten – Methodik und Techniken geschickten Abschliessens von Verkäufen»

«Das wär's wohl!?» (Zusatzverkauf im Ladengeschäft)

«So telefonieren Sie perfekt!» Intensivlehrgang über Telefoniertechnik mit Interaktions-Stops

«Kleiner Verkäufer-Knigge» (richtiger Umgang mit den Kunden im Aussendienst)

«Wenn wir alle Engel wären» (richtiger Umgang mit Kunden im Ladengeschäft)

Führungspsychologische Tonbildschauen

«Nach bestem Wissen und Gewissen» (Leistungsbewertung/Qualifikationsgespräch)

«Richtig motivieren und führen – Fragen sind goldene Schlüssel» – Führungs- und Motivationstechnik in der Mitarbeiterführung

«Erfolgreicher Umgang mit anderen – 10 Regeln geschickter Menschenbehandlung»

«Müssen Vorgesetzte so sein?» – Führungsfehler, Verhaltenspsychologie für Vorgesetzte

«Besser informieren – wirksamer kooperieren» – optimales betriebliches Informationswesen

«Die Firma zahlt's ja!» – Animation für Kostensenkung im Betrieb

«Wenn ein neuer Mann kommt . . .» (systematische und menschlich-akzeptable Einführung neuer Mitarbeiter)

«Gut beigebracht ist halb geschafft» – Instruktions- und Anlern-Technik

«Mitarbeiter sind auch Menschen» – Förderung des Zusammenarbeits-Geistes

«Anerkennung und Kritik in der Führungspraxis»

Kassettenlehrgänge mit gründlichem Leitfaden/Autor: V. Scheitlin, Zürich

(Keine Miete, nur Kauf)
Schweizer Mundart-Lehrgang «Telefon-Knigge für Berufstätige» Fr. 80.–
Schweizer Mundart-Lehrgang «Telefonische Anbahnung von Verkaufsbesuchen» Version für Handel – Industrie – Dienstleistungsgewerbe, ausser Versicherung Fr. 80.–
Schweizer Mundart-Lehrgang «Telefonische Anbahnung von Verkaufsbesuchen, ausschliesslich für das Versicherungsgewerbe Fr. 80.–
Schweizer Mundart-Lehrgang «Geschickte Reklamationserledigung» Fr. 80.–
Hochdeutsch. Lehrgang auf Kassette «Telefongerechtes Verhalten» (Telefoniertechnik im Umgang mit Kunden und generell) Fr. 80.–

* * *

Bezug und Beratung über diese Lehrgänge: Victor Scheitlin, Restelbergstrasse 45, 8044 Zürich, Telefon 01 252 89 86